早期中國研究叢書

〔日〕籾山明 著

李力 譯

中國古代訴訟制度研究

上海古籍出版社

插圖一　居延漢簡《駒罷勞病死冊書》（前半：右，後半：左）

（甘肅省文物考古研究所藏）

插圖二　居延漢簡《候粟君所責寇恩事冊書》（前半）

（甘肅省文物考古研究所藏）

插圖三　居延漢簡《候粟君所責寇恩事册書》（後半）

（甘肅省文物考古研究所藏）

插圖四　走馬樓吳簡"許迪案"木牘

（湖南省長沙市文物考古研究所藏）

插圖五　龍崗六號秦墓出土木牘

（湖北省文物考古研究所藏）

叢 書 序

　　“早期中國”是西方漢學（Sinology）研究長期形成的一個學術
範疇，指漢代滅亡之前（公元 220 年）的中國研究，或是佛教傳入之
前的中國研究，此一時期的研究資料和研究方法都自成體系。以
吉德煒（David Keightley）教授於 1975 年創辦 *Early China* 雜誌
爲標誌，“早期中國”這個學術範疇基本確定。哥倫比亞大學近年
設置的一個常年漢學講座也以“早期中國”命名。

　　“早期中國”不僅是西方漢學研究長期實踐中形成的一種實用
分類，而且是探求中國傳統文化之源的重要的實質性概念。

　　從最初的聚落發展到廣大地域內的統一的中央集權專制主義
的秦帝國建立，並且在漢代走上農業文明之路、確立起帝國社會的
價值觀體系、完善科層選拔官僚制度及其考核標準，早期中國經歷
了從文明起源到文化初步成型的成長過程，這個過程實際上也就
是中華民族的形成過程。可以説，早期中國不僅奠定了中華文明
的基礎，也孕育、塑造了此後長期延續的傳統中國文化的基本性
格：編户齊民自給自足的小農經濟長期穩定維係；商人的社會地位
始終低下；北方遊牧民族入主中原基本都被漢化，帝國疆域的擴張
主要不是軍事征服而是文化同化的結果；各種宗教基本不影響政
治，世俗的倫理道德教化遠勝超驗的宗教情感；儒家思想主導的價

值觀體系以及由此造就並共同作用的强大的官僚制度成爲傳統中國社會的決定性力量，等等。追源這類基本性格形成伊始的歷史選擇形態（動因與軌跡），對於重新審視與釐清中華文明的發生發展歷程，乃至重新建構現代中國的價值觀體系，無疑具有至關重要的作用。

早期中國研究不僅是西方漢學界的研究重心，長期以來，也是中國學術研究中取得巨大進展的重要方面。早期中國研究在中西學術交流的大背景下，形成了獨特的研究風格和研究方法。這就是：擴充研究資料、豐富研究工具、創新研究技術，多學科協同不斷探索新問題。

1916 年，王國維以甲骨卜辭中所見殷代先公先王的名稱、世系與《史記·殷本紀》所記殷代先公先王的名稱、世系一一對照，發現《殷本紀》所記殷代先公先王之名，絕大部分出現在卜辭中。王國維把這種用"紙上材料"和"地下新材料"互證的研究方法稱爲"二重證據法"："吾輩生於今日，幸於紙上之材料外更得地下之新材料。由此種材料，我輩固得據以補正紙上之材料，亦得證明古書之某部分全爲實錄，即百家不雅馴之言亦不無表示一面之事實。此二重證據法惟在今日始得爲之。"

出土文獻資料在現代的早期中國研究中顯示出越益重要的作用。殷墟甲骨 100 年來約出土 15 萬片，其中考古發掘出土的刻辭甲骨有 34844 片。青銅器銘文，1937 年羅振玉編《三代吉金文存》，著録金文總數 4831 件，其中絕大部分爲傳世器。《殷周金文集成》著録資料到 1988 年止，共著録了金文 11983 件。此後到 2000 年，又有約 1350 件銘文出土發表。最近二三十年，簡帛文獻資料如銀雀山簡、馬王堆帛書、定州簡、阜陽簡、郭店簡、上博簡等都以包含大量古書而深受關注。

嚴格地説，王國維所説的地下材料，殷墟甲骨、商周金文都還是文字資料，這些發現當時還不是考古發掘的結果，研究也不是從考古學的角度去研究。真正的考古學提供的是另外一種證據。傅斯年提倡"重建"古史，他主張結合文獻考證與文物考證，擴充研究"材料"、革新研究"工具"。1928 年，傅斯年創立中央研究院歷史語言研究所，並立刻開始發掘殷墟。傅斯年在申請發掘殷墟的報告中說："此次初步試探，指示吾人向何處工作，及地下所含無限知識，實不在文字也。"從 1928 年 10 月開始一直到 1937 年夏，中央研究院歷史語言研究所在殷墟共進行了 15 次發掘，發掘地點共 11 處，總面積 46000 餘平方米，這 15 次發掘收穫巨大：在小屯北地發掘了 53 座宮殿基址。在宮殿基址附近還發現了大量甲骨。在小屯村北約 1 公里處的武官村、侯家莊北地發現了商代王陵區，發掘了 10 座大墓及一千多座祭祀坑。在小屯村東南約 1 公里處的高樓莊後崗，發掘出了叠壓的仰韶、龍山和殷三種文化層關係，解決了華北地區這三種古文化的相對年代。在後崗還發掘了殷代大墓。在殷墟其他地區，如大司空村等地還發掘了一批殷代墓葬。殷墟王陵的科學發掘舉世震驚。中國考古學也從開創之初就確立了鮮明的爲歷史的特色和風格。爲歷史的中國考古學根植於這塊土地上悠久傳承的豐富文化和歷史知識的積澱，强烈的活的民族情感和民族精神始終支撐着中國考古學家的工作。近 50 年來，中國考古學取得了無比巨大的成就，無論是新石器時代城址還是商周墓葬的發掘，都是早期中國文明具體直觀的展示。

　　不同來源的資料相互檢核，不同屬性的資料相互印證，提供我們關於早期中國更加確切更加豐富的信息，能夠不斷地解決舊問題提出新問題，又因爲不斷提出的新問題而探尋無限更多的資料，而使我們對早期中國的認識不斷深入愈益全面。開放的多學科協同的綜合研究使早期中國研究取得了輝煌的成績。對其他歷史研究和學術研究來說，早期中國研究的這種研究風格和研究方法或許也有其可資借鑒的意義。

　　王國維、傅斯年等人是近現代西方科學思想和知識的接受者、傳播者，他們的古史研究是現代化的科學研究，他們開創了中國歷史學和中國學術的新時代。現代中國學術的進步始終是與西方學術界新觀念、新技術、新方法的傳播緊密相連的。西方早期中國研究中一些重要的研究課題、重要的研究方法，比如文明起源研究、官僚制度研究、文本批評研究等等，啓發帶動着中國同行的研究。事實上，開放的現代學術研究也就是在不同文化知識背景學者的不斷交流、對話中進步。我們舉最近的一例。夏商周斷代工程斷代的一個重要基準點是確認周懿王元年爲公元前 899 年，這是用現代天文學研究解釋《竹書紀年》"天再旦於鄭"天象資料的一項成果。這項成果的發明權歸屬韓國學者，在斷代工程之前西方學界已確認了這個結論。將"天再旦"解釋成日出前發生的一次日全食形成的現象的假說是中國學者劉朝陽在 1944 年提出的，他和隨後的董作賓先生分別推算這是公元前 926 年 3 月 21 日或公元前 966 年 5 月 12 日的日食。1975 年韓國學者方善柱據此假說並參考 Oppolzer 的《日月食典》，首次論證"天再旦"記錄的是公元前 899 年 4 月 21 日的日環食（《大陸雜誌》51 卷第 1 期）。此後，1988 年美籍學者彭瓞鈞、邱錦程、周鴻翔不僅也認定"天再旦"所記是公元前 899 年的日環食，並對此次日食在"鄭"（今陝西省華縣，$\lambda = 109.8°E, \varphi = 34.5°N$）引起"天再旦"現象必須滿足的天文條件，第一次做了詳盡理論分析和計算，並假設食甚發生在日出之時，計算得出了表示地球自轉變化的相應的 ΔT 爲 $(5.8 \pm 0.15)h$，將"天再旦"的研究又向前推進了一步。夏商周斷代工程再次確認了"天再旦"這一成果，並爲此於 1997 年 3 月 9 日在新疆北部布網實地觀測驗證。

　　本叢書不僅是介紹西方學者一些具體的早期中國研究的成

果,引進一些新的概念、技術、思想、方法,而且更希望搭建一個開放性的不斷探索前沿課題的學術交流對話的平臺。這就算是我們寄望於《早期中國研究》叢書的又一個意義。

　　只有孤寂的求真之路才通往獨立精神、自由思想之境。值此焦躁不安的文化等待時刻,願《早期中國研究》叢書能够堅定地走出自己的路。我們歡迎所有建立在豐富材料縝密分析基礎上、富有獨立思考探索成果的早期中國研究著作。

　　著述和出版是長久的事業,我們只要求自己盡力做得更好一些。希望大家來襄助。

朱淵清

2006/12/2

寫於學無知室

目　録

序　　　　　　　　　　　　　　　　李均明　001

中文版序　　　　　　　　　　　　　　　　　001

翻譯説明　　　　　　　　　　　　　　　　　001

序　論　　出土法制史料與秦漢史研究　　　　001
　　　　　一、本書的課題與方法　　　　　　001
　　　　　二、出土文字史料及其背景　　　　007
　　　　　三、使用的文本　　　　　　　　　023

第一章　　對李斯的審判　　　　　　　　　　028
　　　　　序言　　　　　　　　　　　　　　028
　　　　　一、對審判的分析　　　　　　　　030
　　　　　二、獄中上書的意義　　　　　　　038
　　　　　三、案治與覆訊　　　　　　　　　040
　　　　　小結　　　　　　　　　　　　　　045

第二章　　秦漢時代的刑事訴訟　　　　　　　047
　　　　　序言　　　　　　　　　　　　　　047
　　　　　一、程序的復原　　　　　　　　　049
　　　　　二、訊問的原理　　　　　　　　　076
　　　　　三、乞鞫與失刑　　　　　　　　　091
　　　　　小結　　　　　　　　　　　　　　100

110　第三章　居延出土的册書與漢代的聽訟

110　序言

112　一、駒罷勞病死册書

123　二、候粟君所責寇恩事册書

131　三、聽訟之種種樣態

141　小結

145　第四章　爰書新探
　　　　　　　——古文書學與法制史

145　序言

150　一、爰書的注釋

152　二、爰書的種類

159　三、爰書的用語

168　四、爰書的本文

180　五、"自言"簡的問題

188　六、爰書的功能

198　小結

201　第五章　秦漢刑罰史的研究現狀
　　　　　　　——以圍繞刑期的爭論爲中心

201　序言

202　一、基本史料的提出

二、圍繞刑期的爭論　　　　206

三、對文帝改制的評價　　　　219

四、廢除肉刑的意義　　　　234

　小結　　　　236

結　語　司法經驗的再分配　　　　239

附録一　湖南龍山里耶秦簡概述　　　　247

附録二　書評：何四維《秦律遺文》　　　　255

後　記　　　　267

引用文獻一覽　　　　270

引用簡牘史料一覽　　　　281

索　引　　　　288

中文本附録

　他山之石，可以攻玉

　　——評《中国古代訴訟制度の研究》　　李　力　　303

譯後記　　　　李　力　　325

序

　　日本學者籾山明先生著《中國古代訴訟制度研究》一書，承李力教授翻譯，即將在中國出版，此乃學界之幸事，對推動中日兩國的學術交流，尤其對探究古代東亞法律制度的本來面貌具有重要意義。

　　中華法系是古代世界的重要法系之一，應用於古代東亞的封建社會時期，不僅在中國本土，而且在日本、朝鮮、韓國乃至東南亞皆有重要影響，以往在唐律中能窺見其全貌，更早的情況則不甚清晰。近三十餘年間，隨着中國出土簡牘的大量湧現，對中華法系的研究已提前至秦漢時期，從中不僅可看出其與唐律一脈相承的關係，亦可找到一些不同之處，演變的脈絡清晰可尋。簡牘是上古中國的主要文字載體，所以每批出土簡牘的內容，大多綜合多樣，祇是其中有的關於法制史料的含量多些，有的則較少，但總體而言約半數左右與法制史相關，年代較早的包山楚簡，其中《集箸》是關於查驗名籍的記錄，《集箸言》是關於戶籍糾紛的訴訟，《受期》是受理、審理各種訴訟案件及初步判決結論的摘要；《疋獄》是關於起訴的簡要記錄，另有一些未見標題的三組文書，其中兩組涉及法制，一爲呈送給左尹（朝廷主管司法的官員）的有關案件的案情與審理報告，二爲各級司法官員經手審理或覆核的訴訟案件的歸檔登記，這些史料展現了與中原地區不盡相同的楚地法制面貌。而今能反映中華法系早期面貌的大批量簡牘爲秦簡與漢簡。秦簡有睡虎地秦簡、龍崗秦簡、王家臺秦簡、里耶秦簡，亦尚有未公佈的大宗秦簡。除了大家已熟悉的秦律及解釋律文的《法律答問》之外，值得一提的是里耶秦簡及其他秦簡中大量出現的秦令條款及形式多樣的司法文書。漢簡中法制史料最集中的當數湖北江陵張家山247、249、258號漢墓出土的簡牘，其中已公佈者僅爲247號漢墓的資料，其中《二年律令》乃漢初不晚於吕后執政時期的律令摘抄，排列有序，較成體系，大部分條款已見律名，亦有少量條款未見律名，如有些簡文當屬《囚律》條款，但律名已殘佚；《奏讞書》爲司法判例。張家山336號漢墓所出内容大體與247號相類，不同者有關於流放的《遷律》、關於朝覲禮節的《朝律》以及關於官吏考核的《功令》等。走馬樓漢簡中亦有大量的司法文書有待公佈。西北出土的漢簡包括居延漢簡、敦煌漢簡（含懸泉漢簡），數量大，司法文書尤多見，案例不少，亦有少量律令文。出土批量較少的簡牘亦不容忽視，如四川青川郝家坪50號戰國秦墓出土的兩枚木牘中，有一枚載秦王頒佈的《爲田律》命書，是迄今所見最早的命書實物；江蘇揚州儀征縣胥浦101號漢墓出土的《先令券書》，是一份不可多得的臨終遺囑抄件，呈現漢代民事關係的若干細節；甘肅武威旱灘坡東漢墓出土七十七枚木簡，見王杖詔書令及《令乙》、《公令》、《御史挈令》、《蘭臺挈令》、《衛尉挈令》、《尉令》、《田令》等令文條款。正在整理中的走馬樓三國吳簡，則多見與經濟犯罪相關的案例。

　　尤值一提的是，出土簡牘中透露了中國古代司法制度的許多重大課題，以張家山漢簡《奏讞書》爲例，它向人們透露了秦漢時期成文法與判例法並用的司法實踐。《奏讞書》凡二十二則案例，含春秋案例二則、秦始皇統一六國前後案例三則、漢初案例十七則，記載詳略不一，皆非原件，而是摘録、合成件，大多已條款化。種種跡象表明,這些案例已作爲判例存在,它能解決適用成文法時存在的諸多局限:如解決新情況發生時,罪與非罪的界限;面對具體事件,解決成文法條款間相抵觸的問題;便於掌控適用刑罰的方向及確定主、次罪;解決成文法條款未規定的錯案處理;提供成文法未包攬的訴訟求證方法等。綜言之,由於成文法條款不能解決所有的問題,判例的適用便成了必要的補充。《睡虎地秦簡·法律答問》已見"廷行事"的做法,"廷行事"指按以往的判決慣例辦事。《漢書·刑法志》:"死罪決事比萬三千四百七十二事。"《後漢書·應劭傳》所見《尚書舊事》、《決事比例》、《司徒都目》、《春秋決獄》等皆爲判例集。表明秦漢時期司法當局已有調節成文法和判例法適用關係的豐富經驗,當時成文法仍占主導地位,但判例作爲重要的法律淵源和形式也起着重要的作用。

　　近年來,隨着簡牘的大量出土,研究隊伍的不斷擴大,曾形成過若干研究熱點,如對古代諸子哲學思想及對秦漢法制史的研究是兩個最重要的熱點方向。關於後者,籾山明先生的論説值得重視,由於他有着較深厚的簡牘學功底,曾發表過諸如簡牘刻齒表示特定資料的許多與簡牘有關的重要論文,故此次發表的《中國古代訴訟制度研究》一書,綜合了他在簡牘學與法制史兩方面的特長,方法上又採用了宏觀論説與微觀考證的有機結合,不僅勾勒了秦漢訴訟制度的框架面貌,而且有選擇地對其中若干問題進行了深入的研究,如對秦漢刑事訴訟,不僅復原其程序,詳解其工作原理,又對乞鞫與失刑作了詳細考證,並以居延出土的《駒罷勞病死册書》及《候粟君所責寇恩事册書》爲例,詳解漢代聽訟的多種形態,對重要的訴訟文書"爰書"的種類、用語、功能作了全面的解説,書中又專辟一章,全面歸納總結秦漢時期的刑期問題,抓住了時代特色,解決了不可回避的難題;又以附錄形式,通過對湖南龍山里耶秦簡的陳述,勾勒新史料的應用前景。故此書不僅對專攻法制史而且對從事簡牘整理研究者皆有借鑒意義。

籾山明先生在其大作中文本出版之際，囑爲之作序。作爲多年好友，自當義不容辭。匆匆寫下如上的文字，以完成重托。

李均明

2008 年 3 月於北京

中文版序

此次承蒙李力教授的翻譯，拙著《中國古代訴訟制度研究》得以介紹給中國的學術界。研究者相互的對話，即雙方正確理解與批評對方的學說，是有利於推動學術前進的基礎。由於本書中文版的刊行，與中國學者的對話變得更加容易了。在此謹對李力教授的盡力幫助致以謝意。

擁有豐富資料的中國文明，迄今吸引了世界各國學者的研究興趣，今後也一定會繼續引起學者們的關注。從這個意義上講，可以說中國史的研究應是世界各國學者共同致力的課題。在此，想懇請諸位中國學者不是將拙著視爲外國人的著述，而是作爲一個"同行"的著作來讀，並且敬請批評指正。

本書的原本刊行於 2006 年，此後發現其中有幾處應予以修正的地方。茲從其中選出幾個我認爲是比較重要的問題，列舉如下。

第一，是關於張家山漢簡《二年律令》所見"報辟故弗窮審"（原著 78 頁）的解釋。在原著中，從顏師古注將"辟"讀爲"避"，解釋爲："在診（查驗）與報（應處刑罰之判斷）時爲了回避罪而意圖不充分審問盡。"但是，因爲在里耶秦簡 J1(8)134 遷陵守丞斥責司空守文書中，可見"何故弗及辟報"這樣的句型，所以不能將"辟"字讀作"避"。《二年律令》的這一律文，從張家山二四七號墓竹簡整理小組的注釋,將"報"解釋爲"決斷"、將"辟"解釋爲"審理",也許是比較合適的。另外,關於里耶秦簡 J1(8)134 簡的解釋,我已於 2007 年 10 月 18 日在湖南龍山縣所召開的"中國里耶古城秦簡與秦文化國際學術研討會"上,簡略地作了題爲《卒史覆獄試探》的報告。

第二,關於張家山漢簡《奏讞書》所見"掾新郪獄"(原著 228—229 頁注 22)的解釋。在原著中,介紹了有關"新郪之獄に立ち寄る(順便去了新郪之獄)"的解釋,並評價這是"近於正確之解釋"。但是,若看一下《二年律令》如下的律文:

　　　二千石官令毋害都吏復案,問(聞)二千石官,二千石官丞謹掾,當論,乃告縣道官以從事。(簡 396—397,p. 186)

則所謂"掾"不是"立ち寄る(順便去)",而可能是"點檢する(檢查)"的意思。《奏讞書》案例 17"視事掾獄,問氏"(簡 144,p. 224)的"掾獄"也可以解釋爲"檢查獄案"。睡虎地秦簡《效律》也可見"司馬令史掾苑計,計有劾,司馬令史坐之"(簡 55,p. 76)的律文,一定是規定檢查過苑囿之會計的司馬令史也負有責任。如果是這樣,那麼將所謂"掾新郪獄"解釋爲淮陽郡太守在巡察縣之際檢查了"新郪縣的獄案",也許是比較妥當的看法。關於上述《二年律令》的"掾"字,雖然"三國時代出土文字資料研究"班的譯注指出有釋爲"録"的可能性(《東方学報》第 78 册,2006 年),但是祇要核查一下《奏讞書》、《效律》的圖版,就知其字形的確寫作"掾"。然而,居延漢簡所見"府録"、"官録"等"録"之語(參見本書第三章)與"掾"的關連性,也許還有再探討的餘地。

第三,關於在結語(原著之"終章")中所述"司法經驗的再分配"的理解。在原著中,曾設想《法律答問》、《奏讞書》之類的文獻是由中央機關所頒佈的。但是,文獻的內容所反映的中央機關的見解,並不一定意味着那些文獻就是由中央頒佈的。在《周禮·秋官·訝士》之"凡四方之有治於士者造焉"所附的鄭玄注如下：

> 謂讞疑辨事先來詣乃通之於士也。士主謂士師也，如今郡國亦時遣主者吏廷尉議者。

從後漢這樣的制度可知，在中央廷尉之下所討論的相關案件的結果，一定是由"主者吏"（負責審理案件者）帶回到各郡國去的。如果秦至漢初也有同樣的制度，那麼收集、整理各種各樣司法經驗的，極有可能就是屬於郡的地方官吏們。陶安（あんど）氏批評説：作爲由中央所頒佈的文書來看，《奏讞書》所涉及之對象的地域範圍顯得過於偏頗一方（《東洋史研究》第 62 卷第 3 號，2007 年）。我想接受他的意見。支撐古代帝國之統治的，是與中央機關統治同時存在的每個地方官吏各自努力的結果。這種看法也許是較爲穩當的見解吧。

爲本書中文版撥冗賜序的李均明先生，是我二十年來的朋友，而且是我最尊敬的簡牘研究者。想起在五月的翠綠之中，第一次在當時的國家文物局（舊北京大學紅樓）拜訪李先生那天的情景，就如同是昨天發生的一樣。

籾山明

2008 年 1 月

翻譯説明

1. 本書中文本經作者籾山明教授授權，並根據京都大学学術出版会 2006 年 2 月 15 日第一版發行的《中国古代訴訟制度の研究》（《東洋史研究叢刊》之六十八）翻譯而成。

2. 爲方便起見，將原書文中注釋與各章章節附注改爲當頁腳注，重新編号。原書各章尾注中所謂"見本書某章某注"也隨之改爲"見本書某章某頁某注"。原書其他格式等保持不動。

3. 原書作者不厭其煩地將其所引用的傳世文獻和出土文字資料翻譯成日文，雖然主要是給日本讀者看的，但是因其體現了作者對原始資料的理解和解讀，這對於本書來説是相當重要的，故予以保留並譯爲中文。

4. 爲便於讀者核對原書正文，以邊碼的方式將原書頁碼的阿拉伯數字寫在譯文的邊線。

5. 爲便於檢索和利用原書所引日文和西文論著資料，在注腳和文獻索引中保留日本與西方學者的姓名、論著和期刊名稱原文。

6. 因原書所附的各種索引具有很高的學術價值和便利性，故予以保留並翻譯。唯其頁碼係照録原書頁碼，並重新以筆畫爲序編排，讀者可據本書中譯本的邊碼來進行檢索。由於日文原書尾注現已改爲腳注，少量頁碼未能對應，敬請見諒。

　　7. 原書所附帶的卷頭插圖和正文中的各種圖表，中譯本也一並保留。

　　8. 本書採用繁體字印刷，以保證正文與簡文資料字體的一致性。因繁體字與日文漢字的某些字體不一，除日文論著、期刊名稱、姓名保持原文外，其他依出版社統一的繁體字。

序論
出土法制史料與秦漢史研究

　　人會受到怎樣的審判？這個問題是了解一個社會制度最
好的試金石。

——〔法〕馬克・布洛赫①

一、本書的課題與方法

1. 出土文字史料的出現與研究狀況的變化

　　本書的目的在於，以出土文字史料爲基礎，儘可能地勾畫出有關
秦漢時代訴訟制度具體的歷史圖像。在本論之前的序論中，首先略述一
下筆者有關秦漢史研究的動向以及與出土文字史料相關之問題的想
法，在明示了本書的課題之後，擬探討主要出土法制史料的性質問題。
　　在日本，以 1980 年代爲分界線，其秦漢史研究的狀況隨之一

3

---

　　① 　Marc Bloch《封建社会》（堀米庸三監譯），岩波書店 1995 年。譯者注：該書現
有兩個中譯本：馬克・布洛赫《封建社會》（全 2 册，上卷張緒山譯，下卷李增洪等譯），
商務印書館 2004。布洛克《封建社會》（2 册，談谷錚譯），臺北桂冠圖書公司 1995
年。Marc Bloch 之中譯名，從前者。

變。一言以蔽之,其改觀的方向或許就是不存在成爲中心的學説或主題,而出現了研究課題之個別化、分散化的趨勢。其原因之一,是有關研究資料的狀況發生了變化,即出現了大量的簡牘、帛書等出土文字史料。這是不能否定的。但是,導致研究課題分散化的主要原因,並不僅限於此。

　　拙見以爲,其中的一個原因即在於人們對於歷史問題關注的多元化。或許也可以説,探尋歷史學之學問者各自都已處於分散的狀態。有人評價這一傾向是學界的混亂,但是,如果那是按照自己的想法來探求對於自己來説的確是很重要的問題,並通過自己的語言來表達其研究的結果,那么或許就應該視之爲正常的現象。再者,也可以指出,以往的學説所包含的兩個傾向,即西歐中心主義之偏頗與探尋確定之規律的歷史觀,已不再成爲引起研究者共鳴的事實。較之以往將"奴隸制社會"的範疇寫入歷史的這種傳統做法,近年的研究者們也一定感覺到結合更爲具體的史料來研究問題之魅力所在,例如古代的人們是怎樣理解自己所處之時代的,等等。如果按照這樣的狀況繼續發展下去,研究的個別化、分散化就會成爲不可避免的主流趨勢。

　　理解出土文字史料對於秦漢史研究的影響,即如上所述使得整個歷史研究之狀況發生的變化與重組,是十分必要的。由於新史料的出現,以非常的精確度描繪出秦漢時代的歷史圖像,已經成爲可能。同時,僅在内容的豐富性上,它已經可以適應以往編纂史料時不曾被滿足的種種要求。可以説,新史料引起了很多研究者的關注,是理所當然的現象。[1]但是,另一方面,也不能忽視有將研

---

　　① 衆所周知,以居延漢簡爲中心的簡牘史料研究,可以舉出很多優質的成果,尤其是自 1950 年以後。但是,學界對於出土文字史料的評價卻是:"並没有發展到僅憑此就可以獨立改寫當時歷史的程度","未免會助長流傳至今的歷史之輔助性(轉下頁)

究的個別分散化之趨勢進行擴大化、固定化的傾向。出土史料各自不過是"局部"性的。例如,在文書被隨葬於地方官之墓的情況下,祇要是與其實際職務相關的問題,就會點滴不漏地被記下來;而那些與其實務無關的事情,當然也不會被記載下來。研究者會按照自己所關注的問題與新史料比賽,但是祇追逐出土文字史料,整體的歷史圖像就很難構築起來。可能就會出現這樣的結果,即其各自的學說也不過是"局部"性的。也許應該說,無論多麼細緻,使用"局部"性的史料所進行的研究,是很難以其原來的形式進行集中而廣泛的討論的。

　　另外一個亦不能忽視的問題是,由於出土文字史料的出現,研究方法已經發生了變化。《史記》、《漢書》所代表的編纂史料,作爲古典作品,長期以來被連續不斷地讀下來。因此,一直都備有注釋與劄記等等解讀時應該依據的指南。當然,這是貫穿始終的指南,雖然不是絕對的解釋,但是也不能無視其經得起長期評價的學術分量。可以說,最重要的是,被校訂過的文本之存在本身,給後人以不可估量的恩惠。相對於此,出土史料其本身是未經加工的素材,作爲各自都可以說是注釋者的研究者,不得不將之與史料對峙起來。解讀文本所占據其研究的比例,當然可能就變得很大了。因而,從整體情況來看,集中關注於一個個史料的解讀,已是不得已的傾向。

　　如果考慮以上這樣的狀況,研究的個別分散化就是不可避免的,而且也沒有理由一概地予以非難。儘管如此,還是有這樣的擔

(接上頁)史料的弊病"(永田英正《簡牘研究事始の記》,《日本秦漢史学会会報》第5號,2004年,217頁)。相對於此,1980年代以降,研究者們期待於出土文字史料的,無非是"改寫流傳至今的歷史",也可以說是將編纂史料所說之"歷史"相對化。當然,出土史料並不是萬能的。在"改寫"與"相對化"之際,常常專注並向前推進有關資料的有效範圍,則是不可或缺的。

心：埋没從事微觀的、個別實證的研究者，很有可能會造成學術界的閉塞與研究品質的下降。另一方面，必須要做的恐怕仍是相互的討論與批評。這是因爲，成爲錘煉學說之力的，雖然是一個個學者的鑽研，不過最重要的仍是學者相互間的對話。[①]對研究者所要求的，不是其各自的研究要有意義且可在廣泛討論的場合出示各人所關注問題之所在嗎？ 當然，討論的對象也包括海外的研究者。通過對話，在檢驗實證研究之水準的同時，經常可以摸索出共有的框架。通過這種對話的積累，或許比較全面的歷史圖像也就被構築起来了。

2. 本書的課題與結構

一言以蔽之，本書的課題就是解釋維持古代帝國體制的機構功能，並關注一個最爲單純的問題：無論如何，在這樣的基礎上，幅員廣大的國家得以存續的原因何在？ 對於這個問題，可能有種種不同的研究路徑和答案。但是，本書所選擇的方法是分析法制特別是訴訟制度。訴訟是第三者對社會上所產生的糾紛下判斷的過程。因爲本書所選用的出土史料，都是由國家機構所製作的文書，所以這裏所出現的第三者無非就是國家權力。因此，訴訟制度的研究就是將社會與國家的接觸點作爲對象。受理什麼案件或不受理什麼案件？ 所受理的案件是由什麼機構並經怎樣的程序下達裁判的？ 進而裁判的公平性與統一性如何得以保證？——訴訟制度

---

① 在古代史研究中，對個別實證的潛心鑽研而言，容易談到的話題往往是與清朝考據學進行類比。但是，即使在清朝考據學的世界裏，發揮作用的也是學友們之間"通過原稿階段的傳閱而形成的提煉學說的'網絡'"（參見木下鉄矢《"清朝考証学"とその時代——清代の思想》，創文社 1996 年，141 頁）。這雖然不能與現代學界的狀況一視同仁，但是，應該深思的是個別實證之亂立也許並非考據學的情形。

的研究所具有的意義就在於，將古代國家處理紛争的實際狀況，放在社會之末端的視點上來進行分析。其結果，可以認爲，無論如何可以從"全社會上下皆有法式"這一已被定型化之專制國家的理解中，提出一些東西納入到歷史圖像中去。

除序論外，本書正文部分共有五章，其整體由以下四方面内容構成。

第一，主要素材出土文字史料究竟是什麼性質的文本？爲何會從那些地方出土？這些問題是要就史料作内在性的理解纔可以解決的。這將在序論的第二節尤其是其第 2 項中進行論述。以睡虎地秦墓竹簡爲例，論述其與縣獄吏之職務的密切關聯，不僅有利於正確解讀史料的基礎工作，同時也可以就古代司法的實際狀況獲得一些啟發。另外，關於這個問題，將在結語部分，再通過與張家山漢簡的比較，從更爲廣闊的視野進行論述。

第二，從傳世文獻史料中選擇典型的審判故事加以分析，以搞清楚其中所見的基本架構。此即第一章"對李斯的審判"。在這一章中，以《史記・李斯列傳》作爲文本，將李斯因謀反罪而被審判的過程展开進行探索，使支撐着這一故事的整个框架浮現出來。關於該框架與現實制度之間的關係，通過第二章以後的分析，可能就會變得明朗起來。

第三，使用出土文字史料復原具體的訴訟制度。這是本書的核心部分。其方法是，注意集中起來之史料群其相互之間的關係，並進行詳細的研究；從大量殘簡中選出並彙集成具有共同特點的史料群，在此基礎上進行分類研究。前者，即研究所給予的史料群，這項工作將在第二章"秦漢時代的刑事訴訟"與第三章"居延出土的册書與漢代的聽訟"之中進行。擬使用睡虎地秦簡和張家山漢簡、居延漢簡，分別在第二章搞清楚刑事方面的訴訟程序，在第三章探明民事方面的訴訟程序。而後者，則是第四章"爰書新探——古文書學與法制史”，即屬於始自史料之彙集方面的工作。
如其副標題所示，在此的主要目的是，以古文書學的方法，闡明“爰
書”這一文書的實態，並確定其功能。

　　第四，選擇有關秦漢時代最爲中心的主題，批評並討論日本與
中國雙方學術界的爭論。此即第五章。該章暫且離開前述的訴訟
主題，以勞役刑是否有刑期的爭論爲中心，在整理、評析相關有爭
議學説的基礎上，舉出新史料，並提出拙見。其目的在於明示其實
例，以彰顯出土文字史料對於秦漢史研究所産生的重大影響，以及
中日學者間的互動、對話對於推進學術研究之進展的重要性。

　　最後，作爲附録，刊載一篇論述 2003 年出土的里耶秦簡之史
料價值的文章，和一篇關於在秦漢法制史研究領域留下巨大足跡
之已故何四維博士睡虎地秦簡譯注的書評。

　　作爲秦漢訴訟制度研究領域中的先期研究成果，在此僅舉出
如下的三部作品。在本书中雖未逐一言及這些論著，但都是筆者
執筆寫作本書時獲益不少的。

　　第一部是沈家本的著作。尤其是《沈寄簃先生遺書》甲編所收
《歷代刑法考》各編，提示了豐富的史料；同時，富有獨特見識的沈
氏劄記，具有在類書中所看不到的史料價值。無論研究漢代法制
史上的任何問題，最初都應該查閲這部書。

　　第二部是何四維（A. F. P. Hulsewé）《漢律遺文》（*Remnants
of Han Law*, vol. I, Leiden, 1955）。該書由兩部分構成：《漢
書・刑法志》的譯注和成爲其解讀索引的漢代法制之總論。這是
出土文字史料之浪潮湧起之前，基於傳世文獻的研究著作，是將文
獻學的方法貫穿於史料之中的作品。作者歸納漢代法制之規律的
學術態度，即使在今天也足以作爲典範。關於訴訟法，該書以“司
法審判（The Administration of Justice）”爲題，專設一章進行
探讨。

第三部是徐世虹主編《中國法制通史》第二卷《戰國秦漢》(法律出版社,1999)。該書是由張晉藩擔任總主編的浩瀚的十卷本《中國法制通史》之一卷。僅該卷就是超過 650 頁的大部頭。其中,關於漢代訴訟程序的敘述,也有 50 頁以上的篇幅。其引用史料適當(當然也包括出土史料),可以説是一部精心創作的、體現目前研究水準的作品。

就相關傳世文獻而言,其主要的史料幾乎都被以上三部作品網羅了。而本書的特點或許就在於:除了將出土史料置於分析的中心之外,還以程序的發展爲焦點,試圖從動態角度來把握訴訟。拙見以爲,即使試着一步一步地進行静態的制度研究,也不可能看到體系之實態。又,關於引起一個個爭論之基礎的出土文字史料,要注意的是,無論其如何繁瑣,應儘可能找出類似的文例,正確地解釋一字一句。因爲不正確解讀古語,也就不能理解古代的制度。因此,祇好甘願受到全書始終貫穿着譯注這樣的批評。

二、出土文字史料及其背景

1. 居延漢簡的背景

本書使用的出土文字史料,大致可區分爲:墓中所隨葬的廣義的書籍和以邊境遺址爲中心出土的行政文書。此外,雖然也有走馬楼三國吳簡、里耶秦簡等出土於古井的簡牘,但是其内容是被廢棄後扔到井裏的公文書,[①]可以説基本性質仍屬於後者。因爲都是廣義的考古遺物,所以其解釋不能離開出土環境和背景。具體説,若是隨葬的簡牘則要考慮和同出遺物以及與被葬者的關係,若

---

① 關於里耶秦簡,參見本書"附録一"。

是由遺址、古井出土的簡牘則應考慮出土的層位與遺址的性質等
等,這些都成爲解釋史料不可欠缺的前提。本節擬嘗試提出兩個
問題進行論述:關於前者,即睡虎地秦簡與被葬者之職掌的關聯;
關於後者,即居延漢簡與出土遺址的關係。但是,關於後者已經有
大部頭的專著。[1]而筆者也曾闡述過自己的看法,所以在此僅簡要
地摘錄其要點[2]。另一方面,前者本身,即被葬者與出土簡牘的關
係,正好被認爲是法制史研究的主題,因此打算略爲詳細地論述一
下史料的組成及其主要內容。

在此,先彙總一下有關居延漢簡的背景即軍事機構的構成。
漢帝國相對於匈奴處於優位,已越過黃河出入河西走廊,通過灌溉
內陸河川形成的綠洲進行開發,將那裏變成了農田。長城與烽燧,
就是爲保護其耕地和居民不受外敵的侵入所敷設的設施。敦煌、
居延地區的簡牘類大半是從這樣的軍事設施之中出土的(也有敦
煌懸泉置漢簡那樣的例外)。因此,爲了加深理解,有必要把握漢
代邊境軍事機構的構成。

關於居延地區的軍事機構,過去曾經有這樣的理解:以郡之軍
事機關都尉府爲頂點,各級機關按照"都尉府—候官—候—燧"的序
列,組成有層次的體制。燧,是負責邊境防備之末端的烽火臺;候官,
是統括烽火臺的砦。但是,關於處在兩者之間的"候",其性質未曾得
以準確把握。"候"這個機關的存在,是由候長這個官名來推定的,檢
索漢簡也未見有單獨被稱爲"○候"的機關之例,關於候長之所屬,倒
是有被稱爲"部之候長"之例。祇要看到這樣的事實,就會得出"候"
這個組織根本不存在的結論,這樣,認爲候長是部之責任者的看法

---

①　永田英正《居延漢簡の研究》,同朋舍 1989 年。

②　籾山明《漢代エチナ゠オアシスにおける開発と防衛線の展開》,冨谷至編《流
沙出土の文字資料——楼蘭・尼雅文書を中心に》,京都大學學術出版會 2001 年。

自然就不成立。①隨着其後史料的增加，此見解得以證實，並已成爲不刊之論。可是，若簡單地以"部"來替換"候"，也未必可行。"部"是組織的稱呼，是表示管區的概念，不是有獨自設施的機關。具體而言，五至七個燧的團體就是"部"，其責任者候長與書記官候史，成爲"部"的代表，並同居於燧（在居延地區，這個代表"燧"的名稱也變成"部"的稱呼）。如果從燧來看，這個體制就變成這樣的情況：雖然屬於特定的部，但是實際存在的直接的上級機關是候官。因此，以燧爲舞臺産生爭執時，起訴的目的地不是部而是候官。另外，這個認識也適用於整個敦煌地區。在圖1中，圖示了以上的結果。

10

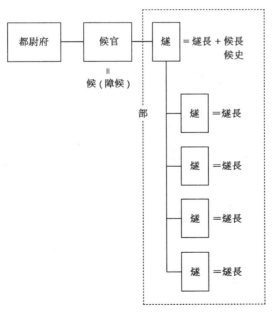

圖 1　漢代邊境的軍事組織

11

---

①　陳夢家《漢簡所見居延邊塞與防衛組織》，收入氏著《漢簡綴述》，中華書局1964年，52頁。

本書決定在引用的敦煌、居延漢簡中添加表示出土遺址的資料信息。關於舊居延漢簡,將在括弧中與原簡號碼並列寫上遺跡的編號。而新居延漢簡與敦煌漢簡,其原簡號碼本身就包括遺跡的編號。主要的編號與遺跡的對應關係如下:

［舊居延漢簡］

A8＝甲渠候官,A32＝肩水金關,A33＝肩水候官,A35＝肩水都尉府。

［新居延漢簡］

EPT・EPF・EPW・EPC＝甲渠候官,EPS＝第四燧。

［敦煌漢簡］

T. vi. b＝大煎都候官,T. xv. a＝宜秋燧。

本書處理的史料,幾乎都是甲渠候官出土的簡。另,與隨葬簡牘不同的即敦煌、居延漢簡公文書,其本身就有紀年。因此,沒有必要事先就史料的年代進行總體性的討論。

2.雲夢睡虎地秦簡概述

睡虎地秦簡,是 1975 年 12 月至次年 1 月由湖北省雲夢縣西郊睡虎地所發掘的 12 座墓中編號為"十一號"的秦墓中出土竹簡的總稱。根據其後的調查可以確認,在同一地區共存在包括這 12 座在內總計 53 座戰國末至漢初的墓葬。[①]由此可以看出,這一帶曾是當時的墓葬區。睡虎地十一號墓是一棺一槨的長方形豎穴土坑墓,墓口部分為 4.1 米×2.9 米,墓口至墓底的深度為 5 米。竹簡與毛筆、塗漆的小箱等若干身邊物品,被一起放置在棺內墓主遺

---

① 雲夢縣文物工作組《湖北雲夢睡虎地秦墓發掘簡報》,《考古》1981 年第 1 期。湖北省博物館《1978 年雲夢秦漢墓發掘報告》,《考古學報》1986 年第 4 期。

骸的四周。簡保存良好的原因,是一直被滲透到槨内的水浸泡着。
其總數爲 1150 餘支,長度爲 23—27.8 釐米,字體是可稱爲秦隸的
早期隸書。除殘缺太甚而其上所寫的内容不能判斷之少數斷簡
外,所有的竹簡都被整理小組分爲十種,即:《編年記》、《語書》、《秦
律十八種》、《效律》、《秦律雜抄》、《法律答問》、《封診式》、《爲吏之
道》、《日書》(甲種、乙種)。從簡上殘存的編綴痕跡可知,這些竹簡
原本是幾卷册書,這是毫無疑問的。但是,在出土的時候,編繩已
斷,即呈散亂的狀態。於是,中國方面的整理工作,首先是從復原
1150 餘支竹簡本來的編聯入手的。這項工作大概是按照如下程
序進行的,其方法即:先根據出土位置將所有的竹簡大致分爲甲~
辛八組,接着測量竹簡的長度,考察其記載形式、記載内容等,再細
分各組;然後,該分類的分類,應綴合的綴合。例如,放在墓主大腿
部的辛組,根據記載形式與内容的不同,可區分爲《語書》、《效律》、
《秦律雜抄》、《爲吏之道》四類。而下半身右側的丁、戊兩組,因其
位置相近、内容相同,故彙總爲《秦律十八種》。各類的稱呼,如後
所述,原有標題者,按其原標題;未有者,暫時由整理小組擬定。若
這樣來看,則整理者所分的十類(擬定名稱是否合適另論)大致可
以獲得首肯,根據這樣的分類是没有什麽大問題的。但是,可以作
爲根據的僅此而已,至於再深入各類簡内部之前後關係,除根據記
載形式自然而然所確定的一部分之外,什麽線索也没有,已經刊行
文本的分類所採用的排列方式一步也没有超出假説的範圍。因
此,如傳世法典"某某律第幾條"那樣的表示方法,就該史料而言,
很難説是合適的。① 在引用的時候,與居延漢簡等一樣,以簡的編
號來表示恐怕是最好的方法。

13

---

　　①　如後所述,當時應該以其律名來稱呼的條文,並没有完全被包括在睡虎地秦
簡之中。又,原來秦漢時代律的情況、各律的條文數,常常是變動的。

　　以下，依次概述各類的內容。祇是關於被擬定爲"法律答問"的這一組，擬專門立爲一項進行探討。其原因是，在考慮睡虎地秦簡與张家山漢簡等被隨葬的與法律有關的簡牘之性質方面，該組竹簡是其關鍵所在。以下引用的史料，將根據後述 1990 年版的《睡虎地秦墓竹簡》，在括弧中注明其簡號與頁數。

　　《編年記》　共有 53 支簡。是一種年譜，即在有關從秦昭王元年(前 306)到始皇帝三十年(前 217)九十年間以戰役爲主的大事年表中，同時記有一個名叫"喜"者(其姓不明)的個人經歷。這 53 支簡採用分上下兩欄的記載方式，上欄寫完後再移到下欄接着寫。其中，始於昭王四十五年的有關"喜"之事項和始皇十二年①以降的所有記載，與直至始皇十一年以前的大事年表，不是一個人所書寫的。由此判斷，原本是以別的目的所製作的大事年表，後來(大概是始皇十二年以後)又補記了有關"喜"的年譜事項。或許也可以説，這也是該《編年記》的製作意圖在於後者的佐證。若然，則祇有成爲該年譜主體的"喜"纔是十一號墓的被葬者，可以認爲被暫稱爲《編年記》的 53 支簡類似於後世的墓誌，是爲傳播墓主的經歷而隨葬的。其出土位置在墓主的頭下。

14

　　根據該年譜可知，"喜"出生於昭王四十五年(前 262)。始皇三年(前 244)八月被進用爲"史"(書記)，翌年任安陸縣之"□史"(一字不詳。或爲"御"字?)。六年，成爲該縣的獄史，即負責製作文書的書記。又，七年，轉任鄰近之鄢縣的令史；十二年在同縣從事"治獄"之職務。安陸縣爲今湖北省雲夢縣，雲夢睡虎地墓群位於該安陸故城的西郊。鄢縣則在同省宜城的附近，與安陸一起屬

---

　　①　不用説，因爲"始皇帝"這個稱號是在即位第二十六年(前 221)統一天下之初所制定的，所以"始皇十二年"的表達不可能是其本來的表述。正確的表示恐怕應該是"秦王政十二年"，但是以統一天下爲界線，分別使用兩種表達太繁瑣。因此，爲方便起見，本章在明知不正確的基礎上，暫且統一使用"始皇"。

於秦攻略楚地所設置的南郡。《編年記》載：

> 十二年四月癸丑,喜治獄鄢。(19 貳,p. 7)

從其語序看,大概是"在鄢治獄"的意思。[1]因此,"令史"爲職官名,"治獄"就成爲其職務内容。《史記》卷七《項羽本紀》云"陳嬰故東陽令史",而《正義》引《楚漢春秋》傳曰"東陽獄史陳嬰",或可爲其旁證。史書記載的"獄吏"或者"獄史",一定是這種從事"治獄"的令史。《漢書》卷五一《路温舒傳》有如下的記載：

> 路温舒字長君,鉅鹿東里人也。父爲里監門。使温舒牧羊,温舒取澤中蒲,截以爲牒,編用寫書。稍習善,求爲獄小吏,因學律令,轉爲獄史。縣中疑事皆問焉。太守行縣,見而異之,署決曹史。

> 路温舒,字長君,爲鉅鹿東里之人。父親擔任里之監門。在讓温舒放羊的時候,温舒采澤中之蒲,截斷作成牒,編起來用以寫字。漸漸習得好字,就請求擔任獄之小吏,因而學習律令,轉而擔任獄史。在縣中,疑事皆問之。太守到縣裏來巡視,見面後發現他與衆不同,於是任用其爲決曹之史。

作爲獄之小吏學習律令、轉任獄史的路温舒的經歷,可成爲考慮"喜"這個人時的參考。[2]但是,與被提拔爲郡吏的路温舒不同,在

15

---

[1]　池田雄一《湖北雲夢睡虎地秦墓管見》,《中央大学文学部紀要》史学科第 26 號,1981 年,53—54 頁。

[2]　推薦解決了疑難案件的縣獄史爲郡卒史的例子,可見於張家山漢簡《奏讞書》。其相關部分如下：

六年八月丙子朔壬辰,咸陽丞毅、禮敢言之。令曰:獄史能得微難獄,上。今獄史舉闆得微難[罷]獄,爲奏廿二牒,舉闆毋害謙[廉]絜[潔]敦愨,守吏也,平端,謁以補卒史,勸它吏,敢言之。　　　　　　　　　　　(奏讞書 227—228,p. 229)

其前一段文字内容的一部分(獄史舉所審判案件之始末),本書第二章已引用。

"喜"的經歷中未見有從事治獄以後的記載。若將《編年記》的記述終止於始皇三十年(前 217)視爲喜死亡之年，[1]則他死時滿 44—45 歲。這與武漢醫學院從被葬者的骨骼所推定的 40 至 45 歲的年齡是一致的。[2]隨葬竹簡的半數，其内容都是與法律有關的。這一事實在很大程度上暗示"喜"的最終職務是治獄。總之，該《編年記》之年譜，對於確定睡虎地秦簡持有人的職務與時代具有很重要的意義。

《語書》 共有 14 支簡。末簡的背面有"語書"的標題。雖然其筆體一致，但是前八支簡上殘存的編綴位置與後六支簡的不同，由此可以看出其本來曾是兩份册書。前半部分八支簡，是南郡郡守向其所轄的縣、道所发佈的下行文書，其有如下的形式：開始曰"廿年四月丙戌朔丁亥，南郡守騰謂縣、道嗇夫"，結尾云"以次傳；别書江陵布，以郵行"。"廿年"，即始皇二十年(前 227)。通告的内容以遵守、貫徹法令爲主。另外，後六支簡比較了良吏與惡吏，如"凡良吏明法律令，事無不能也……惡吏不明法律令，不知事，不廉潔"，很可能是前半部分下達文書的附件即向官吏發佈的諭告。如前所述，南郡是秦占領楚地所設置的郡，在文告之中可見"今法律令已具矣，而吏民莫用，鄉俗淫泆之民不止"。由此可知，秦對占領地的統治似乎進行得並不順利。又，對遷都壽春之後仍伺機反攻的楚國的勢力，也一定不能予以漠視。在這樣的狀況之下，《語書》即可以説是對統治之細胞的縣、道所發佈的促使其嚴明綱紀之通告。另外，根據饒宗頤的研究，《語書》的筆調近似於《韓非子》的

---

[1] 但是，也有學者認爲，因爲始皇二十九年的簡也没有記載紀年以外的任何事項，所以把此年視爲喜之死亡年(紀年祇是預先填寫到三十年爲止)。參見劉信芳《關於雲夢秦簡編年記的補書、續編和削改等問題》，《江漢考古》1991 年第 3 期。

[2] 雲夢睡虎地秦墓編寫組《雲夢睡虎地秦墓》，文物出版社 1981 年。

句法，其格調很高。①

　　《秦律十八種》　共有 201 支簡。是由 108 條律文組成的律之正文集。因各律條之末尾所記載的律名共有 18 種，故暫稱爲《秦律十八種》。這十八種的細目如下（括号内是有其律名的條文數）：

> 《田律》（6 條）、《廄苑律》（3 條）、《倉律》（26 條）、《金布律》（15 條）、《關市律》（1 條）、《工律》（6 條。祇是 1 條有屬於《均工律》的可能性）、《工人程》（3 條）、《均工律》（2 條，及祇殘存律名的斷簡 1 支）、《徭律》（1 條）、《司空律》（13 條）、《軍爵律》（2 條）、《置吏律》（3 條）、《效律》（8 條）、《傳食律》（3 條）、《行書律》（2 條）、《内史雜律》（11 條）、《尉雜律》（2 條）、《屬邦律》（1 條）。

見於《秦律十八種》的 108 條律文，屬於中國現存律之正文最古老者。在成立年代的可靠性這一點上，雖然可以讓一步給後述的兩條魏律，②但是其一部分至少有可能早於秦的領土向南方水稻作物地帶擴大的公元前 4 世紀末。其原因是，《倉律》有關糧食管理的規定是以禾爲中心的，這就暗示着其成文時仍處於秦的領土仍停留在不生長水稻的北方關中一帶的時期。③因此在中國律之漫長的發展歷史中，它具有最早的、可靠的里程碑的價值。

　　但是，另一方面，《秦律十八種》中可以發現在雙重意義上的

---

①　饒宗頤《出土資料から見た秦代の文学》，《東方学》第 54 輯，1977 年。

②　另，《廄苑律》律文可見"正月"（13, pp. 22—23），因不避始皇帝之諱"政"，故有認爲這一條成於政即位之前的看法。但是，在睡虎地秦簡中，對避諱是否被嚴格遵守存有疑問（Beck, Mansvelt B. J. "The Frist Emperor's Taboo Character and the Three Day Reign of King Xiaowen: Two Moot Points Raised by the *Qin Chronicle Unearthed in Shuihudi in 1975* ,"*T'oung Pao*, vol. 73, livr. 1—3. 1987. ）。

③　江村治樹《雲夢睡虎地出土秦律の性格をめぐって》，收入氏著《春秋戦国秦漢時代出土文字資料の研究》，汲古書院 2000 年，686 頁。

"不完全"。例如，在《工律》的一條律文即關於已借給百姓武器之返還規定的末尾，有"以齎律責之"（102—103，p. 44）的規定，可知秦有稱爲"齎律"的律。但是，在《秦律十八種》中，載有此律名的律一條也沒有發現。這意味着，在秦曾存在過的律名不止十八種。又，根據《內史雜律》的規定，苑之嗇夫不在時，縣所安排的其代理者要"如廄律"（190，pp. 62—63）行事。由此可見，在《廄律》之中，有這種關於代理的規定。《廄律》可能是《廄苑律》的別名，但是在《秦律十八種》的《廄律》中沒有發現其相關條文。由此或可充分地推定，即使就構成《秦律十八種》的各律而言，也還有其他的條文。根據江村治樹所指出的，《秦律十八種》可能是縣與都官因管理業務的需要而摘錄、編纂的律文集。[1]這是應該予以首肯的見解，但是所遺留下來的問題是，編纂者究竟是私人還是機關？若是後者則是處於什麼層級的機關？這些都是應該進一步予以研究的課題。

《效律》　共有 60 支簡。其中一支簡的背面有"效"的標題。由關於檢驗官府所屬的物資財産管理（包括數量、過分與不足、有無，等等）的 22 條律文組成。所謂"效"是將實物與賬簿核對，在文獻中亦作"校"，如"京師之錢累巨萬，貫朽而不可校"，[2]與《秦律十八種》一樣彙集了律之正文，而且是《效律》這一單一部門的集成。又，在序言中有"爲都官及縣效律"這樣一句，因而形成作爲一個整體的緊密集合體。還應該注意的是，其中的一條（27—30，pp. 72—73）是與《秦律十八種·倉律》的一部分（21—23，pp. 25—26）幾乎相同的條文。對這兩者進行比較研究的江村治樹推測，《效

---

① 　江村治樹《雲夢睡虎地出土秦律の性格をめぐって》，收入氏著《春秋戰國秦漢時代出土文字資料の研究》，汲古書院 2000 年，963 頁。
② 　《史記》卷三十《平準書》。

律》與《倉律》的關係是，《效律》修改並吸收了《倉律》的條文。[1]或許可以認爲，這種吸收其他律之條文的跡象表明，《效律》是以其他律爲基礎而編纂的後起之律。恐怕正如江村論文所述的那樣，在某個時刻，既存之律——例如衹是《秦律十八種》中的《效律》——不能處理"效"的問題，或者因其他理由有必要對官府整個物品管理制度進行統一的管制，就編纂了該《效律》的 23 條。[2]另外，1993年從湖北省江陵縣（現荆州市）所發掘的王家臺十五號秦墓中，出土了包括幾乎同文的《效律》竹簡，[3]這樣的事實暗示着如下的可能性：所隨葬的律文不是墓主個人的收集品，而是由國家或地方官府相關機構所頒佈的。

　　《秦律雜抄》　共有 42 支簡。是由 27 條律文構成的律文之集成。但是，其中明確記載律名的是 11 條，即 11 種。還有很多採用每個條文不另換簡而再接着寫的形式，因此存在无法判明究竟到哪裏纔算是一个條文的情況，也很難説以上的 27 條就是一個絶對準確的數字。这 11 種律名如下：

　　　　《除吏律》、《游士律》、《除弟子律》、《中勞律》、《藏律》、《公車司馬獵律》、《傅律》、《屯表律》、《捕盜律》、《戍律》、《牛羊課》。

此外，缺少律名而可以認爲是律之正文的規定，大約有 16 條。全都與《秦律十八種》不重複（《除吏律》是有關軍吏任命之律，與前述

18

---

　　① 江村治樹《雲夢睡虎地出土秦律の性格をめぐって》，收入氏著《春秋戰國秦漢時代出土文字資料の研究》，汲古書院 2000 年，684 頁。
　　② 關於縣道官府認爲必要之律令的立法程序，張家山漢簡《二年律令》可見如下的規程：
　　　　縣道官有請而當爲律令者，各請屬所二千石官，二千石官上相國、御史，相國、御史案致，當請，請之，毋得徑請。徑請者者，罰金四兩。（二年律令 219—220，p. 163）由此可推定，在秦"爲"《效律》時，其程序亦是同樣的。
　　③ 荆州地區博物館《江陵王家臺一五號秦墓》，《文物》1995 年第 1 期。

的《置吏律》不同）。在整體上包括比較多的與軍事相關的規定，但從內容層面上看也並沒有形成緊密的集合體。如果從這點來考慮，或許可以說《秦律雜抄》是與《秦律十八種》不同時期或者在不同目的之下所制定的，是律之集成。但是，與《秦律十八種》一樣，其集成之主體不明。另外，《牛羊課》之"課"是關於按照程序審查成績的規定，類似於居延漢簡的《郵書課》。①

《封診式》　共有 98 簡。在被推定位於最末之簡的背面有"封診式"的標題。共由 25 節組成，各節的開頭附加了表示其內容的"小標題"。在 25 節的頭兩節有"治獄"、"訊獄"的標題，記錄訊問嫌疑人時的理念和方法。其餘 23 節中有兩節題爲"有鞫"、"覆"，是通過其原籍所在地確認嫌疑人身份之詢問文書的文例。其他21 節（包括小標題不明的 2 節）都是可稱爲"爰書"的公文書之文例。以下，將爰書中可明確的小標題列出，以供參考：

　　　封守、盜自告、□捕、盜馬、爭牛、群盜、奪首、告臣、黥妾、遷子、告子、癘、賊死、經死、穴盜、出子、毒言、奸、亡自出。

在整理的初期階段，這一組簡被暫稱爲"秦治獄案例"，並被解釋爲是類似於漢代之"比"的一種判例集。但是，若通覽總體則可知，其中祇記錄對於事案所採取的措施而無一例附有判決，因此視爲"比"是不合適的。大庭脩"覺得像是爰書之文例集"的見解，②與邢義田認爲如標題之"式"那樣是文書範本與格式的主張，③可以說都是較爲妥當的看法吧。墓中葬有很多的爰書文書範本，這不就是因爲製

---

①　永田英正《居延漢簡の研究》，同朋舍 1989 年，365 頁。李均明《簡牘文書"刺"考述》，收入氏著《初學集》，蘭臺出版社 1992 年。

②　大庭脩《雲夢出土竹書秦律の概觀》，收入氏著《秦漢法制史の研究》，創文社1982 年。

③　邢義田《從簡牘看漢代的行政文書範本——"式"》，《嚴耕望先生紀念論文集》，稻鄉出版社 1998 年。

作這種文書是墓主職務之一嗎？如果認爲將包括"鄉某爰書"、"軍戲某爰書"之類冠以某官之名的爰書彙集起來，並以文書的體裁進行整理，也是墓主的職務，那么這或許是不無道理的解釋。總之，不難想像的是，在將當時錯綜複雜的事案之内容正確且得當地文書化的過程中，製作適當的文書範本恐怕是很有必要的。敦煌懸泉置也出土了應稱爲"爰書式"的漢代爰書之文書範本。①具體如下：

> 曰：論某縣署作某官，尽神爵二年某月某日積滿若干歲。論以來未嘗有它告劾若繫，當以律減罪爲某罪。它如爰書，敢言之。

> 陳述："在某縣，某官被判決服勞役，在神爵二年（前 60）某月某日合計若干年。"判決以來，未曾受到其他的告訴、舉劾或者被繫留，相當於以律減罪爲某罪。其他如爰書。以上謹此報告。

該格式的文書是爰書，其理由擬另章再論。因爲記錄了神爵二年這個具體的年號，所以推定可能是祇適應於特定年之行政事務的文書範本。這種文書範本的存在，意味着當時的公文書是按照固定的文書格式製作的。換言之，有特定稱呼的文書帶有特定的文書格式。這成爲本書第四章專門研究爰書時的前提。

　　《爲吏之道》　共有 51 支簡。在編綴全簡後再分上下五欄書寫，其記載形式爲：第一欄從右到左寫滿後，再移到第二欄，這樣依次寫至第五欄。其内容，一言以蔽之，就是官吏的爲官心得。因其開始部分有"凡爲吏之道，必清潔正直，慎謹堅固"，故暫稱爲《爲吏之道》。但是，較之前述的《語書》，其整體缺乏統一性，讓人覺得好像是由幾種素材拼湊而成的。例如，有學者曾指出，第三欄出現的"千佰津橋，囷屋牆垣，溝渠水道"這種連續的四字句，正是官吏所使用的識字課本的一部分；而第五欄有"操邦柄，慎度量，來者有稽

① 陳玲《試論漢代邊塞刑徒的輸送及管理》，李學勤、謝桂華主編《簡帛研究二〇〇一》，廣西師範大學出版社 2001 年，375 頁。

莫敢忘",其所記載的是有三三七字"相"(民間歌謡)之韻調的箴言。再者,其末尾部分抄寫了題爲《魏户律》《魏奔命律》的有安釐王二十五年(前 252)紀年的兩條魏律。由此可見,其整體的結構相當複雜。這 51 支簡爲一個册書。由其特殊的記載形式來看,這是確定無疑的。但是,它是以什麼目的爲基礎製作的呢? 似乎至今仍没有令人滿意的解釋。不過,值得注意的是邢義田的意見,即《語書》中可見濃厚的法家色彩,而《爲吏之道》則通篇都染有濃厚的儒家色彩。[1]根據余英時的研究,《語書》與《爲吏之道》均反映古代的吏治有"政"(統治)與"教"(教化)之兩面性。[2]

　　《日書》　根據出土位置與記載形式的不同,可分爲甲、乙兩種。甲種共有 166 支簡,採用簡之正反兩面書寫的記載形式,没有標題。乙種共有 259 支簡,衹在簡之正面記載,在被認爲是最末位置的簡之背面有"日書"的標題。雖然都是以選日之吉凶爲中心的書,但是因爲在甲種之中可見對比秦、楚之月名的記述,所以可推定其製作時期(起碼就甲種而言)可能爲秦的統治開始及於楚地的公元前 3 世紀中期以降。與其説是法制史料,不如説作爲傳播當時民間信仰的社會史史料的價值更高。

3.《法律答問》

　　《法律答問》共有 210 支簡。由解釋律文中語句之意思、對特殊事例適用刑罰等 187 條組成。因爲很多條都採用像《唐律疏議》之《問答》那樣的問答體形式,所以如此暫稱之。

---

　　①　邢義田《雲夢秦簡簡介——附:對〈爲吏之道〉及墓主喜職務性質的臆測》,收入氏著《秦漢史論稿》,東大圖書公司 1987 年。
　　②　余英時《漢代循吏與文化傳播》,收入氏著《儒家倫理與商人精神》(《余英時文集》第三卷),廣西師範大學出版社 1987 年,75—78 頁。

首先,可將其問答分類爲如下的類型:

(1)特定用語的概念規定

① 對難懂之語句所作的辭書性定義。

② 對模棱兩可之用語所作的具體性定義。

③ 區別分辨不清的兩個用語。

22

(2)律無規定時的判斷

④ 在正文不完全的情況下。

⑤ 在正文全部缺失的情況下。

關於以上各個類型,舉例説明如下。作爲①之文例,有如下的問答:

可〔何〕謂盜埱埴? 王室祠,狸〔薶〕其具,是謂"埴"。

（法律答問 28,p.100）

什麼是"盜掘埴"? 王室祭祀之際,埋其祭品,叫做"埴"。

不用説,此時,"埴"是難懂之詞語。以下爲②之文例:

可〔何〕如爲"大痍"?"大痍"者,支〔肢〕或未斷,及將長令二人扶出之,爲"大痍"。 （法律答問 208,p.143）

怎樣的情況是"大痍"?"大痍"就是四肢還没有斷,若軍隊的將長命兩個人將其扶回去,則稱爲"大痍"。

給"大痍(重傷)"這個含混不清的用語下了個具體的標準定義,大概就是爲了防止任意解釋律文。①又,③之文例如下:

① 例如,《墨子·號令篇》可見到如下的規定:

吏卒民死者,輒召其人,與次司空葬之,勿令得坐泣。傷甚者令歸治病家善養,予醫給藥,賜酒日二升、肉二斤,令吏數行閒、視病有瘳、輒造事上。詐爲自賊傷以辟事者,族之。事已,守使吏身行死傷家,臨户而悲哀之。

"傷甚者"是指怎樣的程度呢? 很清楚,如果事先没有規定下來,在適用相關規定時就可能引起混亂。

　　　　可〔何〕謂“逋事”及“乏徭”？律所謂者，當徭，吏、典已令
之，即亡弗會，爲逋事。已閱及敦〔屯〕車食若行到徭所乃亡，
皆爲乏徭。　　　　　　　　　　　　　　（法律答問 164，p. 132）

23
　　　　什麼是“逋事”及“乏徭”？律所説的是，徭役已被分派，儘
管吏、典已下令，如果逃亡不集合，就是“逋事”；如果已經集合
並校閱完畢，共同乘車、吃飯後或者到服役的目的地後逃亡
了，就是“乏徭”。

這是典型的問答。因爲“逋”是“逃跑（にげる）”，“乏”是“抛棄（す
てる）”，“事”、“徭”都是徭役的意思，所以僅在字面上很難區別“逋
事”、“乏徭”。可以説，這種(1)類型的問答成爲漢代曾被稱爲“律
説”的律之注解的先例。①
　　再舉④之文例如下：

　　　　百姓有責〔債〕，勿敢擅强質，擅强質及和受質者，皆貲二甲。
廷行事强質人者論，鼠〔予〕者不論；和受質者，鼠〔予〕者□論。
　　　　　　　　　　　　　　　　（法律答問 148，pp. 127—128）
　　　　有債權時，不許任意强質（强制性的人身擔保）。如果任
意强質或者和受質（雙方合意之後的人身擔保），均處以二甲
的罰金。在廷行事（判決例）中，强行從他人那裏索取人質的
一方要問罪，而已給予一方之罪則不問。但是，若爲和受質，
則已給予的一方也要問罪。

到“皆貲二甲”爲止，是律之正文。這衹是由於對索取人質一方的
處分不明，因此“廷行事”以下的解釋就成爲必要的解釋。
　　最後，⑤之文例數量很多，此處試舉一例：

　　　　① “律説”是律之正文的注解，由文獻所載可見其一斑，例如：《漢書》卷七《昭帝
紀》之如淳注“律説：卒踐更者，居也，居更縣中五月乃更也”，卷一七《景武昭宣元成功
臣表》之晉灼注“律説：出罪爲故縱，入罪爲故不直”，等等。

　　或與人鬬，縛而盡拔其須麋〔眉〕，論可〔何〕殹〔也〕？ 當完
城旦。　　　　　　　　　　　　　　　　　（法律答問 81，p. 111）

　　有人與他人鬬毆，將他捆綁起來後，在將其鬍鬚、眉毛全
部拔光的場合，處以怎樣的刑罰合適？ 應當完城旦。　　　　24

當然，關於打架的所有形態，律不可能都有規定。 當新情況出現
時，要照顧到與既存刑罰的均衡，這樣的問答可能就是在這種情況
下被積累起來的。

　　如上的問答，一定在司法官吏的審判實踐中被參照執行過。
這說明，出土於睡虎地十一號秦墓這一事實，無非就意味着墓主
“喜”曾經從事過這樣的職務。 如本書第二章所詳述的，對於擔任
治獄之職的獄吏來說，最應該注意的就是公正且徹底地查明案件
和正確適用刑罰。（1）類型的問答在於正確解釋律，（2）類型則是
針對疑罪之律的適用例，它們都是爲執行職務而不可缺少的指南。
不用說，律恐怕有無數難懂與含混不清之詞語，而將現實所發生的
事件一個一個地規定下來也是不可能的。 難以判斷時，如後所述，
可以推薦採用請求上級機關判斷的“上讞”之制。 可以說，知道和
了解有關固定用語與已經被評價的事案是很有必要的。《法律答
問》的作用，或許就在於傳承這樣的“學說”與“判例”。 前引《路溫
舒傳》所說的“學律令”不是包括學會這樣的知識嗎？ 祇有這樣考
慮，纔會很好地理解“縣中疑事皆問焉”這一句話。 確定自己下判
斷範圍的寬窄，就是決定獄吏之價值的關鍵。

三、使 用 的 文 本

　　最後，列出本書所使用的主要出土史料的文本和相關譯注類
的材料。 其末尾括弧内的文字，表示本書中所使用的簡稱。　　25

1. 睡虎地秦簡

　　［文本］

　　① 睡虎地秦墓竹簡整理小組《睡虎地秦墓竹簡》，文物出版社 1990 年。(《睡虎地釋文注釋》)

　　［譯注］

　　② 早稻田大學秦簡研究會《雲夢睡虎地秦墓竹簡〈封診式〉訳注初稿(一)～(六)》，《史滴》第 13～18 號，1992—1996 年。(《睡虎地訳注初稿［一］～［六］》)

　　③ 李奧德(Katrina C. D. McLeod)、葉山(Robin D. S. Yates)《秦律的形式——〈封診式〉譯注》，《哈佛亞洲研究學報》第 41 卷第 1 期，1981 年。[1](《秦律的形式》)

　　④ 何四維(A. F. P. Hulsewé)《秦律遺文——1975 年湖北省雲夢縣出土公元前三世紀秦法律文書譯注》，萊頓 1985 年。[2](《秦律遺文》)

2. 張家山漢簡

　　［文本］

---

　　① Katrina C. D. McLeod and Robin D. S. "Yates, Froms of Ch'in Law: An Annotated Translation of the Fêng-chen Shih," *Harvard Journal of Asiatic Studies*, vol. 41, no. 1, 1981. (FC'L) 譯者注：Katrina C. D. McLeod 之中文名，從徐世虹之翻譯。另，這兩位學者的中譯名又作卡特琳娜·麥克勞德、羅賓·耶茨(崔瑞德、魯惟一編，楊品泉等譯《劍橋中國秦漢史》，中國社會科學出版社 1992 年，111 頁)。

　　② Anthony F. P. Hulsewé, *Remnants of Ch'in Law: An Annotated Translation of the Ch'in Legal Administrative Rules of the 3rd Century B.C. Discovered in Yün-meng Prefecture, Hu-pei Province, in 1975.* Leiden, 1985. (RC'L)

⑤ 張家山二四七號漢墓竹簡整理小組《張家山漢墓竹簡〔二四七號墓〕》，文物出版社 2001 年。（《張家山釋文注釋》）

［譯注］

⑥ "三国時代出土文字資料の研究"班《江陵張家山漢墓出土〈二年律令〉訳注稿その（一）、（二）》，《東方学報》第 76、77 册，2004、2005 年。（《二年律令訳注稿[一]、[二]》）

26

3. 敦煌漢簡

［文本］

⑦ 沙畹《斯坦因在東土耳斯坦考察所獲漢文文書》，牛津 1913 年。①（《斯坦因文書》）

⑧ 甘肅省文物考古研究所《敦煌漢簡》，中華書局 1991 年。（敦圖）

4. 居延漢簡

［文本］

⑨ 勞榦《居延漢簡考釋　圖版之部》，"中央研究院"歷史語言研究所 1957 年。（勞圖）

⑩ 中國社會科學院考古研究所《居延漢簡甲乙編》，中華書局 1980 年。（甲圖·甲附·乙圖）

⑪ 謝桂華、李均明、朱國炤《居延漢簡釋文合校》，文物出版社

---

① Édouard Chavannes, *Les documents chinois découverts par Aurel Stein dans les sables du Turkestan oriental*, Oxford, 1913. 譯者注：該書中文譯名根據駢宇騫、段書安編著《二十世紀出土簡帛綜述》（文物出版社 2006 年，380 頁）。

1987 年。

　　⑫ 甘肅省文物考古研究所、甘肅省博物館、中國文物研究所、中國社會科學院歷史研究所《居延漢簡　甲渠候官》,中華書局 1994 年。(《居延新簡》)

　　⑬ 魏堅主編《額濟納漢簡》,廣西師範大學出版社 2005 年。

5. 銀雀山漢簡

　　〔文本〕

　　⑭ 銀雀山漢墓竹簡整理小組編《銀雀山漢墓竹簡〔壹〕》,文物出版社 1985 年。(《銀雀山漢墓竹簡》)

6. 里耶秦簡

　　〔文本〕

　　⑮ 湖南省文物考古研究所、湘西土家族苗族自治州文物處、龍山縣文物管理所《湖南龍山里耶戰國─秦代古城一號井發掘簡報》,《文物》2003 年第 1 期。(《里耶簡報》)

　　〔譯注〕

　　⑯ 里耶秦簡講讀會《里耶秦簡訳注》,《中国出土資料研究》第 8 號,2004 年。(《里耶訳注》)

7. 走馬樓三國吳簡

　　〔文本〕

　　⑰ 走馬樓簡牘整理組《長沙走馬樓三國吳簡　禾嘉吏民田家莂》,文物出版社 1999 年。(《走馬樓吳簡》)

關於引用資料的出處，睡虎地秦簡、張家山漢簡及銀雀山漢簡，以①⑤及⑭的簡號與釋文頁數來表示；敦煌漢簡以⑦⑧、居延漢簡以⑨⑩⑫⑬、里耶秦簡以⑮、走馬樓三國吳簡以⑰之各個版本所使用的簡號來表示。這裏所揭之外的資料與譯注類，擬在其每次出現的文中注明出處。又，引用簡牘史料之際的記號如下：

□→一字不清　　　……→數字不清　　　▨→斷簡

文→據文意擬補之字　　〔　〕→脱文　　　〔　〕→假借字的讀法

〈　〉→訂正誤字　　　下劃線→不同筆跡之處

原簡的一行排版後成爲兩行時，將第二行的行頭降低一字，以示區別。①

引用史料時，原則上原文與通讀之文並列，而出土文字史料則將原文口譯。這是因爲公文書特有的表述在通讀之文中是難於理解的。另，本書以下對於前輩原則上不使用敬語的表達方式。

28

29

---

①　譯者注：考慮到中文的排版格式，已經作者同意，在中文本中按照中文版式排版。

第一章

對李斯的審判

序　言

　　本章以《史記》卷八七《李斯列傳》爲基本文本，試着就其中所出現的刑事審判狀況，描繪出一幅初步的草圖。眾所周知，《李斯列傳》是統一秦帝國之丞相李斯的傳記，其梗概大致如下：

　　　　楚國的下級官吏李斯，赴秦後得到王（後來之始皇帝）的賞識而成爲廷尉，天下統一後任帝國的丞相，致力於各種政策的起草和制定。但是，始皇帝死後，宦官趙高阿諛奉承二世皇帝，使得不成熟的政策得以實行。擔心事態發展的李斯企圖排斥趙高，卻被趙高察覺，反倒被加以謀反罪，與其兒子一起在咸陽之市被處以腰斬之刑。

　　該傳記的最後部分，即李斯被趙高用奸計蒙獲謀反之罪，直至受到腰斬的判決那一段，是本章分析的對象。如下節所討論的，這段所出現的各種訴訟用語，正好成爲了解古代刑事訴訟方面的史料。

　　但是，從另一方面看，《李斯列傳》通篇都有相當濃厚的虛構色彩，因而也是可靠性存有疑問的史料。宮崎市定早就注意到《李斯列傳》的文學性,在其構成所具有的起承轉合之節奏方面,指出:"在總體上缺乏黏着力,在内容上首尾不相呼應。"①據宮崎研究,其首尾之所以不一貫,就是因爲將性質不同的材料雜亂地拼湊起來。例如,那個關於焚書的上書,被認爲是根據"奏書"②那樣的"在某種程度上應該可靠的史料";另一方面,包含本章主題"對李斯的審判"那一段,據説則來自民間的"偶語"(配樂的説唱故事),屬於可靠性特別低的部分。曾在宮崎之前探討李斯傳記的卜德(Bodde,Derk)也指出:在該段中可見文學创作要素濃厚之處與司馬遷以降被附加的部分,等等。③

　　的確如後所述,有關"對李斯的審判"之記載中,出現了作爲史實不自然之處與相互矛盾的記述。但是,那些不矛盾的部分就可以説是二世時代的史實嗎? 也無法完全保證。所有的記述,歸根到底,在成爲列傳之一篇的時刻,就被撰寫者編纂成其"所講述的事實"。清楚地確定史實與虚構的界限,恐怕是不可能的。在這種史料中,應該探尋的與現實制度之關聯的内容,並未逐一地記述下來,但是否一定没有支撐整個敘述之框架或故事本身所具有之架構呢? 我認爲,在此可暫且不論其可靠與否,而必須解讀所述内容之原始文本的文脈。④

32

---

　　① 宮崎市定《史記李斯列伝を読む》,《宮崎市定全集》第5卷,岩波書店1991年,261頁。

　　② 被稱爲"奏事"的文獻,可見於《漢書》卷三〇《藝文志》:"奏事二十篇。(本注:秦時大臣奏事,及刻石名山文也。)"

　　③ Bodde,Derk,*China's First Unifer:A Study of the Ch'in Dynasty as Seen in the Life of Li Ssŭ*,Leiden:E. J. Brill. 1938. p. 89—111。譯者注:"卜德"之中文譯名,從崔瑞德、鲁惟一編,杨品泉等譯《劍橋中國秦漢史》(中國社會科學出版社1992年)。

　　④ 宮崎市定論述《李斯列傳》的重點在於,構成傳記的資料富有多樣性,包括從説唱故事直至近於實録者,並認爲這或許可理解爲"相當於從戰國以前口耳相傳的時代,發展到文書記録時代的過渡期"(宮崎市定《〈中国古代史論〉前言》,《宮崎市定全集》第24卷,岩波書店1994年,697頁)。而本章的着眼點則在於,從多種資料中梳理出歷史之真實情况時,要搞清楚《史記》的作者——無論是有意圖的還是無意圖的——究竟是以什麽樣的制度作爲其前提的?

　　基於這樣的視角,本章首先按照案件的發展來分析文本。因爲目的是要解釋清楚"對李斯的審判"之框架,所以不再與各種出土文字史料進行比較對照。

一、對審判的分析

　　本節將"對李斯的審判"展開,分成幾個段落進行討論。關於對話與上書等部分,祇要與整個展開的部分無關,就相應省略。

　　　　〈1〉二世已前信趙高,恐李斯殺之,乃私告趙高。高曰:丞相所患者獨高,高已死,丞相即欲爲田常所爲。於是二世曰:其以李斯屬郎中令。趙高案治李斯。

　　　　二世業已信任趙高,擔心李斯殺他,就私下告訴趙高。趙高説:"丞相所擔心的人祇是我趙高,如果我趙高已死,丞相就可以做田常所爲之事。"於是,二世説:"那就把李斯交給郎中令查辦。"趙高查辦李斯。

　　二世將李斯想排斥趙高的進言洩漏給趙高,察覺到自身有危險的趙高,進讒説:"如果自己死了,李斯恐怕會像田常那樣篡奪公室。"因此,二世就將李斯本人"委"之於郎中令即趙高。趙高"案治"李斯。如此"對李斯的審判",就以受命於二世的趙高"案治"開始了。關於其具體內容,接下來的段落有較詳細的陳述。

　　　　〈2〉李斯拘執束縛,居囹圄中,仰天而歎曰:嗟乎,悲夫。不道之君,何可爲計哉。……

　　　　被逮捕囚禁的李斯,在囹圄之中仰天長歎道:"唉!悲哀啊!不道之昏君,爲什麼要爲他謀劃呢。"如此等等。

　　首先,李斯被拘禁在"囹圄"中。若與第〈10〉段"出獄"的表達對照,則"囹圄"是監獄的別名。可以指出的是,以下的程序都是在監獄中進行的。在下略部分，接着還有李斯歎息的話。但是，如很早以前卜德所指出的那樣，這些歎息之話即通過"凡古聖王，飲食有節，車器有數，宮室有度"這樣的表達來批評二世等，對於"以古非今者族"焚書令的提案者來説，是不合適的。[①]可以説，在此處所描繪的李斯像中，可以看到破綻之處。

　　〈3〉於是二世乃使高案丞相獄治罪，責斯與子由謀反狀，皆收捕宗族賓客。趙高治斯，榜掠千餘。不勝痛，自誣服。

　　於是，二世就讓趙高調查丞相之案子並治罪。趙高詰問李斯與兒子李由企圖謀反的情況，並派人收捕其宗族、賓客。趙高審問李斯，拷打他一千多下。李斯不能忍受痛苦，就自己冤屈地認了罪。

毫無疑問的是，這裏所記載的"案丞相獄治罪"之程序，相當於第〈1〉段説的"案治"。這個程序開始於"責"其企圖與長子李由共同謀反之"狀"。"責○○狀"的表達方式，也被使用於如下的場合：

　　兵未合，先遣人責其王以前殺漢使狀。王謝曰：乃我先王時爲貴人姑翼所誤耳，我無罪。惠曰：即如此，縛姑翼來，吾置王。王執姑翼詣惠，惠斬之而還。（《漢書》卷七〇《常惠傳》）

　　軍隊還未匯合，就先派人責問其王以前殺害漢使之情況。王推辭説："那祇是我先王時貴人姑翼所誤爲的，我無罪。"惠説："如果是這樣，就將姑翼綁來，我可以放了王。"王將姑翼抓來交給惠，惠斬之而還。

這是漢遠征龜茲國時所發生的事件，是常惠就殺害漢之使節的事

34

---

　　① Bodde, Derk, *China's First Unifer: A Study of the Ch'in Dynasty as Seen in the Life of Li Ssŭ*, Leiden: E. J. Brill, 1938, p. 100.

實詰問龜茲王的場面。若參照這樣的例子，則所謂"責○○狀"，一定是提出具體的事實詰問嫌疑犯的行爲。①另外，趙高也拘禁了李斯的宗族、賓客，這恐怕是因爲謀反所附帶的連坐。

　　對於被拘禁在囹圄中的李斯，趙高出示其謀反的事實，並"治斯"。所謂"治"，不用說，大概就是指"案治"、"治罪"。至少趙高的目的是爲了將李斯陷入不實之罪，"詰問"就變成"榜掠"即伴隨着拷問的强制行爲。不能忍受痛苦的李斯"誣服"，即自己承認了不實之罪。②如後第〈9〉段所述，其供述被録下寫在文書上。順便説一下，在《史記》的文字中，詰問、拷問的主體可以理解爲趙高，但那並不意味着是趙高本人親自進行拷問。或許比較妥當的看法是，直接負責拷問的是獄吏那樣的下級官吏，趙高衹不過是個指揮者。在後述第〈5〉段可以見到將李斯的"獄中上書"轉交給趙高之"吏"的情節。③

　　如此，確認犯罪事實的程序就是"案獄"，如果將確認罪狀置於重心，此程序也就變成"治罪"這一表述。因此，二世命趙高"案

35

---

　　①　也將這種行爲稱作"問狀"。《漢書》卷五三《景十三王傳》記載：
　　　　（廣川王劉去）有幸姬王昭平、王地余，許以爲后。去嘗疾，姬陽成昭信侍視甚謹，更愛之。去與地余戲，得袖中刀，笞問狀，服欲與昭平共殺昭信。笞問昭平，不服，以鐵鍼鍼之，强服。
　　②　所謂"服"，如上注所見，説的是自己承認罪狀，大多與"問"或"詰"字同時使用。《史記》卷六《秦始皇本紀》載：
　　　　三十六年，熒惑守心。有墜星下東郡，至地爲石，黔首或刻其石曰：始皇帝死而地分。始皇聞之，遣御史逐問，莫服，盡取石旁居人誅之，因燔銷其石。
　　若用爲"誣服"，則説的是自己承認不實之罪，即所謂"虛僞的自白"。《三國志》卷十二《魏書·司馬芝傳》載：
　　　　遷大理正。有盜官練置都廁上者，吏疑女工，收以付獄。芝曰：夫刑罪之失，失在苛暴。今臟物先得而後訊其辭，若不勝掠，或至誣服。誣服之情，不可以折獄。且簡而易從，大人之化也。不失有罪，庸世之治耳。今宥所疑，以隆易從之義，不亦可乎。太祖從其議。
　　③　例如，在本章第三節所引《史記》卷五七《絳侯周勃世家》中，以謀反之嫌疑訊問周亞夫之際，除了廷尉之外，"吏"也參加。

治”，就是讓李斯本人確認謀反的事實。另外，二世在“案治”李斯之前，也派人前去“案驗”三川郡郡守即李斯長子李由：

> 二世……欲案丞相，恐其不審，乃使案驗三川守與盜通狀。

> 二世……打算調查丞相，但擔心其事實不明，就派人前去案驗三川之守與盜勾結的情況。

“案驗”與“案治”、“案獄”一樣，都是指“調查事實”。這裏應該調查的事實，是李由與“盜”即陳勝、吳廣之叛軍同謀之事，但是在使者到達之前，三川郡已經落入項梁之手，李由已被殺（見第〈9〉段）。

> 〈4〉斯所以不死者，自負其辯，有功，實無反心，幸得上書自陳，幸二世之寤而赦之。李斯乃從獄中上書曰：……

> 李斯之所以不自殺，就是因爲他自以爲能言善辯，有功勞且確實無反叛之心，希望能有機會上書自我澄清，希望二世醒悟即可獲得赦免。[①]李斯就從獄中上書說：如此等等。

> 〈5〉書上，趙高使吏棄去，不奏，曰：囚安得上書。

> 李斯呈上奏書，趙高讓獄吏將之棄去而不上奏，說：“囚犯怎麼能上書。”

36

---

① 此處所見的兩個“幸”字都讀作“こいねがう”，訓讀爲“上書して自ら陳ぶるを幸い，二世の寤りてこれを赦さんことを幸えばなり”，也不是不可能的。陳錦霖所翻譯的現代漢語是：“希望能夠上書辯解，希望二世覺悟過來而赦免他。”（王利器主編：《史記注譯》，三秦出版社 1988 年，1993 頁）倪豪士的英譯也同樣作：He hoped that with luck he could submit a memorial to explain himself and that the Second Emperor would then awake and pardon him. (Nienhauser Jr., William ed. *The Guand Scribe's Records*, *vol.Ⅶ*；*The Memoires of Pre-Han China*, Indiana University Press. 1994. p. 354)但是，《史記》中所出現的“幸得○○”的表達，如《李斯傳》所載“(趙)高固内官之廝役也，幸得以刀筆之文進入秦官”，“さいわいにも○○することができ”之謂者很多。

這是李斯從獄中給二世上書的場面，〈4〉之下略部分所引就是所謂"獄中上書"。在〈5〉中，"使吏棄去"，是因爲自獄中的上書首先交給了獄吏。後世相關的例子有，得罪吳之孫皓而被下了獄的韋曜，因獄吏上書而乞求赦免。①

〈6〉趙高使其客十餘輩詐爲御史謁者侍中，更往覆訊斯。斯更以其實對，輒使人復榜之。

趙高派其門客十餘人，假扮爲御史、謁者、侍中，輪流前去覆訊李斯。如果李斯更改口供以其實情回答，就讓人再拷打他。

〈7〉後二世使人驗斯。斯以爲如前，終不敢更言，辭服。

後來，二世派人來驗證李斯的口供。李斯以爲和前面的一樣，最後再也不敢更改口供，在供辭上認了罪。

〈6〉這一部分涉及到趙高的奸計。其奸計的成功就在於，有必要讓李斯深信假冒的御史、謁者、侍中就是真正的使者。因此，趙高之客所表演的"覆訊"這一程序，理應是忠實模仿〈7〉所述的"驗"。若然，則所謂"覆訊"本來是這樣的程序：皇帝所派來的御史、謁者、侍中等官（後述）向李斯確認事實。換言之，在〈7〉中所謂二世派來的"人"，一定是貨真價實的御史、謁者、侍中。如〈6〉所明確記載的"更（輪流）"，這種確認曾不止一次地反復進行。因而就會出現這樣一幕：即使是對於緊接着趙高所派假冒使者之後來訪的皇帝之使者，李斯也沒有產生任何的懷疑。

〈8〉奏當上，二世喜曰：微趙君，幾爲丞相所賣。

① 《三國志》卷六五《吳書·韋曜傳》：
又於酒後使侍臣難折公卿，以嘲弄侵克，發摘私短以爲歡。時有愆過，或誤犯皓諱，輒見收縛，至於誅戮。曜以爲外相毀傷，內長尤恨，使不濟濟，非佳事也，故但示難問經義言論而已。皓以爲不承用詔命，意不忠盡，遂積前後嫌忿，收曜付獄，是歲鳳皇二年也。曜因獄吏上辭曰：……

二世看到奉上的判決書，高興地說：“假如沒有趙君，我幾乎要爲丞相所出賣了。”

負責“驗”的御史、謁者、侍中將“奏當”呈送到二世的手上。如方苞《史記注補正》注：“斯之辭服，故高奏其罪與刑相應也。”所謂“奏當”可能就是報告所確認的罪狀與相應的刑罰。關於西漢文帝時擔任廷尉的張釋之，流傳着如下眾所周知的逸聞：

> 頃之，上行出中渭橋，有一人從橋下走出，乘輿馬驚。於是使騎捕，屬之廷尉。釋之治問。曰：……廷尉奏當，一人犯蹕，當罰金。文帝怒曰：……良久，上曰：廷尉當是也。
>
> （《史記》卷一○二《張釋之馮唐列傳》）

> 頃之，文帝出行走到中渭橋時，有一人從橋下跑出，乘輿馬受了驚嚇。於是命令騎士逮捕該人，並把他交給廷尉處理。（張）釋之審問。說：“……廷尉判決，一人犯蹕，當罰金。”文帝憤怒地說：……過了一會兒，皇上說：“廷尉的判決是正確的。”

這裏值得注意的一點，即將從中渭橋下跑出來、驚嚇了文帝乘輿之馬的那個人“屬”於廷尉張釋之“治問”。若與“對李斯的審判”對照，則很清楚這是“案治”的程序，將其結果報告給文帝就是“奏當”。從“一人犯蹕，當罰金”這句話也可知，其內容由罪狀與相應的刑罰構成。順便說一下，因爲張釋之是受文帝之命來“治問”的，所以最後的判斷理應是由皇帝本人所下的。同樣，〈8〉所說的“奏當”，也可以理解爲最終的判斷是由二世皇帝下的。

〈9〉及二世所使案三川之守，至則項梁已擊殺之。使者來，會丞相下吏。趙高皆妄爲反辭。

當二世所派調查三川郡守的人到達時，項梁已殺了李由。使者回來，正逢丞相已被交給獄吏看管。趙高就胡亂捏造李

38

　　由謀反的供辭。

　　這段是"案驗"三川郡守李由之結果的記載。從順序上看,與第〈3〉段並行。"反辭"是指"已承認謀反的供述",大概是按照文書的形式來整理並作爲證據文書提出的。根據《史記》卷五八《梁孝王世家》(褚少孫補),爲了"治"有很多謀反疑點的梁孝王而被派到梁國去的田叔與吕季王,預料梁王之母竇太后會有憂慮,就在長安跟前的霸昌廐,"取火悉燒梁之反辭",棄之而去。①裁斷梁王謀反的證據文書就被銷毀了。"對李斯的審判"之"反辭"的情況是,趙高不僅通過拷問從李斯那裏得來"反辭",而且也捏造出已被殺害的李由的"反辭"。

　　〈10〉二世二年七月,具斯五刑,論腰斬咸陽市。斯出獄,與其中子俱執。顧謂其中子曰:……遂父子相哭,而夷三族。

　　二世二年七月,判決李斯具五刑,在咸陽之市處以腰斬。李斯出獄時,與其次子一起被押解。回頭看着次子説:……於是父子相対而哭,三族均被夷滅。

　　李斯被處以相應的刑罰,即"論"爲"腰斬咸陽市",且刑罰被執行。該"論",如前所述,是接受"奏當"內容的二世親自所下的判決。"具五刑"一語,可見於《漢書》卷二三《刑法志》如下的記載:

　　漢興之初,雖有約法三章,網漏吞舟之魚,然其大辟,尚有夷三族之令。令曰:當三族者,皆先黥,劓,斬左右止,笞殺之,梟其首,菹其骨肉於市。其誹謗詈詛者,又先斷舌。故謂之具

39

---

① 《史記》卷五八《梁孝王世家》(褚少孫補):
　　獨梁王所欲殺大臣十餘人,文吏窮本之,謀反端頗見。太后不食,日夜泣不止。景帝甚憂之,問公卿大臣,大臣以爲遣經術吏往治之,乃可解。於是遣田叔、吕季主往治之。此二人皆通經術,知大禮。來還,至霸昌廐,取火悉燒梁之反辭,但空手來對景帝。

五刑。彭越、韓信之屬皆受此誅。

在漢興起之初,有約法三章,法網雖漏掉吞舟之魚,然而大辟之罪還有夷三族之令。法令規定:"適用於三族者,都要先黥、劓、斬左右足,再以笞殺之,梟其首,在市腌漬其骨肉。其誹謗詈詛者,又先斷舌。"故稱之爲具五刑。彭越、韓信等都受此誅刑。

根據《刑法志》的記載,"具五刑"是在死刑之前所施與的數種肉刑,曾是直至漢初所存在的"夷三族"中特有的措施。后漢的崔寔認爲,"夷三族之令"的"五刑"是"黥、劓、斬趾、斷舌、梟首"這五種刑罰。[1]當然,因爲李斯已被處以腰斬,所以也不能否定有可能是指黥、劓、斬左趾、斬右趾這四種肉刑與死刑。《史記》原文所謂"具斯五刑,論腰斬咸陽市",意思是"對李斯下了具五刑的判決,並決定在咸陽之市處以腰斬"。[2]也許在"具五刑"之後並沒有形成"論"。

如此,從總體上看,"對李斯的審判"就是由突出李斯的悲慘命運與趙高的狡猾所構成的。宮崎將之評價爲"以趙高爲主人公的復仇故事",這也不是不能同意的看法。[3]然而,從訴訟研究的立場來理解,趙高(準確地説,就是《史記》所記載的趙高)在實施"復仇"

---

① 《後漢書》列傳第四二《崔寔傳》:

　　昔高祖令蕭何作九章之律,有夷三族之令,黥、劓、斬趾、斷舌、梟首,故謂之具五刑。

② 在 Nienhauser Jr. 的英譯中,就成爲:[Li] Ssu should be sentenced to the five punishments and cut in half at the waist in the marketplace of Hsien-yang. (Nienhauser Jr., William ed. *The Guand Scribe's Records*, *vol. Ⅶ*: *The Memoires of Pre-Han China*, Indiana University Press. 1994. p. 355)

③ 宮崎認爲,基於《史記》卷八八《蒙恬列傳》"趙高者,諸趙疏遠屬也"的記載可知,趙高通過對李斯處刑,"作爲雖疏遠但仍是趙之王族的後裔,一定對秦國雪了亡國之恨"(宮崎市定《史記李斯列伝を読む》,《宮崎市定全集》第 5 卷,岩波書店 1991 年,251—252 頁)。

40　時所使用的方法是極巧妙的。但是，在說明這點時，有必要斷定一下此前處於"對李斯的審判"之中途的"獄中上書"所具有的意義。

二、獄中上書的意義

在"對李斯的審判"的展開之中，獄中上書占有怎樣的地位呢？首先，注意到的是，第〈6〉段所出現的由假冒使者預先進行的再訊問。一看到這裏，多以爲趙高假裝已通報了上書並派了假冒的使者。但是，這個解釋不成立。其原因是，儘管上書被擱置起來並沒有送給皇帝，但是二世確實派遣了使者。即由二世皇帝所進行的"驗"，與上書之有無是沒有關聯的，可以說是制度上必經的程序。因此，由趙高的使者所進行的"覆訊"，也是以皇帝之"驗"作爲前提並爲了使之失效的詭計，一定是在與獄中上書無關係的情況下進行的。

獄中上書一段所具有的意義，被明記在第〈4〉段開頭"(李)斯所以不死者"的文字中。其目的是闡述李斯不死的理由。這裏所謂"死"，當然意味着自殺。

注意到漢代有很多大官自殺這一異常事實的，是鎌田重雄的論考。[1]鎌田以考察官僚自殺的時機、意義、形式爲線索，注意到丞
41　相王嘉的事例。根據《漢書》卷八六，王嘉因主張東平王云爲冤罪而惹怒哀帝，被廷尉之詔獄傳喚。傳喚的使者一到，丞相府的掾史就遞給王嘉一杯毒酒，促其自殺說："將相不對理陳冤，相踵以爲故事。"王嘉不肯自殺，被關在監獄裏二十餘日就吐血死去。但是，從掾史的話中可知，即使是冤罪也不能主張無罪，自己在其面前斷命

---

[1]　鎌田重雄《漢代官僚の自殺》，收入氏著《漢代政治制度の研究》，日本學術振興會 1962 年。

是"故事"即慣例。鎌田的結論是，在漢代，有罪的大官自殺，是"所賜予的代替加以刑辟的强制性的自決"，通例是通過使者帶來毒藥而完成的。既然在使者到來的同時（或不等待其到來時）就已自殺，因而可以説，大官被下獄而"案治"的情况在漢代很少見。

有關大官自殺的記載，在此前的秦代也可以見到。例如，進諫二世的右丞相馮去疾與將軍馮劫，在因"案責"而被貶爲吏時説"將相不辱"，然後自殺。[①]這恐怕也是"案治"之前的自殺。據鎌田研究，大官的自殺成爲"故事"，始自漢文帝三年，去疾的自決也許是孤立的事例。但是，對於記録此事的《史記》的作者來説，這不是熟悉的情景嗎？丞相、將軍這樣的大官，爲了不受下獄之恥辱而選擇自殺，或許反映出在漢人的眼中選擇自殺是理所當然的行爲。從這樣的立場來看，雖説是秦的丞相，但與其下獄不如先自殺，這是當然的。儘管如此，爲什麽李斯並没有自殺而接受了"案治"呢？對這個疑問，準備以"斯所以不死者"開始的獄中上書一段來進行説明。

的確，如宫崎所述，應該爲趙高所棄去的上書，恐怕不大可能歷經秦朝滅亡的動亂時期仍殘存下來。[②]又，梁玉繩指出，上書開頭"臣爲丞相，治民三十餘年矣"所説的在職期間與現實的情况不一致。[③]宫崎所主張的獄中上書"很清楚是後人的創作"的意見，並不是極端的言論。但是，除暫且不論這樣的史料批評之外，在此應該確認的是，就"對李斯的審判"的展開來説，獄中上書一段並不是

42

---

① 《史記》卷六《秦始皇本紀》。

② 宫崎市定《史記李斯列伝を読む》，《宫崎市定全集》第 5 卷，岩波書店 1991 年，245 頁。

③ 梁玉繩《史記志疑》卷三一：

案始皇二十八年，李斯尚爲卿，本紀可據。疑三十四年始爲丞相，則相秦僅六年，若以始皇十年斯用事數之，是二十九年，亦無三十餘年也。

必要的、不可缺少的要素。它是爲了説明不選擇自殺而選擇下獄的李斯的立場而被插入的,可以説祇不過是一個孤立的插曲。可以認爲,"對李斯的審判"的展開本來所預定的進程,應該是從〈3〉趙高之"案治"到〈7〉二世皇帝使者之"驗"。

三、案治與覆訊

在此,重新返回到"對李斯的審判"。按照上節的研究,如果去掉其枝葉部分,可以整理出其整個經過的主幹部分如下:

拘執‧束縛→案治→反辭→覆訊‧驗→奏當→具五刑‧腰斬

看到這樣的整理結果就知道,"對李斯的審判"之核心是由"案治"與"覆訊"、"驗"構成的。應該注意的是"覆訊"一詞的含義。"覆"即"反覆(くりかえし)、再(ふたたび)"之意,[①]可能是以趙高之"案治"爲前提的表達。爲什麼呢?這是因爲"覆訊"之前的類似程序祇有"案治"。若然,因爲"覆訊"是"案治"之重複,且是模仿"驗",所以結果三者實質上就成爲同一程序。如前所述,對於李由的"案驗"也是同義的。

關於被稱爲"案治"、"覆訊"等程序的實態,《李斯列傳》語焉不詳。但是,根據第〈6〉段"以其實對"、第〈7〉段"不敢更言"的表達,

43

---

① 《史記》卷五八《梁孝王世家》:

　　其夏四月,上立膠東王爲太子。梁王怨袁盎及議臣,乃與羊勝、公孫詭之屬陰使人刺殺袁盎及他議臣十餘人。逐其賊,未得也。於是天子意梁王,逐賊,果梁使之。乃遣使冠蓋相望於道,覆按梁,捕公孫詭、羊勝。公孫詭、羊勝匿王后宮。

《漢書》卷八六《王嘉傳》:

　　初,廷尉梁相與丞相史、御史中丞及五二千石雜治東平王雲獄,時冬月未盡二旬,而相心疑雲冤,獄有飾辭,奏欲傳之長安,更下公卿覆治。

這裏所謂"覆按"、"覆治",即"くりかし調べる、あらためて調べる"。

或許可以推定爲是訊問者與嫌疑人之間圍繞事實的問答。例如，《史記》卷五七《絳侯周勃世家》記載，勃之子條侯亞夫集中購買了用作隨葬品的甲盾，因而被懷疑謀反，受到了訊問。其具體情況如下：

> 書既聞上，上下吏。吏簿責條侯，條侯不對。景帝罵之曰：吾不用也。召詣廷尉。廷尉責曰：君侯欲反邪？亞夫曰：臣所買器，乃葬器也，何謂反邪？吏曰：君侯縱不反地上，即欲反地下耳。吏侵之益急。

> 已看到告發信的景帝，將條侯交給獄吏審訊。獄吏簿責條侯，條侯也不回答。景帝知道後罵道："我再不任用你了。"就召人將條侯送到廷尉那裏。廷尉責問説："君侯想謀反嗎？"亞夫説："臣所買的兵器乃是隨葬品，爲何説是謀反呢？"吏説："君侯縱是在地上不謀反，也想在地下謀反。"獄吏越發緊逼他。

趙高"案治"李斯，大概也是通過這樣的問答來進行的。衹是，在那裏最終是通過拷問完成"服"即自認罪狀的。其結果，所製成的供述記錄就是第〈9〉段所説的"反辭"。因爲到此爲止是二世委之於趙高的程序，所以"反辭"當然被送到了二世的手中。可推定其内容在"驗"即再訊問之前已經告知李斯。

如前所述，李斯被收監於囹圄（第〈2〉段）、"獄中上書"（第〈4〉段）、出監獄並走向刑場（第〈10〉段）。就是説，所有的程序都是在獄中非公開的期間進行的。在那裏，也進行了"榜掠"這樣的拷問（大概是合法的）。在這種制度中，如果想要保障審判的公正，就必須將事案交給至少兩方來處理。可以説，變更承擔責任者反覆訊問的意義可能就在於此。作爲後世的例子，《三國志》卷一四《魏書・程曉傳》載有如下關於非難校事之專橫的一節：

44

初無校事之官干與庶政者也。……其後漸蒙見任,復爲疾病,轉相因仍,莫正其本。……法造於筆端,不依科詔。獄成於門下,不顧覆訊。其選官屬,以謹慎爲粗疏,以譖詞爲賢能。其治事,以刻暴爲公嚴,以循理爲怯弱。

起初,校事之官並不干預庶政。……後來,漸漸蒙獲現任,一再出現詬病,日益因仍,沒有辦法糾正其本。……法被造於筆端,不依科詔。獄案成於門下,不顧及覆訊。挑選官屬,則以謹慎爲粗疏,以譖詞爲賢能。處理事情,則以刻暴爲公嚴,以循理爲怯弱。

因爲以上所說的"門下"可能就是指校事,①所以程曉當然認爲校事沒有將獄案提交"覆訊"是有問題的。這與不依"科詔"(皇帝的命令)的立法一樣,都是應該非難的行爲。

在負責再訊問李斯的官員之中,首先關於"對李斯的審判"所記載的御史,可見於《資治通鑑》卷八《秦紀三》之胡三省注:

御史之名《周官》有之。戰國亦有御史,秦趙澠池之會,各命書其事,則皆記事之職。至秦漢爲糾察之任。

《周官》有御史之名。戰國亦有御史,秦、趙澠池之會時,命其各自的御史記事,如此則其職都爲記事。至秦、漢其職則爲糾察。

如胡注所說可知,本來是近侍的書記官可能在受王命之後就

---

① 《資治通鑑》卷一一八《晉紀》四〇:

河西王蒙遜聞太尉裕滅秦,怒甚。門下校郎劉祥入言事。(胡三省注:自曹操、孫權置校事司察群臣,謂之校郎,後遂因之。蒙遜置諸曹校郎,如門下校郎、中兵校郎是也。)

據高敏研究,曹魏的校事是曹操爲監視官民所設的制度,也是既無固定的機構名稱也無定員的特殊之官(高敏《曹操與孫吳的"校事"官考略》,收入氏著《魏晉南北朝史發微》,中華書局 2005 年)。

變成負有從事糾察之責任者。①《史記》卷六《秦始皇本紀》講述坑儒的一段,可見這種御史的狀況:

> 於是使御史悉案問諸生。諸生傳相告引乃自除。犯禁者四百六十餘人,皆坑之咸陽,使天下知之以懲後。

> 於是派御史審問所有諸生。諸生遂互相告發乃得自除己罪。犯禁者四百六十餘人,全都被活埋在咸陽,讓天下都知道,以懲戒後人。

關於謁者,如《後漢書》本紀第一《光武帝紀上》之注引《漢典職儀》云"皆選儀容端正,任奉使者",認爲是以擔任天子的使者爲職務。《秦始皇本紀》可見如下一段有關陳勝等叛亂勢力建立張楚國之事的記載:

> 郡縣少年,苦秦吏,皆殺其守尉令丞,反以應陳涉,相立爲侯王。合從西鄉,名爲伐秦,不可勝數也。謁者使東方來,以反者聞二世。二世怒下吏。

> 郡縣的青年痛恨秦朝官吏,將其郡守、郡尉、縣令、縣丞都殺死,以這種造反行動來響應陳涉,相互立爲侯王。合從向西進攻,號稱爲伐秦朝者,不可勝數。秦朝謁者出使東方歸來,將造反者的情況報告二世。二世惱怒並將其交給獄吏問罪。

除此之外,從以下《李斯列傳》的記載,亦可領會到其既爲侍中亦是天子的近侍:

> 恐大臣入朝奏事毀惡之,乃說二世曰:⋯⋯今坐朝廷,譴舉有不當者,則見短於大臣,非所以示神明於天下也。且陛下

46

---

① 據王勇華研究,西漢初期之前的御史,祇不過是侍御皇帝、處理文書圖籍的官,即使有從事監察的場合,那也是因與皇帝有親密關係而被授予的臨時任務(王勇華《秦漢における監察制度の研究》,朋友書店 2004 年)。此說或可從。

深拱禁中，與臣及侍中習法者待事，事來，有以揆之。如此，則
大臣不敢奏疑事，天下稱聖主矣。

　　（趙高）擔心大臣入朝奏事時詆毀並憎恨他，就對二世
說：……今坐在朝廷上，如果譴舉有不當之處，短處就顯露給
大臣。這樣就不能向天下顯示神明。畢竟陛下拱手深居於禁
中，與臣及侍中熟悉法令者等待大臣奏報，若奏報上來了，則
商量如何處理它。如此一來，大臣也不敢奏報疑難之事，天下
就會稱讚陛下爲聖主。

　　二世派來再訊問李斯者，都是皇帝近侍的官吏。因此，經由其
手之"驗"，具有等同於皇帝確認事實的分量。在其"驗"的過程中，
李斯"不敢更言，辭服"。"不更言"有關先前之供述，意味着自己承
認所提示的"反辭"的內容。這或許是因爲，可以判斷該程序之後
的"奏當上"是根據李斯再次自認罪狀的事實來確定其有罪的。

　　至此可見貫穿"對李斯的審判"的梗概。蒙受謀反之嫌疑的李
斯，在受到趙高"案治"時，已知道反正有"覆訊"的程序。在李斯看
來，那是由二世的近侍所進行的再訊問，對使者的回答有着近乎辯
解的意義。於是，對於最初趙高的訊問，就"誣服"了全部的不實之
罪。這一方面是拷問這一強制行爲發揮了作用，另一方面不是因
爲對"覆訊"抱有希望嗎？即使現在在此認爲"不勝痛，誣服"了，也
存在還有由皇帝進行的覆訊這樣的心理。這就好像在現代社會裏
所陷入的這樣一種心理狀態：冤罪被害人不能忍受審訊的壓力，爲
了逃避目前的這種痛苦，認爲即使坦白，如果在審判時辯明，也可
以搞清楚真相。①因此，當知道皇帝的使者（即假冒者們）不傾聽自
己的申訴時，李斯可能就在絕望的同時落到了"辭服"的地步。《史
記》所載趙高的奸計，就是如此的巧妙無比。

47

---

　　①　浜田寿美男《自白の心理学》，岩波書店 2001 年，102 頁。

小　結

最後，離開李斯的故事，試着歸納一下在本章已經變得明朗的訴訟制度。首先，成爲其中心的程序，就是反復替換訊問者之訊問。訊問先從提出罪狀開始，通過嫌疑犯與訊問者的問答來進行下去。這時，嫌疑犯要被"拘執束縛"在獄中，如果有必要，還要受到"榜掠"即拷問。訊問的目的，對於嫌疑犯來説，就在於"服"，即迫使他自認罪狀，但就自認的罪狀而言，也有爲了反復確認而進行訊問的情況。而且即使在再三的訊問中，如果"服"了，罪狀就最終得以確認。這樣的罪狀一經確定，就由訊問者以文書形式完成報告，根據該報告"論"，即刑罰得以確定。可以説，大概如此的框架支撐着"對李斯的審判"的故事。

"對李斯的審判"其本身是可靠的史實嗎？在客觀上沒有明確可知的線索。但是，即使假設全都是創作的，支撐故事的框架也不見得就是虛構的。毋寧説是在創作的時候，以已知的制度爲樣板編成了故事。這或許是通例吧。不僅作者，即使對於讀者來説，因爲是眾所周知的制度，所以爲了説明"爲何在此沒有自決"的一段纔當然變成特別必要的。可以説，如果轉過這樣的想法，"對李斯的審判"的構造反映出《史記》作者所處時代之現實的可能性，或許就會得到充分的肯定和確認。而且再者，因根據的是這樣的現實制度，故一定可以爲讀者方面（大概是作爲史實）所接受。

可以説，在編成故事之際，按照主題從現實制度之中進行取捨選擇，恐怕也是事實。因爲成爲"對李斯的審判"之重點的是反映順勢操縱訴訟程序的趙高之狡猾，所以訴訟過程本身被細膩地描寫下來。但是另一方面，在程序之中發揮作用的文書，則可在"反辭"、"奏當"中窺其一斑，但其原來的具體格式、内容幾乎都沒有顯

48

示出來。又，最爲重要的是，在皇帝指揮下審判丞相謀反罪的訴訟是否具有普遍性，從根本上看恐怕也存有疑問。這些問題的解決，必須留待第二章以後的研究，即對在實際行政功能的末端所製作的文書進行較系統的分析。

49

第二章

秦漢時代的刑事訴訟

序　言

　　秦漢時代的刑事訴訟，是根據什麽原理、按照怎樣的程序來進行的呢？本章的目的在於，以睡虎地秦簡爲主要素材，同時也參考張家山漢簡，儘可能地根據第一手資料，來闡釋這個問題。中國古代國家的顯著特徵是高度發達的官僚行政機構，對此恐怕是没有異議的。在這種體制之下，刑事訴訟是公權力對社會秩序之紊亂所採取的積極介入的形式。因此，訴訟程序或許也是以權力即審判者的立場爲中心構成的。這是不難想像的。對於在社會末端所產生的糾紛，古代國家是如何應對的？其組織系統如何？有關秦漢時代刑事訴訟的研究，可以就這些問題進行解釋並確定其地位。

　　本章舊稿的相關論考發表於 1985 年。當時，已經報導了張家山漢簡出土的消息，其内容的一部分於同年初刊載在《文物》雜誌上。① 舊稿可以利用的史料僅限於睡虎地秦簡。毋庸置疑，睡虎地

53

---

①　張家山漢墓竹簡整理小組《江陵張家山漢簡概述》，《文物》1985 年第 1 期。

秦簡是非常珍貴的出土史料，但是，如序論所述，對把握訴訟制度的總體狀況還是有局限的。舊稿的局限性在於，雖然使用了《史記》和兩《漢書》，而且也參考了晉、唐的制度，以試圖打開新的局面，但是結果卻在所復原的"秦的審判制度"中，混入了相當多後世的要素。

　　促使這種狀況發生變化的，是張家山漢簡《奏讞書》釋文的公開發表，[①]及《二年律令》圖版、釋文即《張家山釋文注釋》的刊佈。張家山漢墓的年代，被確定在公元前 167 年前後。與以公元前 217 年爲下限的睡虎地秦簡，相差祇不過約 50 年。可以説，跨越秦、楚、漢抗爭之激烈動蕩時期的這兩種簡牘，也許幾乎可以被視爲同時代的史料。而且，實際上這兩種史料有不少互補的部分。特別是，對於搞清楚從睡虎地秦簡無法看到的、縣級以上機關的訴訟程序之一端，具有很重要的意義。由於張家山漢簡的出土，使得更爲精確地把握秦至漢初的訴訟制度已經成爲可能。可以下這樣的判斷，即使今後再有新史料出土，祇要涉及訴訟程序，已形成的認識就不會從根本上發生動搖和改變。

　　如序論所述，出土睡虎地秦簡的雲夢睡虎地十一號秦墓的墓主，是曾在南郡鄢縣負責處理獄案的叫作"喜"的男子，其官職爲令史。此事具有兩點意義，第一，據睡虎地秦簡復原的訴訟制度，大多不超出縣級。因此，有關向縣以上機構訴訟的情況，必54　須要參考其他史料，特別是張家山漢簡的《奏讞書》。第二，其中所記載的内容，與令史這一下級書記官的職務有很深的關係。因此，本章的敘述可能也會在一個方面描繪出位於公權力最末端的官吏之狀態。

---

　　①　江陵張家山漢簡整理小組《江陵張家山漢簡〈奏讞書〉釋文》（一）、（二），《文物》1993 年第 8 期、1995 年第 3 期。

　　作爲使用張家山漢簡研究訴訟的先期成果，可以舉出的是宮宅潔和李均明的論考。①李均明的論文，始於"涉訟各方"（訴訟當事人），其内容是以出土資料爲中心，通覽從"告劾"到"執行"的各個程序。其敘述的方向與本章非常接近。但是，由於是以張家山漢簡與懸泉置漢簡等新公佈史料爲重點的，結果也就没有論及不見於其中（但是出現於睡虎地秦簡）的幾個重要程序。另一方面，宮宅的論文，在主動以張家山漢簡彌補睡虎地秦簡之不足的基礎上，從審判的機構、審判的進行、審判者三個方面來深刻地分析、研究問題，其結果，如後所述，得出了"發現地原則"與"診問"的重要認識。本章以下將以這兩篇先行研究爲指導，從更爲廣闊的視野來審視秦漢時代的刑事訴訟，同時再就其中幾個關鍵程序進行深入分析和探討，這樣或許就可以闡明作爲訴訟之基礎的原理。另外，本章所説的"秦漢時代"，大致限定在秦至漢初時期。雖然可以認爲在此所發現的制度大多淵源於戰國秦，但是即使在六國也不見得是同樣的。②

一、程序的復原

　　本節將通過整理與訴訟有關的用語，嘗試復原秦至漢初的刑事程序。第1—5各項的標題，祇是爲了便於表示程序的流程而大略列出來的。對於當時的用語來説，這樣的名目也許是不存在的。

55

　　①　宮宅潔《秦漢時代の裁判制度——張家山漢簡〈奏讞書〉より見た》，《史林》第81卷第2號，1998年。李均明《簡牘所反映的漢代訴訟關係》，《文史》2002年第3輯。
　　②　作爲將與秦的制度之比較納入視野的研究，有使用包山楚簡闡明楚國之訴訟制度的廣瀨薫雄的論考（廣瀨薫雄《包山楚簡に見える証拠制度について》，郭店楚簡研究會編《楚地出土資料と中国古代文化》，汲古書院2002年）。

1. 告訴·告發

犯罪事實被官府發現,稱爲"覺"。

〈1〉甲殺人,不覺。今甲病死已葬,人乃後告甲。甲殺人審。問:甲當論及收不當? 告不聽。　　(法律答問 68,p. 109)

甲殺人,但未被發覺。現在,甲已病死且在被埋葬之後,總算有人告發了甲。甲殺人之事屬實。問:是否應對甲論及收。其告發不予受理。

以上所見"告"即由私人所進行的告發,成爲發現殺人之事實的線索。但是,在此告發"不聽"即不予受理,這是因爲被告甲已經死亡。①而我們所看到的此類有關"告"的各種規定,可以說是睡虎地秦簡的特徵之一。以下擬探討其主要者。

自告·自出·自詣　自己到官府陳述犯罪事實,稱爲"自告"。

〈2〉司寇盜百一十錢,先自告,可〔何〕論? 當耐爲隸臣。或曰貲二甲。　　(法律答問 8,p. 95)

正在服司寇之刑者盜一百一十錢,如已"先自告",應如何論? 應耐爲隸臣。一說應貲二甲。

"自告"之前被冠以"先"字,這一定是表示"在被發覺之前"的意思。這一點可以參考《後漢書》本紀第二《明帝紀》所載永平十五年之詔:

犯罪未發覺,詔書到日自告者,半入贖。

_____

①　如下文所述,所謂"論"是按照罪狀適用刑罰,所謂"收"是收孥,即官府没收其家屬之人身。該問答的問題是"是否應論及收",這是因爲很難判斷,即使是犯人甲死後的告發是否也與活着時同樣審判。因爲所詢問的不僅有"論"而且還包括"收",所以可知對於殺人罪的刑罰附帶有收孥家屬。

犯罪未被人發覺，在詔書到達之日自告者，將入贖減半。

由該詔亦可知，較之由他人告訴、告發而被發覺的情況，"自告"可能要處以減刑。張家山漢簡《二年律令》有這樣的規定："告不審及有罪先自告，各減其罪一等。"（127，p. 151）可以認爲同樣的原理也存在於秦律之中。秦律規定，常人盜一百一十錢時，應處之刑是耐隸臣妾，若未滿一百一十錢則貲二甲。①因此，在〈2〉的問答中，如果認爲司寇的犯罪行爲也與常人的犯罪行爲一樣，因爲"先自告"就減一等"貲二甲"；而如果持刑徒的犯罪行爲應較常人處罰重的看法，就會判斷減一等之刑是"耐爲隸臣"。另外，下面所列舉的簡文，其前段也可能有殘缺，是就妻已"先自告"的情況規定夫或夫婦的犯罪行爲。

〈3〉當䙴〔遷〕，其妻先自告，當包。（法律答問 62，p. 108）
應處遷徙刑之罪，如其妻在被發覺之前自告了，就應處以包。 57

所謂"包"是指罪人家屬獲准隨行前往遷徙地，②史書中亦作"自隨"。③大概可以認爲是一種緩刑措施。

作爲類似於"自告"的用語，則有"自出"這個詞。

〈4〉把其叚〔假〕以亡，得及自出，當爲盜不當。自出，以亡論。其得，坐臧〔贓〕爲盜；盜辠輕於亡，以亡論。
（法律答問 131，p. 124）
攜帶（自官府）借用的物品逃亡，如被逮捕或者自出，應否

---

① 水間大輔《張家山漢簡〈二年律令〉刑法雜考——睡虎地秦簡出土以降の秦漢刑法研究の再檢討》，《中國出土資料研究》第 6 號，2002 年。
② 《睡虎地秦墓竹簡》，文物出版社 1990 年，107 頁。
③ 《後漢書》本紀第二《明帝紀》永平八年條載：
詔三公募郡國中都官死罪繫囚，減罪一等，勿笞，詣度遼將軍營，屯朔方、五原之邊縣。妻子自隨，便占着邊縣。父母同產欲相代者，恣聽之。

作爲盜罪。如係自出，以逃亡罪論。如係被逮捕，則按照贓物之值作爲盜罪。如盜罪比逃亡罪輕，則以逃亡罪論。

如果從與"得（逮捕）"對稱的角度來判斷，所謂"自出"就一定是不因官府追捕而自己出面到官府去告知。但是，例如，盜竊犯自己出面來到官府告知的情況是"盜自告"，①不稱爲"盜自出"。所謂"自出"，是祇用於因犯罪與逃散等之逃亡者的表達，在很多的場合與"亡"這個詞一起出現。例如，如後所述，《封診式》有一例其標題爲《亡自出》（例〈18〉），史書也連稱爲"亡命自詣"、"漏脱自出"等等。②所謂"自告"，同樣成爲減刑的對象，這從張家山漢簡《二年律令》"諸亡自出，減之"（亡律 166，p. 155）的規定，就可以看得很清楚。

告不審・誣告 所謂"審"，如〈1〉所說"甲殺人審（甲殺人之事屬實）"，是"正確、確實"的意思。因此，所謂"不審"，就成爲"不正確、不確實"的意思。其最好的例子就是，在第一章所分析的"對李斯的審判"中，想要"案治"李斯的二世皇帝"恐其不審"，即使對於三川郡太守長子李由也派遣使者前往案驗。如稱爲"告不審"，就指不正確的告訴、告發。《法律答問》舉出如下之例予以定義。

〈5〉甲告乙盜牛。今乙盜羊，不盜牛。問可〔何〕論？爲告不審。 （法律答問 47，p. 104）

---

① 睡虎地秦簡《封診式》（15—16，p. 150）：

盜自告 □□□爰書：某里公士甲自告曰：以五月晦與同里士五〔伍〕丙盜某里士五〔伍〕丁千錢，毋〔無〕它坐，來自告，告丙。即令〔令〕史某往執丙。

② 《後漢書》列傳第七《馮異傳》：

至邯鄲，遣異與銚期乘傳撫循屬縣，録囚徒，存鰥寡，亡命自詣者除其罪，陰条二千石長吏同心及不附者上之。

《三國志》卷三九《蜀書・呂乂傳》：

亮卒，累遷廣漢、蜀郡太守。蜀郡一都之會，户口衆多，又亮卒之後，士伍亡命，更相重冒，奸巧非一。乂到官，爲之防禁，開喻勸導，數年之中，漏脱自出者萬餘口。

　　　　甲告發乙盜牛。但乙所盜的是羊而不是牛。問：應如何論？作爲告不審。

　　順便說一下，由官吏所進行的虛假告發，似乎可稱爲"劾人不審"。在懸泉置出土的漢簡中，可見如下囚律佚文：

　　　　•　囚律。劾人不審爲失，以其贖半論之。　　（I0112①：1）
　　　　•　囚律。因劾人不審而用刑有誤時，應適用贖其刑罰之罰金的半額。

　　關於"失"，將在後述。"以其贖半論之"，與前引永平十五年之詔所說"半入贖"一樣，作爲罰金科處"其贖之半"，即"應適用贖刑的半額"。例如，劾人不審的結果是該人被處以黥城旦刑，而這是在判明"不審"的情況下發生的，因此就要對負責的官吏科懲贖黥之半額的罰金。

　　如同通用的"告劾"一詞，"劾"與"告"都是發覺犯罪之線索的程序，但是圍繞其解釋，卻眾說紛紜，大致有：主張使刑事審判開始的刑事告發之說，[1]認爲是官吏告發官吏的彈劾之說，[2]認爲是由官府告發之說，[3]等等。筆者較爲認同最後一說，[4]但爲了更深入

59

---

　　① 　鷹取祐司《居延漢簡劾狀關係冊書の復原》，《史林》第 79 卷第 5 號，1996 年。
　　② 　徐世虹《漢劾制管窺》，《簡帛研究》第二輯，法律出版社 1996 年。佐原康夫《居延漢簡に見える官吏の處罰》，《東洋史研究》第 56 卷第 3 號，1997 年。高恒《漢簡中所見舉、劾、案驗文書輯釋》，李學勤、謝桂華主編《簡帛研究二〇〇一》，廣西師範大學出版社 2001 年。
　　③ 　宮宅潔《"劾"小考——中国古代裁判制度の展開》，《神女大史學》第 18 號，2001 年。
　　④ 　例如，佐原康夫認爲，有非官吏的民間人成爲"劾"之對象的例子（佐原康夫《居延漢簡に見える官吏の處罰》，《東洋史研究》第 56 卷第 3 號，1997 年，19—20 頁）。若然，所謂"劾"是官吏依據職權進行的告發，這樣的理解就不妥當了嗎？順便說一下，沈家本《漢律摭遺》卷一"目錄"，談到如下的"告"、"劾"之不同：
　　　　告、劾是二事，告屬下，劾屬上。……凡此言劾者，並爲上對下之詞，而告者乃下對上之詞，二字正相對待。

地討論,確實有必要另文予以專論。

也有這樣的情況發生:到官府進行虛假控告的一方,其目的就是陷特定人入罪。睡虎地秦簡稱之爲"誣告"、"誣人",與"告不審"的區別就在於,是否置之以"端(故意)"爲其構成的主觀要件。

〈6〉甲告乙盜牛若賊傷人,今乙不盜牛、不傷人,問甲可〔何〕論? 端爲,爲誣人;不端,爲告不審。(法律答問 43,p. 103)

甲告發乙盜了牛,或者賊傷了人。但乙既沒有盜牛,又未傷人。問:甲應如何論? 如爲故意,就作爲誣人。如非故意,就作爲告不審。

官吏故意進行虛假告發時,就構成"不直"之罪。

〈7〉劾人不審爲失,其輕罪也而故以重罪劾之,爲不直。
　　　　　　　　　　　　　　　　　(二年律令 112,p. 149)

因不正確的劾人而錯誤適用刑罰時,儘管是輕罪,但如是故意以重罪劾,(進行劾的官吏)就構成不直。

雖然史料的年代不同,但是如與前揭懸泉置漢簡對比就可知,在故意以重罪劾的情況下,不適用"以其贖半論之"之律。《二年律令訳注稿(一)》將"劾人不審爲失",譯爲"人を劾して不正確であったときは,失とし",將"失"與"不直"理解爲一對概念。但是,所謂"失",如後所述是關於適用刑罰的概念,未被使用在有關"告"與"劾"之失當上。

州告·投書　設置有關控告不實的罰則,使得告訴、告發者承擔一定的風險。爲逃避"告不審"罪而又以他事控告,將不予受理;而通過諸如隱匿責任之所在等手段進行的告訴、告發,不但不予受理,而且要作爲懲罰的對象予以懲罰。

〈8〉可〔何〕謂州告? 州告者,告皋人,其所告且不審,有
〔又〕以它事告之。勿聽,而論其不審。(法律答問 100,p. 117)

州告是什麼意思? 所謂州告,是指告發罪人,而其所告内
容經訊問不審時,又以其他事情相告。不受理,且以不審罪論。

《睡虎地釋文注釋》將"州"字讀作"周",解釋爲"循环重複"。
何四維的《秦律遺文》(D84)也贊同這個注釋。①所謂"州告",可能
就是屢次變更控告的内容。

〈9〉有投書,勿發,見輒燔之。能捕者購臣妾二人,毄〔繫〕
投書者鞫審讞之。所謂者,見書,而投者不得,燔書,勿發,投者
得,書不燔,鞫審讞之之謂殹〔也〕。(法律答問 53—54,p. 106)

即使有投書,也不要拆封。每次見後都應立即燒毀。能
夠捕獲投書者的,賞給臣妾二人,拘禁投書者予以審理,並提
請上級機關定罪。其意思是説,如已發現有人投書但未能捕
獲投書者的,就應燒毀投書,不得拆封。如能捕獲投書者,就
勿燒毀投書,審理此案並提請上級機關定罪。

該問答"鞫審讞之"之前是律的正文,"所謂者"以下相當於其
解釋。所謂"投書",如《睡虎地釋文注釋》所指出的,是通過"投匿
名書信"告發他人的行爲,相當於史書所説的"飛書"。②關於投書
的處理,因爲從律文的規定很難判斷是否應燒毀投書,所以如上的
解釋可能是有必要的。

61

---

① Anthony F. P. Hulsewé, *Remnants of Ch'in Law*: *An Annotated Translation of the Ch'in Legal Adminstrative Rules of the 3rd Century B. C. Discovered in Yün-meng Prefecture, Hu-pei Province, in 1975*. Leiden, 1985.

② 《後漢書》列傳第二四《梁統傳》:
松數爲私書請託郡縣,二年,發覺免官,遂懷怨望。四年冬,乃縣飛書誹謗,下
獄死,國除。(李賢注:飛書者,無根而至,若飛來也,即今匿名書也。)

〈10〉公室告［何］殹〔也〕？非公室告可〔何〕殹〔也〕？賊殺
傷盜它人爲公室［告］。子盜父母，父母擅殺刑髡子及奴妾，不
爲公室告。　　　　　　　　　　　（法律答問103，pp. 117—118）

公室告是什麽？非公室告是什麽？對他人進行賊殺、賊
傷、盜竊，爲公室告。子盜父母，父母擅自殺死或刑傷或髡剃
子或者奴妾，不是公室告。

〈11〉子告父母，臣妾告主，非公室告，勿聽。·可〔何〕謂
非公室告？·主擅殺刑髡其子臣妾，是謂非公室告，勿聽。而
行告，告者辠。告［者］辠已行，它人有〔又〕襲其告之，亦不
當聽。　　　　　　　　　　　　　（法律答問104—105，p. 118）

子告父母，臣妾告主，爲非公室告，不予受理。·非公室
告是什麽意思？·主人擅自殺死或刑傷或髡剃其子、臣妾，稱
之爲非公室告，不予受理。如仍進行告訴、告發，控告者有罪。
在控告者之罪已得以執行的階段，即使又有他人繼其後進行
告發，也不應當受理。

〈10〉是有關“公室告”與“非公室告”之區別的問答，其答覆舉
例如下：①“賊殺傷盜它人”，②“子盜父母”，③“父母擅殺刑髡子及
奴妾”，首先可以確認這些都是犯罪行爲。對③那樣的卑親屬、隸
屬民動用私刑是要被問罪的，這是因爲“擅殺刑髡其後子，黥之”
（法律答問72，p. 110）的規定，以及到官府去申請“黥妾”之例（後
出〈19〉）等，是確實無疑的。因爲①所説的“它人”，恐怕是指和②
③之“子”與“奴妾”相對稱的“非家之成員的人”，所以可以説，某些
犯罪是否爲“公室告”，是以對非家之成員的外部之人的犯罪（①）
或者家之成員相互間的犯罪（②③）爲基準來決定的。被稱爲臣
妾、奴婢、僕虜等的隸屬民是家之非血緣的成員，這點可以從《韓非
子·顯學》“嚴家無悍虜，而慈母有敗子”這樣的俚語中窺見其
一斑。

另一方面，根據〈11〉的問答，"家"之成員即使"告"其内部的犯罪行爲，也不予受理。"公室告"與"非公室告"這樣的犯罪類型，因爲是通過此類控告之受理、不受理的標準來區别的，所以可能是同時被稱爲"告"的。這種"告"的限制，在保持以父母、主人爲中心的家之秩序方面發揮着作用。不受理關於"非公室告"方面犯罪之告訴、告發的意圖，大概也在於此點。①但是，"非公室告"是始終限制告訴、告發的，這決不意味着在"家"之内部没有公權力的干預。見於〈11〉末尾的"襲其告之，亦不當聽"之規定，從另一方面説，也許暗示着這樣的原理：受理在内部出現控告以前的來自外部的告發。如果是這樣的話，就存在如下的可能性：發生在"家"内部的犯罪行爲，可以根據里正與里老、伍人等的告發來探知。

63

另外，在張家山漢簡《二年律令》之中，可見如下的律條：

〈12〉子告父母，婦告威公，奴婢告主、主父母妻子，勿聽而棄告者市。　　　　　　　　　　（二年律令 133，p. 151）

子告發父母，兒媳告發公婆，奴婢告發主人與主人的父母、妻、子，不予受理，將已告發者處以棄市。

由該律文可知，即使在漢律中，無疑也存在過類似"非公室告"的規定。

三環　在本項的最後，擬探討一下關於"三環"的規定。如下

---

① 在"非公室告"背景下，金燁將"容隱"家族間犯罪解讀爲傳統的家族倫理（金燁：《〈秦簡〉所見之"非公室告"與"家罪"》，《中國史研究》1994 年第 1 期）。"容隱"這一表達來源於《論語·子路篇》中孔子將"父爲子隱，子爲父隱"評價爲"直（正直）"時所説的話。以"隱瞞"父盗他人之羊的行爲作爲"直"的孔子的思想，也許與"非公室告"的理念並不相容吧？ 另，范忠信等論述中國傳統法律文化的著作也同樣將"非公室告"解釋爲體現了"容隱"精神的規定（范忠信、鄭定、詹學農《情理法與中國人——中國傳統法律文化探微》，中國人民大學出版社 1992 年，100—101 頁）。

例所見,"三環"出現於有關"不孝"罪的問答之中。

〈13〉免老告人以爲不孝,謁殺,當三環之不? 不當環,亟執勿失。　　　　　　　　　　　　　　　　（法律答問 102,p. 117）

免老告發某人不孝,要求處以死刑時,是否應三環? 不應環。要迅速拘捕,勿使逃走。

"免老",是指六十歲以上的老人(《睡虎地釋文注釋》)。錢大群將"環"字訓爲"還"、"卻",並在此基礎上提出"三環"是唐代"三審"制度的先例。[1]唐代的三審制度,是爲了期於慎重而讓當事人在不同之日三次提出訴狀(稱爲"辭牒")。[2]該解釋的方向是正確的。張家山漢簡《二年律令》的出現可以證實此點。

〈14〉年七十以上告子不孝,必三環之。三環之各不同日而尚告,乃聽之。教人不孝,黥爲城旦舂。　　　　　　　　　　　　　　　　　　　（二年律令 36—37,p. 139）

[七十歲以上的老人告訴]子不孝時,必須使之三環。如每次在不同之日三環且又告訴者,就受理之。如教唆他人不孝,就黥爲城旦舂。

《二年律令訳注稿(一)》譯作"三次退回告發(告發を三度差し戻す)",此説應可從。若與〈13〉的問答對照,則告親子不孝時應"三環",而免老告發他人之子時不應三環。秦制與漢制也有不同,

---

① 錢大群《秦律"三環"注文質疑與試證》,收入氏著《中國法律史論考》,南京師範大學出版社 2001 年。

② 《通典》卷一六五《刑法三》:

諸告言人罪,非叛以上者,皆令三審。應受辭牒,官司並具曉示,並得叛反坐之情。每審皆別日受辭(若使人在路,不得留待別日受辭者,聽當日三審),官人於審後判記審訖,然後付可。若事有切害者,不在此例(切害,謂殺人、賊盜、逃亡若強姦良人,並及更有急速之類)。

不能簡單地比較。但是，也許可以推想，在期望愼重告訴親子的背景下，《二年律令》與"非公室告"一樣要保全"家"。

2. 逮捕・拘禁・訊問

受理告訴、告發的官府，要牢牢控制住嫌疑犯的人身自由。如果需要逮捕，就如"即令令史某往執丙"（封診式・出子 85，pp. 161—162）所說的那樣，由令史負責實施。又，對於那些需要特別勘驗的事件，派令史或者丞趕赴案發現場。這被稱爲"診"。接到發現他殺屍體之報告的縣廷，"即令令史某往診"（賊死 55—56，pp. 157—158），說的就是這樣的例子。

可是，在睡虎地秦簡中，除了"執"之外，還可見到應讀爲"とらえる"的"捕"或"得"（亦稱爲"捕得"）之類的詞。文字有別，語義未必不同，但是可以看出，"執"、"捕"、"得"之間似乎有在不同意義上分別使用之區別。即，前者是將重心放在"牢牢控制人身自由"這個方面的文字，而後者的情況則大多意味着"捕獲"現行犯與逃亡者這種行爲本身。因此，如前所述，與"自出"相對應的詞是"得"，而不能是"執"。又，後引〈16〉可見"與牢隸臣某執丙，得某室"，這可能就意味着"前去牢牢控制丙的人身自由，在某人的家中予以逮捕"。進而要說，"執"是專門由令史等官府方面的人員來負責實施的，而負責實施"捕"、"得"者，即使爲一般人也沒有關係。以下問答所說的"甲"這個人，沒有表示其擔任特定職務的頭銜，因此或許可以推測這次"捕得"是由民間百姓實施的。

〈15〉夫、妻、子十人共盜，當刑城旦，亡，今甲捕得其八人。問甲當購幾可〔何〕。當購人二兩。　（法律答問 137，p. 125）

夫、妻、子十人共同行盜，其罪應處以刑城旦，但已逃亡，現在甲捕獲了其中的八人。問：甲的獎賞應是多少？每捕獲一人,應給賞金二兩。

在張家山漢簡中,將民間百姓協助吏捕獲的情況稱爲“偏捕”,即“幫助捕獲”。①

對於已限制人身自由的嫌疑犯,開始訊問。如同“對李斯的審判”所見,可以推測,嫌疑犯被拘禁在“獄”期間,經過了再三的審問。其大致情況,可從以下所揭這段《封診式》的文字得知。

66

〈16〉告子　爰書。某里士五〔伍〕甲告曰:甲親子同里士五〔伍〕丙不孝,謁殺,敢告。即令令史己往執。令史己爰書。與牢隸臣某執丙,得某室。丞某訊丙,辭曰:甲親子,誠不孝甲所,毋〔無〕它坐罪。　　　　　　　　　　　　　（封診式 50—51,p. 156）

爰書。某里之士伍甲控告説:“因甲之親生子同里之士伍丙不孝,故請求處以死刑。以上,謹告。”立即派令史己前去控制丙的人身自由。令史己爰書。與牢隸臣某一起前去捉拿丙,已在某家捕獲。丞某訊問丙,供述説:“是甲的親生子,確實對甲不孝。沒有犯其他的罪。”

稱訊問爲“訊”、供述爲“辭”。根據以上之例,供述始於嫌疑犯本人的陳述,以“没有其他的犯罪”結尾。但是,作爲爰書的記録,這是歸納、整理其供述的結果。可以想像,在實際的訊問和供述中出現過種種曲折的情況。關於此點,以及“毋它坐罪”一語的含義,擬在下節作進一步的討論。

3. 通知縣、鄉

根據嫌疑犯的供述,將指示核實姓名、身份、經歷以及查封資

---

①　王子今《張家山漢簡〈賊律〉“偏捕”試釋》,《中原文物》2003 年第 1 期。

産的文書,送達其原籍所在的縣、鄉。其格式如下所記:

〈17〉有鞫 敢告某縣主。男子某有鞫,辭曰:士五〔伍〕,居某里。可〔何〕定名事里? 所坐論云可〔何〕? 可〔何〕皋赦? 或覆問毋有? 遣識者以律封守。當騰,騰,皆爲報。敢告主。

(封診式 6—7,p. 148)

通告某縣負責人。男子某的罪狀確定,據其供述:"爲士伍,住在某里。"他的姓名、身份、籍貫是什麽? 曾犯過何罪? 被赦免過什麽罪? 有無再訊問之必要? 請就以上問題予以確定,派記録者記録在案,並根據律的規定查封資産。(此件)用快馬傳遞,並全部回文答覆。以上謹此通告。

〈18〉覆 敢告某縣主。男子某辭曰:士五〔伍〕,居某縣某里,去亡。可〔何〕定名事里? 所坐論云可〔何〕? 可〔何〕皋赦? 〔或〕覆問毋有? 幾籍亡? 亡及逋事各幾可〔何〕日? 遣識者。當騰馬,皆爲報。敢告主。 (封診式 13—14,p. 150)

通告某縣負責人。男子某供述説:"爲士伍,住在某縣某里,逃亡。"他的姓名、身份、籍貫是什麽? 曾犯過何罪? 被赦免過什麽罪? 有無再訊問之必要? 記録了幾次逃亡? 逃亡及逃避徭役各有幾天? 請就以上問題予以確定,派記録者記録在案,並(根據律的規定查封資産)。(此件)用快馬傳遞,並全部回文答覆。以上謹此通告。

李奧德、葉山《秦律的形式》的解釋是,將"識者"譯爲"記録者"。[1]關於其實態,將與下項"封守"一起闡述。如同後邊"乞鞫"之項所述,"鞫"是指確定罪狀即犯罪内容,而宮宅潔則推定在"鞫"

---

[1] Katrina C. D. McLeod and Robin D. S. Yates, "Froms of Ch'in Law: An Annotated Translation of the Fêng-chen Shih," *Harvard Journal of Asiatic Studies*, vol. 41,no. 1,1981. p. 136,n68。

的前階段必須要通知嫌疑犯的原籍所在地。①其間的情形,可以從張家山漢簡《奏讞書》之中窺見一斑:

　　•詰媚,媚故黥婢,雖楚時去亡,降爲漢,不書名數,黥得,占數媚,媚復爲婢,賣媚當也,去亡,何解。

　　•媚曰,楚時亡,黥乃以爲漢,復婢,賣媚。自當不當復爲婢,即去亡。毋它解。

　　•問,媚年卌歲,它如辭。

　　•鞫之,媚故黥婢,楚時亡,降爲漢,不書名數,黥得,占數,復婢,賣豫所,媚去亡,年卌歲,得,皆審。

(奏讞書 11—15,p. 214)

　　•詰問媚:"媚原是黥之婢,雖楚時逃亡了,但即使到漢之時代②亦未登記户籍。媚被黥捉拿後,登記了户籍。因爲媚又成了奴婢,所以賣媚是可以的,因此如何解釋逃亡之事?"

　　•媚回答:"楚時已經逃亡,但是黥認爲是漢之時代並以爲媚還是婢,就賣了媚。自己認爲不再被認爲是婢,就逃亡了。没有其他的解釋。"

　　•已問過,媚的年齡是四十歲,其他的如其所供述。

　　•確定罪狀。媚原來是黥之婢,楚時逃亡,漢時不登記户

---

　　①　宫宅潔《秦漢時代の裁判制度——張家山漢簡〈奏讞書〉より見た》,《史林》第81卷第2號,1998年,55頁。

　　②　根據陳偉的研究,張家山漢簡所見"降漢"、"降爲漢",不是"降伏於漢",而是"下至漢朝(或進入漢朝)"的意思。"下至漢朝"登記户籍就成其爲問題的是與《漢書》卷一《高帝紀下》所見五年五月之詔有關:

　　　　民前或相聚保山澤,不書名數,今天下已定,令各歸其縣,復故爵田宅,吏以文法教訓辨告,勿笞辱。

恐亦如陳偉所説(陳偉《〈奏讞書〉所見漢初"自占書名數"令》,武漢大學中國三至九世紀研究所編《中國前近代史理論國際學術研討會論文集》,湖北人民出版社1997年)。又,關於陳偉論文之存在,承廣瀨薰雄氏指教。

籍,被點拿獲並登記户籍,又作爲婢被賣掉,但媚逃亡了。年
齡四十。已被捕獲。以上屬實。

最後以“鞠之”開始的一節,最終確定罪狀。此前“問”以下部分相
當於通知其原籍所在地進行的核實。請注意這一點:由媚自身的
供述未能得知的年齡,在此得到確認,並被加進“鞠”之中。

再回到第〈17〉段的文書中。釋文“騰馬”,原簡作“騰﹦”。《睡
虎地釋文注釋》釋爲“當騰,騰皆爲報”,在此基礎上將“騰”字讀作
“謄”。但是,從里耶秦簡的用例來看,“騰﹦”爲“騰馬”的合文,因
此,“當騰﹦皆爲報”應可以讀作“騰馬に當て、皆な報を爲せ”,①如
同敦煌、居延漢簡所説的“吏馬馳行”那樣,可以解釋爲指示送達文
書的方法。另外,居延漢簡中也可見到“騰書”這個詞:

　　　☐證所言謁移大守府令武威自騰書河内　　(EPT58.26)
　　　☐保證發言内容。要求將文書送給太守府,並請派人自
武威郡向河内郡“騰書”。

另一方面,第〈18〉段標題所謂“覆”以及文中的“覆問”,可能是
指“對李斯的審判”所説的“覆訊”即再訊問。這樣考慮的理由是,
第〈18〉段文書可以視爲以第〈17〉段爲前提的公文格式,這樣較容
易理解。即,就有罪的某男而言,需詢問其籍貫所在地,有無再訊
問的必要;因爲該人有可能是逃亡者,所以需要委託人再次進行訊
問。因此,再訊問後就獲得確實已“亡去”的供述,縣就可以重新確
認關於逃亡的具體日期和天數。這樣的情況大概可以從〈17〉、
〈18〉兩個文書之間來設想。第〈17〉段應已判明的全部情況,例如
關於“名事里”與前科,第〈18〉段又可見到再次訊問這些問題,這似
乎是不必要的重複,但是,《封診式》不是公文書的實例而是公文書

① 詳見本書附録一及《里耶訳注》。

格式。在實際製作公文書之際,可能要根據需要的項目進行適當的取捨選擇。

與〈17〉、〈18〉更爲相似的有關通知原籍所在地核實的內容,也出現於以下這例文書中:

〈19〉黥妾　爰書。某里公士甲縛詣大女子丙,告曰,某里五大夫乙家吏,丙,乙妾毆〔也〕。乙使甲曰,丙悍,謁黥劓丙。・訊丙,辭曰,乙妾毆〔也〕,毋它坐。・丞某告某鄉主,某里五大夫乙家吏甲詣乙妾丙,曰,乙令甲謁黥劓丙。其問如言不然。〔何〕定名事里,所坐論云可〔何〕,或覆問毋有,以書言。

(封診式 42—45,p.155)

爰書。某里之公士甲捆綁女子丙送到官府,控告説:"(我)是某里之五大夫乙的家吏,丙是乙之婢女。乙派甲來轉告:'因丙强悍,故請求對丙施以黥、劓。'"・在訊問丙時,其供述説:"是乙的妾。沒有其他的罪。"・縣丞某通告某鄉負責人。某里之五大夫乙的家吏甲,帶來乙之妾丙,説:"乙命甲來申請對丙施加黥、劓。"因此,要讓人詢問他的話是否屬實。姓名、身份、籍貫是什麼? 曾犯過何罪? 被赦免過什麼罪? 有無再訊問之必要? 請就以上問題予以確定,並以文書答覆。

在第二個"・"以下,始於"丞某告某鄉主"的部分是通告,但是在文書格式上與前兩例有一些不同之處。即,〈17〉、〈18〉兩文書,以"敢告某縣主"開始,結束於"當騰馬,皆爲報。敢告主";而〈19〉文書則以"丞某告某鄉主"開始,以"以書言"結束。其區別是,前兩者首先通知的是縣,而後者則是鄉。換言之,前兩者可能是嫌疑犯的原籍在其他縣時的文書格式,後者可能是在本縣時的文書格式。"當騰馬"這一文書傳達方式之指示所具有的意義,如果是針對遠離當地的地方下達通知,也就可以理解。毋庸置疑,已接到通知的縣,再將如同〈19〉之"丞某告"以下的文書,送到其管轄下的某鄉,並要求一定要回文答覆。如下例所見,掌握里民的户籍等種種記録的不是縣而是鄉。

〈20〉亡自出　鄉某爰書。男子甲自詣,辭曰:士五〔伍〕,居某里,以迺二月不識日去亡。毋它坐。今來自出。·問之□名事定。以二月丙子將陽亡,三月中逋築宫廿日。四年三月丁未籍一亡五月十日。毋它坐,莫覆問。以甲獻典乙相診,今令乙將之詣論。敢言之。　(封診式96—98,pp.163—164)

鄉官某的爰書。男子甲自己來到官府,供述説:"本人爲士伍,住在某里。於本年二月不知日期的某一天逃亡了。没有犯其他的罪。現到此自首。"·經確認,□姓名、身份已確定無誤。(甲)於二月丙子日遊蕩逃亡,於三月逃避修築宫殿的徭役二十天。根據記録,於四年三月丁未日"一次逃亡達五個月零十天"。没有犯其他的罪。亦不必再進行訊問。將甲送交到里典乙的面前,讓他進行當面對證,爲了論罪,命乙將甲帶到縣。以上謹此報告。

可以設想,這是有關逃亡者來到鄉官面前自首這種情況的文書格式。原文云"問之□名事定",《睡虎地釋文注釋》將這部分譯作"經訊問,其姓名、身份確實",但是訊問逃亡者本人不可能衹是"名事定"。這裏所説的"問",宫宅潔根據張家山漢簡指出,視爲"診問"即向官吏們核實可能是比較合適的。[①]具體説,就是"以二月"以下根據通知已經判明的事情。要注意的是,在〈17〉與〈18〉中,縣所通知的各種事項,在此都經鄉官之手調查完畢。可以説,這也佐證不僅户籍而且逃亡與逋事(逃避徭役)的記録也爲鄉所保

---

① 宫宅潔《秦漢時代の裁判制度——張家山漢簡〈奏讞書〉より見た》,《史林》第81卷第2號,1998年,52—55頁。

管着。

關於這種向縣、鄉下達之通知所具有的意義,可以參考《急就篇》"籍受證驗,記問年"這一節所附的顏師古之注:

72

> 簿籍所受計其價直,並顯證以定罪也。記問年者,具爲書記,抵其本屬,問年齒也。幼少老耄,科罪不同,故問年也。

> 接受簿籍之處所,計算其價值,並以顯證來定罪。所謂"記問年"是指,詳細書寫下來,送達其本屬,詢問年齒。幼少、老耄科罪不同,故要詢問年齡。

大概如師古所説的,向縣、鄉下達通知的主要目的,可能不限於僅僅確認身份,也可以確定影響刑罰之輕重的種種條件。李奧德、葉山《秦律的形式》引用《法律答問》"群盜赦爲庶人,將盜戒〔械〕囚刑罪以上,亡,以故罪論,斬左止爲城旦"(法律答問 125—126,p. 123)一節,注意到這樣一點:已被赦免之後,如又犯罪就按照"故罪"來量刑。[1]應該説,其所指出的這一點可能是十分妥當的。

4. 查封

關於第〈17〉段所見的"封守",《封診式》存有其程序的文書格式。

> 〈21〉封守　鄉某爰書。以某縣丞某書,封有鞫者某里士五〔伍〕甲家室、妻子、臣妾、衣器、畜產。•甲室、人,一宇二內,各有戶,內室皆瓦蓋,木大具,門桑十木。•妻曰某,亡,不

---

① 　Katrina C. D. McLeod and Robin D. S. Yates, "Froms of Ch'in Law: An Annotated Translation of the Fêng-chen Shih," *Harvard Journal of Asiatic Studies*, vol. 41, no. 1, 1981. p. 136, n67.

會封。・子大女子某,未有夫。・子小男子某,高六尺五寸。
・臣某,妾小女子某。・牡犬一。・幾訊典某某、甲伍公士某
某,甲黨〔倘〕有[它]當封守而某等脫弗占書,且有罪。某等皆
言曰,甲封具此,毋它當封者。即以甲封付某等,與里人更守
之,侍〔待〕令。　　　　　　　　　　　　（封診式 8—12,p. 149）

　　鄉官某的爰書。根據某縣之丞某發來的文書,查封了已
確定有罪的某里之士伍甲的家室、妻子、臣妾、衣器、畜産。・
甲的家及其成員包括:在一個屋頂之下的兩間房子,各自都有
門,房屋全是用瓦蓋的,木制的大傢俱,門前有十棵桑樹。・妻
名某,逃亡,查封時不在現場。・女兒大女子某,未婚。・兒子
小男子某,身高六尺五寸。・臣某,妾小女子某。・牡犬一隻。
・盤問里典某某以及與甲同伍的公士某某:"如果甲有其他應
查封的東西,但若某等脫漏未登記則有罪。"某等都回答説:"甲
應查封的全部都在這裏,沒有其他應查封的。"於是,將已經查
封的甲的資産交給某等,讓他們與里人輪流看守,等待命令。

　　所謂"封守",恐怕就是指"查封(封)"並"看守(守)"。關於該
程序的意義,《秦律的形式》説:"因爲處於連坐制之下的成員誰都
不能逃亡"。[1]但是,如果目的祇是設置連坐(緣坐),就不能解釋連
"家室、衣器、畜産"也被包括在内的理由。在此應想起的,毋寧説
是見於唐律的"簿斂之物"這一稱呼。《唐律疏議》卷四《名例律》有
一條關於贓物之没收與返還的規定。其中有如下一段文字:

　　　即簿斂之物,赦書到後,罪雖決訖,未入官司者,並從
赦原。

────────────────

　　① 　Katrina C. D. McLeod and Robin D. S. Yates, "Froms of Ch'in Law: An Annotated Translation of the Fêng-chen Shih," *Harvard Journal of Asiatic Studies*, vol. 41,no. 1,1981. p. 137,n72.

如是簿斂之物,赦書到後,雖決罪完畢,但如未被納入官府就均從赦原。

疏議曰:簿斂之物,謂謀反、大逆人家資合没官者。

疏議説:所謂簿斂之物,是指謀反、大逆人之家資的確應没官者。

如滋賀秀三所指出的,所謂"簿斂之物"是指"在反逆罪中所没收的犯人所擁有的全部財産","首先要製作財産清單目録,然後可能是因爲要進入没收的程序所以有此名"。[①]睡虎地秦簡的"封守"也與唐律一樣,一定是以資産没收爲前提的措施。有罪者的妻子與資産被没收,這從張家山漢簡《奏讞書》中可窺見其一斑。其中,再審的結果是,向已被從黥城旦刑釋放的男子,發出了這樣的指示:"妻子已賣者者,縣官爲贖。它收已賣,以買〔價〕界之。"(奏讞書122—123,p. 222)不能買回的"它收(其他的没收物)",恐怕就相當於"封守"所説的"臣妾、衣器、畜産"。

在該"封守"程序中,負責製作清單目録的人即記録者,可能就是⟨17⟩、⟨18⟩所見的"識者"。都是由"鄉某爰書"進行報告的,這暗示"識者"的實體是鄉官。或許可以説,如果掌握着有關里民始於戶籍之種種記録的是鄉官,那麼由他們來執行家族與資産的查封也是自然而然的事情。又,該程序"根據某縣之丞某發出的文書"開始實施,這如同⟨19⟩所云"丞某告某鄉主",從縣向鄉的通告與通過縣丞來完成,兩者是吻合的。

5. 審判 · 再審

按照已確定的罪狀適用刑罰,稱爲"論"。因此,一説到"以律

[①] 滋賀秀三《唐律疏議訳注篇一 名例》,東京堂出版 1979 年,190 頁。

論”，就意味着“根據律來確定刑罰”。如是“不當論”或“毋論”，就
是“不應適用刑罰”，即成爲無罪之稱。

75

〈22〉行命書及書署急者，輒行之。不急者，日
〔暈〕，勿敢留。留者以律論之。　行書　　（秦律十八種183，p. 61）

命書及寫有“急”字的文書，要立即派人傳送。即使非
“急”者，也要在當天傳送，不得滯留。若滯留則依律確定刑
罰。行書律。

〈23〉甲乙交與女子丙奸，甲乙以其故相刺傷，丙弗智，丙
論可〔何〕殹？毋論。　　　　　　　　（法律答問173，p. 134）

甲乙都與女子丙通姦，因此互相刺傷，但丙並不知此事。
丙如何論？不論。

女子丙“弗知”事件之經過，事實上可能是通過訊問開始了解
的。因此，所謂“毋論”是審理案件結果的判斷，與從一開始就未進
入審理的“不聽”有別。

不僅以上的〈23〉，睡虎地秦簡《法律答問》大半也是由“何論、
論何”、“當論不當”這種圍繞“論”的問答所構成的，有恰如“論獄問
答”之感。這一定是因爲，對於掌管訴訟的小吏來說，最應留意的
是“論”即不要誤用刑罰。在此，又讓人想起序論所引《漢書》卷五
一《路温舒傳》中的一節：

父爲里監門。使温舒牧羊，温舒取澤中蒲，截以爲牒，編
用寫書。稍習善，求爲獄小吏，因學律令，轉爲獄史。縣中疑
事皆問焉。太守行縣，見而異之，署決曹史。

76

這是西漢時代的逸聞。但是，對難以判斷的案件下一個確確實
實的論斷，是一個出色獄吏的必備條件。在秦代可能也是同
樣的。

故意誤“論”稱爲“論獄不直”，並成爲懲罰的對象。

〈24〉論獄〔何謂〕不直? 可〔何〕謂縱囚? 皋當重而端輕之,當輕而端重之,是謂不直。當論而端弗論,及傷其獄,端令不致,論出之,是謂縱囚。　　　（法律答問 93,p.115）

在論獄時,什麽情況稱爲不直? 什麽情況稱爲縱囚? 罪應處重刑而故意輕判,應處以輕刑而故意重判,稱爲不直。應論而故意不論,或者對案件手下留情,想故意使之夠不上有罪的標準,無罪釋放,稱爲縱囚。

如果認爲所謂“當”是指犯罪應處以刑罰,[①]所謂“不直”就意味着意圖適用的刑罰與罪狀有失均衡。而没有正當的理由就認定爲無罪,就稱之爲“縱囚”。在張家山漢簡《二年律令》中,兩者是作爲“鞫獄故不直”、“鞫獄故縱”的形式出現的。試各舉一例如下:

〈25〉毋敢以投書者言毄〔繫〕治人。不從律者,以鞫獄故不直論。　　　　　　　（二年律令 118,p.150）

不得按照投書者的話拘禁並審問人。如不依律,就適用鞫獄故不直之罪。

---

①　史書也有以“抵〔氐〕”字用作代替“當”的情況。關於該“抵〔氐〕”字,王念孫《讀書雜誌》四《漢書十一》之“具罪”,則有意味深長的考證。其文字略長,兹引如下(括號内爲原文的夾注):

　　彭越張敖南鄉稱孤,繫獄具罪。師古曰:或繫於獄或至大罪也。念孫案:如師古注,則正文本作繫獄氐罪。氐者,至也。故注言至大罪也。氐字或作抵(《禮樂志》大氐皆因秦舊事焉。師古曰:其後字或作抵,音義並同)。《文選》作繫獄抵罪,是其明證也。今本作具罪者,氐訛爲具(隸書氐字或作互,又作互。形與且相似,因訛爲且。《史記·高祖功臣侯者年表》:楈抵侯陳錯,漢表抵作祖。《地理志》:常山郡元氏,泜水首受中邱西山窮泉谷,今本泜訛爲沮。皆其例也),後人又改爲具罪耳。《説文》曰:氐,至也。《吕氏春秋·必己篇》:宋桓司馬抵罪出亡,高誘曰:抵,當也。《漢書·高帝紀》:傷人及盜抵罪,應劭曰:抵,至也,當也。除秦酷政但至於罪也(見《史記集解》)。《杜延年傳》或抵其罪法,師古曰:抵,至也。致之於罪法。以上凡言抵罪者,皆謂至於罪也。抵與氐同,故此注云:或至大罪也。若改氐罪爲具罪,則非其義矣。

〈26〉群盜、盜賊發，告吏，吏匿弗言其縣廷，言之而留盈一日，以其故不得，皆以鞫獄故縱論之。（二年律令 146，p. 153）　77

　　發現群盜、盜賊，向吏舉報；但是，如吏隱匿此事不向縣廷報告，或者延遲一天以上報告，因此而未能逮捕者，都適用鞫獄故縱之罪。

順便說一下，根據《二年律令》，對於"鞫獄故不直"、"鞫獄故縱"，確定如下的刑罰：

〈27〉鞫〔鞠〕獄故縱、不直，及診、報辟故弗窮審者，死罪，斬左止〔趾〕爲城旦，它各以其罪論之。（二年律令 93，p. 147）

　　鞫獄故縱、不直，及回避診、報而故意不窮審者，如爲死罪，就斬左趾作爲城旦；如爲其他的罪，就適用其各自之罪。

如《二年律令訳注稿（一）》所注釋的，"報辟故弗窮審"這一律文，可能與《漢書》卷六七《胡建傳》"辟報故不窮審"的表述是同義的。因爲這裏所謂"辟"即避開、回避應處之罪，所謂"窮審"即"審問窮盡"，所以"診、報辟故弗窮審"就意味着"在診（查驗）與報（應處刑罰之判斷）時爲了回避罪而意圖作不充分的審問"。另外，該律的全文將在第五章引用。以上都是"端（故意）"所爲的不法行爲，但是在因疏忽大意誤用刑罰時，則稱之爲"失刑"。

〈28〉士五〔伍〕甲盜，以得時直〔值〕臧〔贓〕，臧〔贓〕直〔值〕過六百六十，吏弗直〔值〕，其獄鞫乃直〔值〕臧〔贓〕，臧〔贓〕直〔值〕百一十，以論耐，問甲及吏可〔何〕論。甲當黥爲城旦，吏爲失刑罪。或端爲，爲不直。　（法律答問 33—34，p. 101）

　　士伍甲行盜，如在被捕獲時給贓物估價，雖然贓物超過六百六十錢，但是吏並未估價，在確定罪狀的時候估價，贓物的價值估爲一百一十錢，因而（對甲）適用了耐。問：甲及吏之罪如何論？甲應黥爲城旦，吏爲失刑罪。如是故意進行的，就作　78

爲不直。

這裏所説的"耐"，實際上是指"耐爲隸臣"。如在"先自告"之項所述，對於相當於一百一十錢的竊盜所處以的刑罰是耐隸臣妾。據王占通的論證，睡虎地秦簡衹標明"耐"時，即爲"耐爲〇〇"的省略形式。[1]又，根據同《法律答問》，誤將輕罪判爲重罪時，如非故意則爲"失刑"，如系故意則爲"不直"（法律答問 35—36，p. 102）。

審判終了稱爲"斷"。如從"獄已斷"（後述〈30〉）這一表達所明了的，所謂"斷"是指"獄"即案件已經審結之詞。

〈29〉廷行事，有罪當罨，已斷已令，未行而死若亡，其所包當詣罨所。　　　　　　　　　　　　　　　　　　（法律答問 60，p. 107）

根據廷行事，犯應處遷徙刑的罪，雖然已審斷並已下令，但是在尚未執行期間已死去或者已逃亡時，隨行者仍前往遷徙地。

所謂"令"，如《秦律遺文》所指出的，可能是相關機構所下達的有關將受刑者送到遷徙地這一內容的命令。[2]

在與"斷"的關係方面，應該指出的是再審制度。眾所周知的史料是，《周禮·秋官》朝士職之"期内之治聽，期外不聽"，在其經文所附鄭司農注中，可見有如下的一段文字：

鄭司農云：謂在期内者聽，期外者不聽，若今時徒論決，滿三月不得乞鞫。

---

①　王占通《秦代肉刑耐刑可作主刑辨》，《吉林大學社會科學學報》1991 年第 3 期。

②　Anthony F. P. Hulsewé, *Remnants of Ch'in Law：An Annotated Translation of the Ch'in Legal Adminstrative Rules of the 3ʳᵈ Century B. C. Discovered in Yünmeng Prefecture，Hu-pei Province，in 1975*. Leiden，1985. D48. n1.

鄭司農説：在期内者聽，在期外者不聽，如同今時論決徒，若滿三月則不得乞鞠。

所謂“乞鞠”，按照文字講就是“請求”重新“鞠（認定罪狀）”，即指請求再審。“今時”即後漢的制度，如已被確定罪狀的嫌疑犯不服，允許以三個月的期間爲限請求再審。同樣的制度，在睡虎地秦簡中也可得到確認。

〈30〉以乞鞠及爲人乞鞠者，獄已斷乃聽，且未斷猶聽殹〔也〕。獄斷乃聽之。失鋈足，論可〔何〕殹〔也〕。如失刑罪。

（法律答問 115，p. 120）

以（?）乞鞠及爲人乞鞠者，是在案件判決之後受理？還是在没有判決之後受理？在判決之後受理。失爲鋈足時如何論？按失刑罪論。

“乞鞠”應是“獄已斷”即待案件審結而被提起的。另，《睡虎地釋文注釋》將該問答之“失鋈足”以下注釋爲“另一條”，但是其實如本章第三節所述，“乞鞠”與“失”有密切的關係，没有完全無關的文字證據。又，關於開頭的“以”字，《睡虎地釋文注釋》指出：“此處讀爲已”，但是，既然同一段文字中有“已”字，則另讀爲“已”的可能性很小。在此，毋寧應認爲或許存在着其前面還有一段文字的可能性。

〈31〉罪人獄已決，自以罪不當欲乞鞠者，許之。乞鞠不審，駕〔加〕罪一等；其欲復乞鞠，當刑者，刑乃聽之。死罪不得自乞鞠，其父、母、兄、姊、弟、夫、妻、子欲爲乞鞠，許之。其不審，黥爲城旦舂。年未盈十歲爲乞鞠，勿聽。獄已決盈一歲，不得乞鞠。乞鞠者各辭在所縣道，縣道官令、長、丞謹聽，書其乞鞠，上獄屬所二千石官，二千石官令都吏覆之。都吏所覆治，廷及郡各移旁近郡，御史、丞相所覆治移廷。

（具律 114—117，p. 149）

　　　　罪人在接受判決的時候，認爲對自己的罪的認定不妥當
並決定乞鞫時，允許之。如乞鞫的内容不屬實，就罪加一等；
如決定仍再乞鞫，應處刑罰者，執行刑罰完畢後受理之。已犯
死罪者雖不能自己乞鞫，但如其父、母、兄、姊、弟、夫、妻、子欲
代爲乞鞫，允許之。如不屬實，黥爲城旦舂。年齡不滿十歲
者，即使爲他人乞鞫，也不受理。若案件已判決且已經過一
年，則不能乞鞫。乞鞫者各到其居住地所在的縣、道提出。縣
道之官令、長、丞謹慎地受理之，記録下乞鞫的内容，將獄案上
呈所轄的二千石官，二千石官讓都吏負責該案的再審理。都
吏再審理的結果，廷及郡以文書形式送到附近的各個郡；御
史、丞相的覆治結果以文書形式送到廷。

其共由四支簡構成，但是，在最後一支上，"及郡"以下的文字與前
段並不接續，極有可能是另一條律文的文字。開頭的"罪人獄已
決"，在〈30〉則換成所謂"獄已斷"，這是自不待論的。〈31〉就成爲
規定在"獄已決(已斷)"之時有關乞鞫之種種條件的律文。不能否
定存在這樣的可能性：同樣的"乞鞫"的條件，即使在秦律中也被規
定着。

　　關於以怎樣的形式將審理結果告知嫌疑犯，睡虎地秦簡與張
家山漢簡中都没有明確的規定。但是，從其他文獻史料推測，也許
可以認爲"讀鞫"即宣讀罪狀的程序就相當於這種形式。若看一下
《周禮・秋官》小司寇職"讀書則用法"之鄭司農注所云"讀書則用
法，如今時讀鞫已，乃論之"，則似乎"讀鞫"的原則是僅告知"論"即
決定刑罰以前的、已被認定的罪狀。因此，較之稱爲判決，"對適用
律令徵求同意的階段"的看法，[①]可能更爲妥當。另外，根據東漢

81

　　① 宫宅潔《秦漢時代の裁判制度——張家山漢簡〈奏讞書〉より見た》，《史林》第
81卷第2號，1998年，56頁。

時代的事例,也有"讀鞫"完畢後很快就執行刑罰的情況發生。①在《續漢書·律曆志下》劉昭注引蔡邕之上章(《上漢書十志疏》)中,可見如下有關張俊的故事:

> 臣初決罪雒陽詔獄,生出牢戶,顧念元初中故尚書郎張俊,坐漏泄事,當伏重刑,已出穀門,復聽讀鞫,詔書馳救,"減罪"一等,輸作左校,俊上書謝恩,遂以轉徙。

> 臣,起初在雒陽詔獄被決罪,在活着走出牢門時,回想起元初中故尚書郎張俊,因漏泄事而坐罪,正要伏重刑之時,已走出穀門,復聽讀鞫,亦以詔書馳救,(減罪)一等,讓他在左校輸作,俊上書謝恩,遂以轉徙。

同樣的話,在《後漢書》列傳第三五《張俊傳》中則作:"廷尉將出穀門,臨行刑,鄧太后詔馳騎以減死論"。所以,張俊"讀鞫"之後,在正要被處刑時就得以獲救。

6. 小結

以上,通過解讀睡虎地秦簡與張家山漢簡,考察了縣級刑事訴訟的程序。因考證較爲煩瑣,故在此再進行總體性的概括。

犯罪一般經告即控告而被官府發覺。"先自告",即在發覺前已經自首的情況,可以獲得減刑。但是,虛假的控告,若故意爲之

---

① 但是,在漢代,刑罰與陰陽、季節有密切的關係,其結果是可以執行刑罰的期間祇限於冬季的三個月。根據《周禮·秋官·鄉士》"協日刑殺"之鄭司農注所説"協,合也,和也,和合支干善日,若今時望後利日也",可以認爲行刑之日被限定在望後,但是如《論衡·讕日篇》"其刑於市,不擇吉日"所説,也可見不一定拘泥於望後的記載。關於這個問題,參見西田太一郎《刑罰と陰陽·季節》(收入氏著《中国刑法史研究》,岩波書店 1974 年。譯者注:西田氏此書中文本,現有段秋關譯《中國刑法史研究》,北京大學出版社 1985 年)。

則稱爲"誣告"、"誣人",若非故意則稱爲"告不審",都要被問罪。"州告"即重新控告,"投書"即通過匿名信告發,等等,這些並未獲得認可。又,也有根據犯罪的内容稱爲"非公室告"者,其控告不得受理。其典型例是,家之成員本身内部的犯罪訴諸官府的情況。但是,關於"不孝"罪,在遵循"三環"這一程序的基礎上,似乎受理告訴。作爲這種制度的背景,也許可領會到其以權力保障"家"之秩序的意圖。接受了"告"的縣廷,如認爲需要拘捕與勘驗現場,就派遣縣丞或者令史前往執行。

　　對於嫌疑犯的訊問稱爲"訊",供述則稱爲"辭"。供述通常開始於本人身份的告知,以"毋它罪"結束。接受其結果,並將通知核實其姓名、身份、經歷的文書送達到嫌疑犯的原籍所在地,同時也下達"封守"即查封資產與看守家屬的指示。這種通知文書,如嫌疑犯原籍在本縣之内,就以縣丞之名通告該鄉;如在別的縣内,就送到該縣。可以推定,通知的目的不衹限於確認其經歷,還在於要確定身份、年齡與有無前科等影響量刑的種種條件。

83　　這種核實嫌疑犯的工作結束後,就通過訊問確定罪狀,進而完成刑罰的適用即"論"。所謂"論",是由擔任審判的官吏負責實施的。在該程序中,如意圖不正當,就稱爲"論獄不直"或者"論獄縱囚";即使非故意,亦稱爲"失刑"。這些都成爲懲罰的對象。裁定行爲終了,稱爲"斷"或者"決";此時如不服就可以"乞鞫"即請求再審。根據漢律的規定,再審的請求期爲自審結後的一年之内。

二、訊問的原理

1. 治獄

　　根據第一章的討論,構成"對李斯之審判"核心的程序,稱爲

“案治”或者“驗”,是通過對當事人的訊問來確定事實。但是,《史記》的作者所關注的是趙高所設置的奸計,因此關於訊問的實際狀況,令人遺憾的是,除所使用的拷問之外,缺乏具體的敘述。幸運的是,睡虎地秦簡《封診式》之中有兩節顯示訊問之實際狀況。因此,本節擬通過該史料,來闡明訊問是以怎樣的原理爲基礎、以什麽樣的形式來進行的? 其各自都包括難以理解的表達,已被解釋明白的地方也不少。但是,因爲被認爲是重要的史料,所以在此決定不厭其煩地批評、討論諸説,同時確定其語義。首先舉出的是《封診式》中題爲“治獄”的一節。

〈32〉治獄　治獄,能以書從跡其言,毋治〔笞〕諒〔掠〕而得人請〔情〕爲上,治〔笞〕諒〔掠〕爲下,有恐爲敗。

(封診式 1,p. 147)

治獄 《睡虎地釋文注釋》譯爲“審理法律案件”,①《秦律的形式》譯爲“trying a case”,②《秦律遺文》譯爲“trying lawsuits”。③諸説的共通之處是都解釋爲審理案件。如《睡虎地訳注初稿(一)》所指出的,《鹽鐵論·刑德篇》可見“春秋之治獄,論心定罪”。另,“治”字如同下文一樣可以讀爲“笞”字,也有“笞打”的語義。但是在“治獄”的場合,可能與“案治”、“聽治”等之“治”一樣,是“おさめる(處理)、しらべる(審訊)”的意思。

能以書從跡其言 《睡虎地釋文注釋》認爲,“從跡”一詞是“追

① 《編年記》注 50,《睡虎地秦墓竹簡》,10 頁。

② Katrina C. D. McLeod and Robin D. S. Yates, "Froms of Ch'in Law: An Annotated Translation of the Fêng-chen Shih," *Harvard Journal of Asiatic Studies*, vol. 41,no. 1,1981. p. 137,n72.

③ Anthony F. P. Hulsewé, *Remnants of Ch'in Law: An Annotated Translation of the Ch'in Legal Adminstrative Rules of the 3rd Century B.C. Discovered in Yün-meng Prefecture, Hu-pei Province, in 1975*. Leiden,1985. D48. n1.

查”即“追及”的意思，並將全句譯爲：“能根據記録的口供，進行追查”。因爲“從跡”的賓語是“其言”，所以其譯文是不正確的。《秦律的形式》的譯文如下：“if one can use the documents to track down［the evidence in］their statements（如果可以使用文書查明當事人的供述［所包括的事實］）”，《秦律遺文》大體上也同意这一译法。雖然可以認爲是較妥當的解釋，但是“使用文書查明事實”具體説的是怎樣的程序，僅根據這一節仍無法判明。關於此點，《睡虎地訳注初稿（一）》暗示與下面所探討的《訊獄》之“必先盡聽其言而書之，各展其辭”有關。可以説其指出的這一點是較爲得當的。

　　得人情　《睡虎地釋文注釋》列舉出《周禮·小宰》之疏所云“情，謂情實”的訓詁，並譯爲“察得犯人的真情”。《秦律的形式》的譯文爲：“get the facts on the parties（得到有關當事人的事實）”。《秦律遺文》也同樣譯爲：“obtaining the facts of the person”，並注釋：“the person 是在仍包括嫌疑犯與證人意義上的 the persons concerned.”三者所理解的一致之處在於，將“得人情”解釋爲“得到真實、真相”。而《睡虎地訳注初稿（一）》的認識則是“從戰國到秦漢之‘人情’的用例，好像幾乎都意味着‘人的本性’”，並以此爲基礎翻譯爲“人の心をつかむ（得人心）”。根據該解釋，“毋笞掠而得人情爲上”，就意味着“不通過拷問就可以得其人心的爲上策”。儘管可見細微的區别，但是“人情”一詞的解釋成爲在很大程度上左右當時審判圖像之理解的關鍵。哪種解釋比較合適呢？恐怕有必要根據史料來確定。

　　拙見以爲，“得人心”的解釋有兩點不成立。第一，從語法上看。如與“毋笞掠而得人情爲上”對照就很清楚，所謂“笞掠爲下”是“笞掠而得人情爲下”的省略表達形式。因此，如將“得人情”解釋爲“得人心”，所謂“笞掠爲下”就意味着“通過拷問就可以得其心

的爲下策"。不論是怎樣的下策,這恐怕是奇異的設想。第二,從
"人情"一詞的用例看。的確,其不少用例是在"人的本性"的意義
上來使用該詞的,但是,另一方面,與"得情"、"情得"一起使用的
"情"字,就屢屢意味着"真實、真相"。例如,據《漢書》卷八三《朱博
傳》記載,年輕時私通而曾在臉頰上受傷的尚方禁,被上官朱博問
到受傷的理由,就"自知情得,叩頭服狀"。又,劉熙的《釋名・釋喪
制》云:"獄死曰考竟,得起情竟其命於獄也",其"得人情"是指爲了
得到真實的情況而採取嚴厲的訊問。同《釋宮室》云:"獄,確也。
言實確人情僞也","人之情僞"是"真實與虛僞"的意思。據以上所
引,可以認爲,見於"治獄"的"人情"一語,同樣應在"人之情"即"關
於嫌疑犯真實、真相"的意義上來理解。

　　有恐爲敗　《睡虎地釋文注釋》注釋:"恐嚇犯人以致不得真情
就是失敗"。根據此説,所謂"爲敗"就成爲意味着評價"治獄"最下
位之詞。另一方面,《秦律遺文》認爲"有恐"以下是陳述"笞掠爲
下"的理由,譯爲:"(for) when there is fear, (everything) is
spoiled"。或許可以這樣來理解,因爲其恐怖所以使得"治獄"以失
敗而告終,從這個角度看拷問即"爲下"。《睡虎地訳注初稿(一)》
也與《秦律遺文》一樣,解釋爲:"通過恐嚇訊問,結果可能會陷於失
敗"。而張建國則從張家山漢簡"恐爲敗"、"爲敗"的用例推測,主
張"恐"不是"恐怖、恐嚇"而是"擔心(恐れる、危懼する)","敗"是
"敗事"即"無用(だめにする)"的意思。進而其解釋是:"有"可讀
爲"又",拷問爲下策,"而且這種辦法又可能造成敗事的後果"。①
可以説,這是應該引起注意的見解。順便説一下,《秦律的形式》雖
然早就言及到"有"字可讀爲"又"與"敗"字譯爲"ruin"的可能性,

86

---

　　①　張建國《關於張家山漢簡〈奏讞書〉的幾點研究及其他》,收入氏著《帝制時代
的中國法》,法律出版社 1999 年,285—287 頁。

但是其譯文卻從《睡虎地釋文注釋》作"intimidation is considered the worst〔course of action〕"。

根據以上的探討,大體上可將〈32〉全文翻譯如下:

〈32〉審理案件時,通過文書來追查當事人的口供,不進行拷問就能達到真實者爲上策。拷問爲下策,又擔心造成壞的結果。

87　雖然還有需要進一步探討之處,但是所闡述的内容恐怕是很清楚的。一言以蔽之,此節的主旨是,不依靠拷問而追求真實就是"治獄"的關鍵。

2. 訊獄

其次,應該探討的是同《封診式》題爲"訊獄"的一節。

〈33〉訊獄　凡訊獄,必先盡聽其言而書之,各展其辭,雖智〔知〕其訑,勿庸輒詰。其辭已盡書而毋解,乃以詰者詰之。詰之有〔又〕盡聽書其解辭,有〔又〕視其他毋無解者,以復詰之。詰之極而數訑,更言不服,其律當治〔笞〕諒(掠)者,乃治〔笞〕諒〔掠〕。治〔笞〕諒〔掠〕之必書曰,爰書,以某數更言,毋解辭,治〔笞〕訊某。　　　　　　(封診式2—5,p.148)

訊獄　《睡虎地釋文注釋》譯爲"審訊案件",《秦律的形式》譯爲"questioning to a case(就案件詢問當事人)",《秦律遺文》譯爲"interrogating in a lawsuits"。諸説的共同點在於,都認爲其意指訊問程序。《睡虎地訳注初稿(一)》引《説苑・君道篇》"訊獄詰窮毋其辭,以法過之,四阻也",並認爲這"是可以窺見訊獄方法的史料"。如同隨後就可以明白的,這是一種值得傾聽的看法。

各展其辭　《睡虎地釋文注釋》注釋:"展,陳述。"譯爲"使受訊者各自陳述"。《秦律的形式》也同樣,其譯文爲"with each party developing his statement"。《秦律遺文》亦同。而《睡虎地訳注初稿(一)》的認識是,"貫通該條的主語,始終是進行'訊問'的官吏",並在此基礎提出這樣的解釋:"整理、研究其供述的各部分。"即使暫且不說將"展"字理解爲"整"字當否,將"各展"讀爲"整理、研究各部分"是否在語法上也有讓人覺得勉强之處。

88

毋解 《睡虎地釋文注釋》譯爲"問題沒有交代清楚",《秦律的形式》則譯爲"there are no explanations(沒有解釋)",《秦律遺文》譯爲"it cannot be understood(被記下來的供述不能讓人明白)",《睡虎地訳注初稿(一)》:"供述沒有條理。"雖然多少有些微妙的差異,但是可以說其一致之處在於都將"毋解"理解爲"供述在内容上有不清楚、不透明之處"。但是,在張家山漢簡《奏讞書》中可以看到意義略有不同的"毋解"。以下,祗摘録其中一例的必要部分:

詰闌,闌非當得取〔娶〕南爲妻也,而取〔娶〕以爲妻,與偕歸臨菑〔淄〕,是闌來誘及奸,南亡之諸侯,闌匿之也,何解。闌曰:來送南而取〔娶〕爲妻,非來誘也。吏以爲奸及匿南,罪,毋解。　　　　　　　　(奏讞書19—21,pp. 214—215)

詰問闌説:"闌不應將南娶爲妻,卻娶以爲妻,並一起回臨淄。闌來誘及通奸,南亡命到諸侯,闌已構成隱匿之罪。如何解釋?"闌説:"是(從齊國)送南時娶以爲妻的,沒有來誘。吏認爲與南通奸並隱匿她,承認通奸與隱匿罪。(到此完畢),沒有什麼要解釋的。"

關於事件的經過及"來誘"一詞,下節將以其上下文爲基礎再進行討論。在此,祗想注意一下對於詰的回答最後所説之"毋解"這一點。該回答在〈33〉是"盡聽書其解辭"之"解辭",見於結尾的

"毋解"纔相當於"其辭已盡書而毋解"之"毋解"。如飯島和俊所指
出的，在《奏讞書》訊問之場合可見，詰者訊問的末尾以"何解"結
束，被詰者回答的末尾則以"存吏毋解"、"毋解"、"毋它解"結束。①
就是説，"毋解"本來是用於供述結尾部分的一個詞，所謂"到此完
畢，沒有什麼要解釋的了"，可以説是終了的意思表示。如果按照
這樣的例子來看，就可以推定：《訊獄》所説的"其辭已盡書而毋解"
這句話，可能就意味着"其供述已經被記錄完畢，沒有其他要解釋
的意思表示"。後文所見"有〔又〕視其他毋解者"，可能是指"顯示
供述再沒有其他解釋的意思表示"。如同《禮記·曲禮上》"幼子常
視無誑"鄭注所云："視，今之示字"，在"示"的意義上使用"視"字的
例子，在戰國秦漢時代的文獻中也不少見。②

　　詰之極　《睡虎地釋文注釋》譯爲："詰問到犯人辭窮"，《秦律
的形式》譯爲："When you have interrogated him to the greatest
possible（儘可能地訊問）"，《秦律遺文》譯爲："When one has
insisted to the limit"，《睡虎地訳注初稿（一）》譯爲"徹底詰問"。
"極"字無疑是"窮"的意思，作爲文獻的用例，既有表示"被詰問而
窮於回答"的情況，也有表示"一個勁兒地詰問"的情況。前者之
例，即《漢書》卷八《薛宣朱博傳》之論贊所説"事發見詰，遂陷誣罔，
辭窮情得，仰藥飲鴆"。後者之例爲《禮記·月令》"詰誅暴慢，以明

---

　　①　飯島和俊《"解"字義覚え書き——江陵張家山〈奏讞書〉所出の"解"字の解釈
をめぐって》，池田雄一編《奏讞書——中国古代の裁判記録》，刀水書房 2002 年。
　　②　例如，《漢書》卷二四下《食貨志下》：
　　　　昭帝即位六年，詔郡國舉賢良文學之士，問以民所疾苦，教化之要。皆對願罷
　　　鹽鐵酒均輸官，毋與天下爭利，視以儉節（師古曰：視讀爲示），然後教化可興。
又，本書 102 頁引《路温舒傳》也可見"飾辭以視之"。順便説一下，《禮記·曲禮上》"幼
子常視無誑"之《正義》有：
　　　　古者觀視於物及以物視人，則皆作示傍著見。後世已來，觀視於物作示傍著
　　　見，以物示人單作示字，故鄭注經中視字者，是今之以物示人之示也。是舉今以
　　　辨古。

好惡，順彼遠方"之鄭注曰"詰謂問其罪窮治之也"。這裏説的"詰
之極"，應在哪種意義上來理解，《睡虎地訳注初稿(一)》的解釋是：
"官吏應當在其权限范圍内盡其所能地訊問"，即"不用拷問而想方
設法地訊問"。從其上下文文脈來看，這個解釋可能是較爲妥當
的。相當於前節〈27〉所引張家山漢簡《二年律令》"診、報辟故弗窮
審者"所説的"窮審"。

　　更言不服　《睡虎地釋文注釋》注釋："更言，改變口供"，譯爲：
"還改變口供，拒不服罪"；《秦律的形式》進而提醒注意"對李斯的
審判"所見之"終不敢更言，辭服"(第一章之第〈7〉段)的表達。很
清楚，"更言不服"可能是"不敢更言，辭服"之正好相反的表達。
《睡虎地訳注初稿(一)》將"不服"譯爲"供述内容不一致"，但是，見
於訊問場合的"服"這個詞，如"對李斯的審判"所見，幾乎毫不例外
都是"服罪"的意思。

　　毋解辭，治〔笞〕訊某　《睡虎地釋文注釋》譯爲："無從辯解，對
某拷打訊問。"《秦律的形式》譯爲："There were no explanatory
statements, we questioned X by beating."《秦律遺文》亦與之一
樣。與前面的"毋解"不同，這裏的"毋解辭"可能是"不能解釋、辨
明"意思。[1]張家山漢簡《奏讞書》可見如下的用例：

　　　詰孔：何故以空鞞予僕，謾曰弗予。雅佩鞞刀，有〔又〕曰
　　未嘗。孔毋解。即就訊碟，恐獨欲答，改曰……

　　　　　　　　　　　　　　　(奏讞書 219—220，pp. 228—231)

　　在詰問孔時，説："爲什麼將空鞞給了奴僕，卻謊稱没有給

---

　　①　張建國已經指出"毋解"有兩種情況(張建國：《漢簡〈奏讞書〉和秦漢刑事訴訟
程序初探》，收入氏著《帝制時代的中國法》，北京大學出版社 1999 年)。即，一種是"被
告對犯罪事實加以承認，没有繼續要辯解的問題"，另一種是"被告不承認事實，又對自
己的行爲或供詞中受到詰問的地方回答不上來"。

呢？本來帶着配有鞘的刀前往，卻説並非如此？”因爲孔不曾
辨明，就迫使他跪在地上，恐嚇要笞打他，改口説……

91　省略前後文的這段引文，大意是就兇器鞘刀問題訊問刺傷婢女、搶
奪了錢的嫌疑犯孔。雖然“就訊磔”三字的意思未能説得很清楚，
但是從後引《奏讞書》一節所見名叫講的嫌疑犯被“磔地”而以水浸
漬背的情景，可以推測是爲了拷問而讓他跪在地上。該《奏讞書》
的一節，對於幫助我們理解《訊獄》“毋解辭笞訊”這句話，恐怕是不
能予以忽視的史料。

在以上討論的基礎上，將〈33〉全文翻譯如下：

〈33〉凡訊問時，必須先聽當事人的口供，並讓人將之記録
下來。使受訊問者各自供述，即使知道是虛假的，也不要立即
詰問。供述已經被記録完畢，如有没有講清楚的問題，就詰問
應該詰問的問題。詰問時，再次聽其辨明的話，並記録下來，
再出示其他没有講明白的問題，並就此再次進行詰問。雖然
在詰問時用盡了各種辦法，但是（被詰問者）多次陳述虛假之
辭，改變口供，並拒不認罪，按照律的規定應該拷問時，就進行
拷問。拷問時必須讓人記録下來：“爰書。因某多次改變口
供，並無從辯解，故用拷問訊問某。”

關於“爰書”，將在第四章闡述。根據《秦律的形式》，已譯爲
“按照律的規定”之處，可以視爲供述的態度依律值得拷問，也可以
認爲嫌疑犯的年齡、性別符合律的規定。①無論如何，這裏所記載
的內容，是爲了通過詰問而得到嫌疑犯自己承認罪狀的程序。這
是很清楚的。以下所引《魏書》卷百十一《刑罰志》記載獄官令的規

---

①　Katrina C. D. McLeod and Robin D. S. Yates, "Froms of Ch'in Law: An
Annotated Translation of the Fêng-chen Shih," *Harvard Journal of Asiatic Studies*,
vol. 41, no. 1, 1981. p. 132, n60.

定,可以説是沿襲這個程序的結果:

92

　　諸察獄,先備五聽之理,盡求情之意,有驗諸證信,事多疑
似,猶不首實者,然後加以拷掠。

　　在判斷諸獄時,先要具備五聽之理,盡求情之意,又徵信
並檢驗之,如事多疑似仍未首實者,然後就加以拷掠。

　　所謂"五聽",是根據《周禮・秋官》小司寇職"以五聲聽獄訟,
求民情"。即使在北魏的獄官令中,拷問(至少在原則上)也是用盡
各種辦法之後所剩下的最後的手段。

3. 詰問與真實

　　以上所討論的兩節,其相互間存在着怎樣的關係呢? 如再試着
比較一下兩者,就會察覺到雖然在抽象程度上有不同,但是在内容
上闡述的可能是同一事情。即,在第〈32〉段《治獄》之中,主張"不依
靠拷問而追求真實"爲上策,在第〈33〉段《訊獄》之中,詳細闡述有關
"通過録取供述與詰問使嫌疑犯本人承認罪狀的程序"。總之,可以
説兩者就訊問的程序,即目的與手段、理念與實踐的關係,進行了概
括性的歸納。在《治獄》中,被作爲上策的是實現"通過文書追問當
事人的口供,不進行拷問而至於真實"訊問的具體方法,即在於《訊
獄》所謂從"必須先聽當事人的口供"到"並就此再次進行詰問"的部
分。作爲下策的"笞掠"即拷問,是祇限於"雖然在詰問時用盡了各
種辦法,但是多次陳述虛假之辭,改變口供,並拒不認罪"的場合(以
將其主旨明確記入爰書作爲條件)可以使用的手段。

93

　　如果以上的理解没有什麼大錯誤的話,那麼由此可以領會到
當時有關訊問的兩點認識。第一,以怎樣的狀態來確認"已得到真
實情況"? 根據《訊獄》,在多次陳述虛假之辭、改變口供並拒不認

罪的場合,允許拷問。就是説,拷問的目的是得到"服"。如不待拷問即"服",那麽訊問就會結束。因爲"訊問"是爲了得到"情"即真實情況而進行的,所以總之以嫌疑犯"服"了這一時刻爲界限,或許可以視爲已得到了"情"。這讓人想起"對李斯的審判"中所見的訊問,在最初"案治"時,因拷問而"誣服";接着在"驗"時,因爲自發的"辭服",各自都終結。

　　第二,通過怎樣的手段訊問而至於"服"呢? 如上所述,是通過録取供述與詰問。對嫌疑犯提出可疑的事實,確認其供述爲"毋解"之後寫下來。接着,就供述的内容,詰問其不確實之點;如果已經明確表示"毋解"的内容仍存在虛假與矛盾之處,被詰問者一定窮於回答。如此,録取供述,並通過詰問來抓住虛假、矛盾之處,窮追被詰問者,這可能就是"以書從跡其言"的方法。其典型的例子就是前面所摘引的張家山漢簡《奏讞書》一節中的部分文字。因爲其早就引起宮宅潔與李均明的注意,並被認爲是珍貴的史料,所以再次抄録包括其前後文的全文如下:

　　　　〈34〉・十年七月辛卯朔癸巳,胡狀、丞憙敢讞〔讞〕之。刻〔劾〕曰:臨菑〔淄〕獄史闌令女子南冠繳〔繒〕冠,詳〔佯〕病臥車中,襲大夫虞傳,以闌出關。・今闌曰:南齊國族田氏,徙處長安。闌送行,取〔娶〕爲妻,與偕歸臨菑〔淄〕,未出關得,它如刻〔劾〕。・南言如刻(劾)及闌。・詰闌,闌非當得取〔娶〕南爲妻也,而取〔娶〕以爲妻,與偕歸臨菑〔淄〕,是闌來誘及奸,南亡之諸侯,闌匿之也,何解。闌曰:來送南而取〔娶〕爲妻,非來誘也。吏以爲奸及匿南,罪,毋解。・詰闌:律所以禁從諸侯來誘者,令它國毋得取〔娶〕它國人也。闌雖不故來,而實誘漢民之齊國,即從諸侯來誘也,何解。闌曰:罪,毋解。……

　　　　　　　　　　　　　　　　　(奏讞書 17—22,pp. 214—215)
　　・高祖十年(前 197)七月三日,胡縣狀、丞憙上讞。根據起訴狀，其曰："臨淄獄史闌讓女子南戴緱冠，謊稱有病躺在馬車之中，通過大夫虞的通行證與闌一起非法出關。"

•現在，闌説："南是齊之國族田氏，遷徙到了長安。闌在送行時，娶以爲妻，並決定一起回臨淄，但是未出關就被捕獲了。其他如起訴狀。"

•南所説的，與起訴狀及闌所説的一樣。

•詰問闌説："闌不應將南娶爲妻，卻娶以爲妻，並一起回臨淄。闌來誘及通姦，南亡命到諸侯，闌已構成隱匿之罪。如何解釋？"闌説："是（從齊國）送南時娶以爲妻的，沒有來誘。吏認爲與南通姦並隱匿之，承認通姦與隱匿罪。（到此完畢），沒有什麼要解釋的。"

•詰問闌："律是禁止從諸侯來誘的，這是因爲在他國不能娶他國的人。可以説闌並不是有意圖來的，但是，因爲其行爲實際是引誘漢之民來齊國，所以就構成從諸侯來誘。如何解釋？"闌説："認罪。（到此完畢）沒有什麼要解釋的。"……

95

如張家山漢簡《二年律令》所載"☐來誘及爲閒者，磔。亡之☐"（二年律令 3，pp. 133—134），"來誘"即諸侯國之人來到漢，娶漢之女性回國，這與間諜並爲重罪。在前揭之例中，嫌疑犯方面以不存在故意爲理由，否定"來誘"罪，但是詰問者以"行爲實際等同於來誘"的邏輯來應對，結果嫌疑犯自己承認有"罪，毋解"。這種情況下所發生的"毋解"，與睡虎地秦簡《封診式》所見供述結尾的"毋它罪"、"毋它坐罪"一樣，成爲自己承認罪狀的意思表示。此即"通過文書來追查當事人的口供"的方法，是"毋笞掠而得人情"的實例。

在如上所述訊問之背景下的，可能是確信通過詰問與本人自供能夠達到獲得真實情況的目的。既然本人自己承認罪狀，其有罪性就無可置疑。如《急就篇》"辭窮情得具獄堅"所説，通過詰問獲得的真實情況纔是沒有反駁餘地之獄案的基礎。但是，仍然不

能忽視的是,這種確信最終是由拷問這一暴力來確保的。"毋笞掠
而得人情"的訊問通常是不可能的,這不外乎是如同《訊獄》一節所
說的那樣。《急就篇》之中也有如下的記載:

盜賊繫囚榜笞臀,（捕獲盜賊並笞打其臀）

朋黨謀敗相引牽,（同黨之人一個咬一個）

欺誣詰狀還反真,（謊話也通過詰問説出真情）

坐生患害不足憐,（不同情做惡事者）

辭窮情得具獄堅。（追問得真情則獄案鐵證如山）

在詰問與自供的基礎上發現真實情況,必然就成爲産生冤罪
的温床。翻開史書,因拷問而"誣服"的例子不勝枚舉。構成前章
"對李斯的審判"框架的就是這種形式的訊問。可以説,前揭《説
苑・君道篇》就是批評這種審判所具有之弊病的文章。

且夫國之所以不得士者,有五阻焉。……訊獄詰窮其辭,
以法過之,四阻也。

國之所以不得到士,是因爲有五阻。……審訊案件詰窮
其辭,以法咎之,爲四阻。

但是,另一方面,也存在着防止這種弊病的制度。如《訊獄》的
末尾所載"笞掠之必書曰,爰書,以某數更言,毋解辭,笞訊某",這
是關於有義務報告使用拷問的規定。作爲稍晚時代的史料,以長
沙走馬樓出土的三國吳簡爲例,即在訊問結果的報告中明言增加
了"榜押（拷問）"事實。[1]其使用寬幅之板（長25.2釐米,寬9.6釐
米）,在左上空白部,以草體大大地寫着表示上級機關批准的"若

---

① 王子今《走馬樓許迪剛米事文牘釋讀商榷》,《鄭州大學學報》(哲學社會科學
版)2001年第7期。徐世虹:《對兩件簡牘法律文書的補考》,中國政法大學法律古籍整
理研究所編《中國古代法律文獻研究》第二輯,中國政法大學出版社2004年。

〔諾〕"字（所謂"畫諾"）。①因爲被認爲是傳承原文書之原始形態的珍貴事例，所以抄録其全文如下（圖版即卷頭插圖四）。另外，在此祇注釋語釋有問題的文字，關於官職等的考證祇好忍痛割愛了。

97

　　録事掾潘琬叩頭死罪白。過四年十一月七日，被督郵敕考實吏許迪，輒與核〔覈〕事吏趙譚、部典掾烝若、主者吏李珠，前後窮核〔覈〕考問。迪辭，賣官餘鹽四百廿六斛一斗九升八合四勺，侣〔博〕米二千五百六十一斛六斗九升已。二千四百卌九斛一升付倉吏鄧隆、穀容等，餘米一百一十二斛六斗八升，迪割用飲食不見〔現〕，爲廖直事所覺。後迪以四年六月一日，偷入所割用米，畢付倉吏黃瑛□□録見都尉，知罪深重，詐言不割用米。重複實核〔覈〕，迪故下辭服。割用米審。前後榜押迪凡□□，不加五毒，據以迪□□服辭結罪，不枉考迪。乞曹重列言府。傳〔付〕前解，謹下啟。琬誠惶誠恐，叩頭死罪死罪。

　　若〔諾〕

　　　　　　　　　　　　二月十九日戊戌［白］

　　　　　　　　　　　（走馬樓吳簡 J22—2540）

　　録事掾潘琬誠惶誠恐地報告。在過去的四年十一月七日，督郵奉敕考實吏許迪，馬上和事吏趙譚、部典掾烝若、主者吏李珠一起，反復進行了窮覈拷問。迪供述説："賣掉官府的餘鹽四百廿六斛一斗九升八合四勺，換了米二千五百六十一斛六斗九升。②

---

①　王素《長沙走馬樓三國孫吳簡牘三文書新探》，《文物》1999 年第 9 期，47—48 頁。

②　關於"侣"字，胡平生據上下文意推測："似乎有沽、賣之意，指許迪將賣官鹽變賣爲米。"（胡平生：《長沙走馬樓三國孫吳簡牘三文書考證》，《文物》1999 年第 5 期，46 頁）我想，"侣"不是"博"的通假字嗎？"博"有"換易（かえる）"的意思，这可由《宋書》卷九五《索虜傳》如下的用例窺見一斑：

　　此後復求通和，聞太祖有北伐意，又與書曰：……今聞彼自來，設能至中山及桑乾川，隨意而行，來亦不迎，去亦不送。若厭其區宇者，可來平城居，我往揚州住，且可博其土地（僧人謂換易爲博）。

雖然將二千四百冊九斛一升交給了倉吏鄧隆、穀容等，但是餘下的一百一十二斛六斗八升米，迪私吞掉想自己吃，沒有想到卻被值班的廖發現了。其後，迪在四年六月一日，悄悄搬入所私吞的米，全部交給倉吏黃瑛，將□□録出示給都尉，知道是重罪，詐稱並沒有私吞米。"經反復實覈，迪供述實情，並自己認罪。侵吞了米是事實。雖經全部反復□□拷問迪，但沒有施加五毒，結果迪□□自認罪狀，因爲罪已確定，所以並沒有對迪進行不法的審訊。請曹再次向府報告請示如何論處。①附上其此前的辯解，特此報告。琬，惶恐叩頭死罪。二月十九日戊戌〔報告〕。

98　　引人注目的是，在以米交換官有之鹽時，因已懷疑其私吞一部分，故在訊問官吏許迪的記録中，在自認罪狀時並非將"榜押"陳述爲"不加五毒"、"枉考（不法訊問）"。這裏所説的"五毒"具體是指什麽並不清楚，但是對於其所認可的別的拷問"榜押"，恐怕是指訊問中的非法暴力。②

　　總之，如按照《治獄》"笞掠爲下"，則明確記載訊問時使用拷問的事實即等於明言從"下策"。若然，這樣所獲得的真實情況，較之沒有拷問所得並沒有什麽保留嗎？關於該規定所具有的意義，將

---

①　所謂"列言"即指"報告"。例如，《宋書》卷九七《夷蠻傳》"天竺迦毗黎國"條：
　　元嘉十二年，丹陽尹蕭摹之奏曰：……請自今以後，有欲鑄銅像者，悉詣臺自聞；興造塔寺精舍，皆先詣所在二千石通辭，郡依事列言本州；須許報，然後就功。其有輒造寺舍者，皆依不承用詔書律、銅宅林苑悉沒入官。
②　"五毒"是笞掠以外的拷問，這從《後漢書》列傳第四一《陳禪傳》可窺見其一斑：
　　陳禪字紀山，巴郡安漢人也。仕郡功曹，舉善黜惡，爲邦内所畏。察孝廉，州辟治中從事。時刺史爲人所上受納贓賂，禪當傳考，無它所齎，但持喪斂之具而已。笞掠無筭，五毒畢加，禪神意自若，辭對無變，事遂散釋。
關於其中所見"傳考"，李賢注曰："傳謂逮捕而考之也。"這裏所説"逮捕"，可能是唐制的"赴逮"，即指因訊問而召喚到獄。參見第四章151頁注②。

在第四章漢代的爰書中詳細論述。

三、乞鞫與失刑

　　如第一節所述，根據秦漢的制度，待審判終了時可以"乞鞫"。在訴訟程序中，"鞫"的目的在於"作爲適用法律的前提如何確認犯罪行爲"。[①]因此，所謂乞鞫可以定義爲"請求再確認成爲刑罰的行爲"。關於乞鞫請求的諸種條件，在第一節"審判·再審"中已經闡述。這裏的問題是，受理乞鞫後官府方面的對應，與對負責審理、裁定的官吏的處分，以及對已經雪冤之本人的處遇。

　　在考慮這些問題時，可以從張家山漢簡《奏讞書》的記載中得到很多的啓發。特別是 99—123 簡所記載的冠以秦王政二年（前245）的一件，可以説是了解受理乞鞫之後程序的合適史料。因爲其内容關涉被誣告盜牛者通過乞鞫請求雪冤，所以本章以下將以當事人的名字暫稱之爲"毛誣講盜牛案"。擬全文抄録其文書如下，並爲之劃分段落，除當前的重要問題之外，簡要翻譯其内容之梗概。另外，關於該史料，很早就有飯尾秀幸與学習院大学漢簡研究会的譯注。[②]雖然也散見與本書解釋不同之處，但是將不再逐一注釋其異同。

　　Ⅰ　由縣城旦講乞鞫（99 簡）

　　　　四月丙辰，縣城旦講乞鞫，曰：故樂人，不與士五〔伍〕毛謀盜牛，雍以講爲與毛謀，論縣講爲城旦。

─────────

　　①　宮宅潔《秦漢時代の裁判制度──張家山漢簡〈奏讞書〉より見た》，《史林》第81卷第2號，1998年，56頁。

　　②　飯尾秀幸《張家山漢簡〈奏讞書〉をめぐって》，《專修人文論集》第56號，1995年。学習院大学漢簡研究会《秦代盜牛·逃亡事件──江陵張家山漢簡〈奏讞書〉を読む》，《学習院史学》第38號，2000年。

　　四月丙辰,黥城旦講請求乞鞫,説:"講原爲樂人,未與士伍毛
共謀盜牛,卻被雍縣確認與毛共謀,對講適用黥城旦的刑罰。"

Ⅱ　獄案之再核查(99—106 簡)

　　覆視其故獄。元年十二月癸亥,亭慶以書言雍廷,曰:毛買
〔賣〕牛一,質,疑盜,謁論。毛曰:盜士五〔伍〕犯牛,毋它人與
謀。犯曰:不亡牛。毛改曰:迺巳嘉平可五日,與樂人講盜士五
〔伍〕和牛,牽之講室,講父士五〔伍〕處見。處曰:守柸〔汧〕邑南
門,巳嘉平不識日,晦夜半時,毛牽黑牝牛來,即復牽去,不智
〔知〕它。和曰:縱黑牝牛南門外,迺嘉平時視,今求弗得。以毛
所盜牛獻和,和識,曰:和牛也。講曰:踐更咸陽,以十一月行,
不與毛盜牛。毛改曰:十月中與謀曰:南門外有縱牛,其一黑
牝,類擾易捕也。到十一月復謀,即識捕而縱,講且踐更,講謂
毛勉獨捕牛,買〔賣〕,分講錢。到十二月巳嘉平,毛獨捕,牽買
〔賣〕雍而得。它如前。‧詰訊毛於詰,詰改辭如毛。

　　〔概要〕再檢查以前的獄案。元年十二月癸亥,亭慶到雍
縣控告:毛所賣的牛似乎是盜來的贓物。訊問毛時,其供述
説:"是士伍犯的牛,未與他人共謀。"但是,犯説牛没有被盜。
於是,毛修改供述説:"在此前嘉平(蠟祭)第五日的時候,與樂
人講謀劃盜士伍和的牛,並將牛牽到講的家,講父處也看到那
牛。"處説在嘉平之夜看見了毛牽來了黑牛,和也已作證那是
自己的牛。對此,講抗辯説:"自十一月在咸陽踐更,没有與毛
共謀。"毛修改供述説:"十月時已商量盜放在南門外的某牛。
十一月再次商量説,在講出門踐更之時,毛單獨盜牛並賣掉,
將其應得的那份錢交給講。到十二月的嘉平,毛單獨盜牛,到
雍縣去賣牛時被逮捕了。"

　　其鞫曰:講與毛謀盜牛,審。二月癸亥,丞昭、史敢、銚、賜

論，黥講爲城旦。

　　根據其罪狀，認定説："講與毛共謀盜牛，事實清楚。"在二月癸亥，丞昭，史敢、銚、賜對講處以黥城旦的刑罰。

Ⅲ　對有關係者的再調査（106—116 簡）

　　今講曰：踐十一月更外樂，月不盡一日下總咸陽，不見毛。史銚初訊謂講，講與毛盜牛，講謂不也，銚即礫治〔答〕講北〔背〕可□餘，北〔背〕□數日，復謂講盜牛狀何如。講謂實不盜牛。銚有〔又〕礫講地，以水責〔漬〕講北〔背〕。毛坐講旁，銚謂毛，毛與講盜牛狀何如。毛曰：以十月中見講，與謀盜牛。講謂不見毛弗與謀。銚曰：毛言而是，講和弗□。講恐復治〔答〕，即自誣曰：與毛謀盜牛，如毛言。其請〔情〕講不與毛謀盜牛。診講北〔背〕，治〔答〕絅〔朏〕大如指者十三所，小絅〔朏〕瘢相質五〔伍〕也，道肩下到要〔腰〕，稠不可數。

101

　　〔概要〕講説："因十一月以外樂踐更，月末已集中在咸陽，故没有與毛見面。因爲史銚訊問講，説與毛共謀盜牛，所以講回答有誤受到了以答拷問。數日後，又就共謀進行訊問，回答説確實没有盜。於是被摁在地上，以水浸其後背。毛坐在其旁邊，説在十月與講見面並商量盜牛。講也擔心被拷問，就曲意自認與毛共謀盜了牛。"查驗講的身體，可見其後背上從肩一直到腰有無數大小不一的瘢痕。

　　毛曰：十一月不盡可三日，與講盜牛，識捕而復縱之，它如獄。・講曰：十月不盡八日爲走馬魁都庸〔傭〕，與偕之咸陽，入十一月一日來，即踐更，它如前。毛改曰：誠獨盜牛，初得□時，史騰訊毛謂盜犯牛，騰曰：誰與盜。毛謂獨也。騰曰非請〔情〕，即答毛北〔背〕，可六伐。居八九日，謂毛：犯不亡牛，安亡牛。毛改言請〔情〕，曰：盜和牛，騰曰：誰與盜。毛謂獨也。

騰曰:毛不能獨盜。即磔治〔笞〕毛北〔背〕殿〔臀〕股,不審伐數,血下汙池〔地〕。毛不能支治〔笞〕疾痛,即誣指講。講道咸陽來,史銚謂毛:毛盜牛時,講在咸陽,安道與毛盜牛。治〔笞〕毛北〔背〕不審伐數。不與講謀,它如故獄。

　　〔概要〕雖然毛仍主張共謀,但是講一告稱曾被走馬魁都雇傭去了咸陽的事實,就修改其供述,坦白說:"最初,被史騰訊問時,供述盜犯的牛。主張是單獨犯,但是史騰說不可能獨自盜牛,因而受到了拷問。其後,因犯說牛未被盜,故回答說實際盜的是和的牛。被問到與誰盜的? 回答自己單獨盜的,騰說不可能自己盜,受到拷問。疼痛難耐,就誣賴了講。很清楚講去了咸陽,史銚說怎麼能與不在咸陽的人共謀呢? 並對其進行了拷問。實際上未與講共謀。"

　　和曰:毛所盜牛雅擾易捕。它如故獄。•處曰:講踐更咸陽,毛獨牽牛來,即復牽去。它如獄。魁都從軍,不訊,其妻租言如講。

　　〔概要〕牛的所有者和作證說:"所盜的牛本來就很溫和,即使單獨去也容易捕獲。"講的父親處作證說:"講正在咸陽踐更,毛獨自將牛牽過來了。"因魁都在從軍中不能訊問,故其妻所作證言與講的一樣。

Ⅳ　詰問毛(116—119簡)

　　•詰毛:毛筍〔苟〕不與講盜牛,覆者訊毛,毛何故不蚤〔早〕言請〔情〕。毛曰:覆者初訊毛,毛欲言請〔情〕,恐不如前言,即復治〔笞〕,此以不蚤〔早〕言請〔情〕。•詰毛:毛筍〔苟〕不與講盜,何故言曰與謀盜。毛曰:不能支疾痛,即誣講,以彼治罪也。診毛北〔背〕笞絅〔胴〕瘢相質五〔伍〕也,道肩下到要〔腰〕,稠不可數,其殿〔臀〕瘢大如指四所,其兩股瘢大如指。

〔概要〕詰問："如没有與講共謀,爲何在次被審訊時不告知真情?"毛回答："如與告知真情前的供述不一致,就擔心被拷問。"詰問："没有與講共謀,爲何卻説與之共謀?"毛回答："不能忍受拷問的痛苦,因此就誣告講。"查驗毛的背上,從肩到腰有無數大大小小的瘢痕。

Ⅴ　質問原審負責人(119—120 簡)

騰曰:以毛讞〔讕〕,笞。它如毛。銚曰:不智〔知〕毛誣講,與丞昭、史敢、賜論盗牛之罪,問如講。昭、敢、賜言如銚,問如辭。

〔概要〕騰説:因毛説謊,故要笞打之。銚説:不知道毛誣告講,與丞昭、史敢等裁定講犯了盗牛罪。昭、敢、賜所説與銚相同。

Ⅵ　認定新罪狀(120—121 簡)

·鞫之:講不與毛謀盗牛,吏笞掠〔掠〕毛,毛不能支疾痛而誣講,昭、銚、敢、賜論失之,皆審。

確定罪狀。講没有與毛共謀盗牛。吏拷問毛,毛不能忍受痛苦而誣告了講。昭、銚、敢、賜適用刑罰失當,以上全部清楚。

Ⅶ　對講之服役地的通告(121—123 簡)

·二年十月癸酉朔戊寅,廷尉兼謂汧嗇夫。雍城旦講乞鞫曰:故樂人,居汧醴中,不盗牛,雍以講爲盗,論黥爲城旦,不當。覆之,講不盗牛。講毄〔繋〕子縣,其除講以爲隱官,令自常,畀其於於。妻子已賣者者,縣官爲贖。它收已賣,以賈〔價〕畀之。及除坐者齎,齎□人環〔還〕之。騰書雍。

二年十月癸酉戊寅(六日),廷尉兼告訴汧嗇夫。在雍縣被判爲城旦的講乞鞫説:"原爲樂人,(現在)居住在汧縣的醴中。講没有盗牛,雍縣卻認爲盗了,並處以黥城旦,但是不應當如此。"再審時,認定講没有盗牛。講一直被關押在貴縣。

釋放成爲隱官並得以"自常"後,委身於於縣。已經被賣掉的
妻、子,縣官爲之贖身,被没收並已賣掉的其他的物品,已被作
價償還給講。將免除連坐者之貲罰金,並反還給其本人(?)。
急送此文書到雍縣。

104　　這是如同親眼目睹産生冤罪現場的史料,但是在此想要討論
的並不是這個問題。應該研究的問題是,Ⅰ由㯺城旦講乞鞫,Ⅱ～
Ⅵ案件的再審理,Ⅶ對講之服役地的通告,負責其各自工作的是怎
樣的機關? 既然考慮這個問題,就不能忽視第一節〈31〉所引張家
山漢簡《二年律令》的律文。其具體規定如下:

　　　　乞鞫者各辭在所縣道,縣道官令、長、丞謹聽,書其乞鞫,
　　上獄屬所二千石官,二千石官令都吏覆之。都吏所覆治,廷

　　　　乞鞫者各到其居住地所在的縣、道提出。縣道之官令、
　　長、丞謹慎地受理之,記録下乞鞫的内容,將獄案上呈所轄的
　　二千石官,二千石官讓都吏負責該案的再審理。都吏再審理
　　的結果,廷

　　因"廷"以後的部分是錯簡,故省略。所謂"在所",由《奏讞書》
的一節"武以六月壬午出行公粱亭,至今不來,不知在所,求弗得"
(75—76,p.219)看,可能是"現在所處的地方、住所"的意思。根
據Ⅶ,㯺城旦講正在"汧縣的醓中"服役。所以乞鞫"在所"一定是
汧縣。因此,在Ⅰ中受理乞鞫已經文書化的就成爲汧縣的令長、
丞。同樣,根據前引的律文,汧縣將結果上報二千石官,都吏根據
其指示進行再審。因爲汧縣屬於内史,所以這種場合的二千石官
並非郡守而可能是内史。都吏這一稱呼,如《二年律令訳注稿
(一)》所指出的,《漢書》卷四《文帝紀》有"二千石遣都吏循行",如
105　淳注引《律説》可見"都吏今督郵是也"。負責Ⅱ～Ⅵ之再審理的官
吏,是由二千石所派遣的作爲行政監督官的都吏。換言之,Ⅱ～Ⅵ

的内容就成爲律文所説的"都吏所覆治"。

接受了二千石官指示的都吏，首先進行的是再核查"故獄"，即原審的獄案。如彭浩、宮宅潔早就指出的那樣，當時的審判是以發覺地（案發地）的縣廷管轄爲原則。①因爲本案件的開端是由雍縣的亭長告發，毛、講都是在雍縣被審判的。因此，記録審判講的經過的所有文書，都應該被雍縣保管。Ⅶ的部分所見"雍城旦講"，可能就意味着"在雍縣受到審判的城旦講"。

Ⅲ～Ⅴ是由都吏進行的再審理，Ⅵ是根據其結果的新"鞫"。與Ⅱ所記載的原審之"鞫"對照則可知，始於"鞫之"結束於"審"者是這種文書的格式。②意味深長的是，在新的"鞫"文中，不僅講雪冤之事而且毛誣告的事實與官吏們處理的不當，都被明確記載下來。所謂"論失之"，相當於第一節〈27〉所引《法律答問》所説的"失刑"。如故意處以有失均衡的刑罰，即爲"論獄不直"。對講的案子而言，從質問官吏們的結果可以判斷，有由於疏忽而沒有識破毛的誣告的原因，因而可能被問以"失刑"罪。

受理再審之"鞫"，就向講服役的汧縣發出通告。記載該程序Ⅶ的部分，整體具備由廷尉之兼發到汧縣之嗇夫的公文書的形式。前揭《二年律令》律文中的"都吏所覆治，廷（都吏覆治的地

____

①　彭浩《談〈奏讞書〉中秦代和東周時期的案例》，《文物》1995 年第 3 期。宮宅潔：《秦漢時代の裁判制度——張家山漢簡〈奏讞書〉より見た》，《史林》第 81 卷第 2 號，1998 年。

②　此外，《奏讞書》亦可見如下之例：

　　　鞫：恢吏，盜過六百六十錢，審。當：恢當黥爲城旦，毋得以爵減、免、贖。律：盜臧〔贓〕直〔值〕過六百六十錢，黥爲城旦；令：吏盜，當刑者刑，毋得以爵減、免、贖。以此當恢。

這部分文字陳述了對盜賣官米的陽陵縣令恢這個人的處斷。"恢吏，盜過六百六十錢，審"，爲確定犯罪内容的"鞫"，"恢當黥爲城旦，毋得以爵減、免、贖"相當於確定刑罰的"當"（《李斯列傳》所謂"奏當"）。從後續的陳述"以此當恢"一句看，成爲"當"之根據的，可能是摘録的律令。

106

方是廷）”一定指這種通告的程序，因而其原本接續的簡是以
“尉”開始。

在“毛誣講盜牛案”的Ⅶ之中，又記載了有關雪冤之後的處遇。
已受黥刑而有刑餘之身的講本人成爲隱官，没官後被賣掉的妻子
被買回來了，其家庭得以復原。没有讓他回原住地汧縣而讓他去
於縣，這可能與隱官（受肉刑後已被釋放者）特有的職務内容或者
身份管理有關。[①]《張家山釋文注釋》將“令自常”讀作“令自尚”，關
於該詞的解釋，將在補論中詳述。

最後想指出與此相關的兩點。第一，乞鞫與奏讞類似。衆所
周知，在《漢書》卷二三《刑法志》引高祖七年之詔中，可見關於上讞

---

① 關於隱官的身份，引人注目的是見於里耶秦簡 J1⑯5 及 J1⑯6 的簡文：
　　今日，傳送委輸，必先悉行城旦舂、隸臣妾、居貲贖責。急事不可留，乃興縣
　〔徭〕。今洞庭兵輸内史及巴、南郡、蒼梧，輸甲兵當傳者多。節〔即〕傳之，必先悉
　行乘城卒、臣妾、城旦舂、鬼薪白粲、居貲、司寇、隱官、踐更縣者。田時殹〔也〕，不
　欲興黔首。
其内容是，在搬送武器之際，首先要讓刑徒與隱官去做，要限制徵發“黔首（庶人）”。
如此，隱官與庶人的身份不同，可是按照其産生的理由來看，其身份的隸屬是自由
的。在搬運物資時，隱官與刑徒一起被動員，這是因爲他們不從事農業勞作，因而徵
發並不妨礙農事；如有“急事”，且非“田時（農忙季節）”，則也一定徵發庶人。可以
説，張全民强調隱官之“身份的自由”，在與其是刑徒毋寧更近於庶人的認識中，是一
種較爲公正的看法（張全民：《“隱官”考辨》，吉林大學古籍整理研究所編《吉林大學
古籍整理研究所建所十五周年紀念文集》，吉林大學出版社 1998 年）。但是，隱官受
命在居住地移動，這也暗示其生活的狀況與庶人並不完全一樣。根據張家山漢簡《二
年律令》的規定：
　　公卒、士五〔伍〕、庶人各一頃，司寇、隱官各五十畝。　　　　　　（312，p. 176）
　　宅之大方卅步。……公卒、士五〔伍〕、庶人一宅，司寇、隱官半宅。

（314—316，p. 176）
則隱官可以擁有的田地與宅地是士伍與庶人的一半。順便説一下，根據周曉瑜的研
究，睡虎地秦簡所説“隱官”即史書所謂“隱宫”（官是宫的借字），以“宫＋人名”形式出
現的秦代刻文，是“隱宫（官）”所屬工匠的勒名（周曉瑜：《秦代“隱宫”、“隱官”、“宫某”
考辨》，《文獻》1998 年第 4 期）。衆所周知，“隱官工”這個名稱，見於睡虎地秦簡《秦律
十八種》（軍爵律 155—156，p. 55）。

的原則性規定：

　　高皇帝七年，制詔御史：獄之疑者，吏或不敢決，有罪者久而不論，無罪者久繫不決。自今以來，縣道官獄疑者，各讞所屬二千石官，二千石官以其罪名當報之。所不能決者，皆移廷尉，廷尉亦當報之。廷尉所不能決，謹具爲奏，傳所當比律令以聞。

　　高皇帝七年（前 200），給御史制詔：獄案之有疑問者，吏或者不敢審斷，有罪者許久不判決，無罪者久繫不審判。自今以後，縣、道的官吏，將獄案之疑問者，上讞給其各自所屬的二千石官，二千石官以其罪名當報。凡不能審斷者，都移交給廷尉，廷尉也以其罪名當報。若廷尉亦不能審斷，則謹具爲奏，傳所當比律令以聞。

　　如此處明明白白所述，所謂上讞，是負責審判的地方官請示二千石官，爲防止審判之滯留與誤審的制度。而已受了審判者請求二千石官再審的程序，也可以理解爲即乞鞫。可以説，兩者的共同點在於，從秦到漢初的二千石官都有司法監察的作用。“毛誣講盜牛案”所顯示的乞鞫過程的内容，統統被彙總在《奏讞書》有關“讞”的案例之中。這恐怕不衹是偶然的現象。①

　　第二，乞鞫與“失”的關係。如前所見，乞鞫的結果，如確定爲冤罪，負責原審的吏（衹要不是故意誤審）要被追以適用刑罰失當之罪。因而，第一節所引《法律答問》可見：

　　〈30〉以乞鞫及爲人乞鞫者，獄已斷乃聽，且未斷猶聽殹〔也〕。獄斷乃聽之。失鋈足，論可〔何〕殹〔也〕？如失刑罪。

　　全都應該是以一個關聯爲基礎進行解釋的。所謂“鋈足”，是漢代

107

_____

　　①　張建國認爲，《奏讞書》是由彙集上讞案例的“讞書”與彙集上呈文案的“奏書”所構成的。其名稱來源於此（張建國：《漢簡〈奏讞書〉和秦漢刑事訴訟程序初探》，收入氏著《帝制時代的中國法》，法律出版社 1999 年，296 頁）。

的鈦趾刑,即戴上金屬制的足枷的刑罰。在秦被用於回避肉刑的場合。①另一方面,所謂"失刑"之"刑",如前所述,在很多情況下意味着以黥刑爲中心的肉刑。②果如此,"失鋈足"以下的文意,或許可以這樣來理解:"乞鞫的結果,在已判明失'鋈足'即誤判爲鋈足刑的場合,也與失'刑'即誤審肉刑同樣處理。"與前文決不是"另一條"的關係。

小　結

　　如本章所探討的,可以認爲,從秦到漢初地方級的刑事訴訟的實際狀況,在相當程度上已搞清楚了。構成訴訟程序之整體的是"告"、"訊"、"論"這三个支柱,而其中處於核心地位的則是"訊"即"訊問"。如第二節所見,訊問的具體方法是向嫌疑犯提出罪狀,並詰問直至其自己認罪。在此階段,要判斷已得"情"即真實情況。可以說,根據這樣的坦白探明實體上的真實情況纔是訊問的目的。

　　"告"即控告犯罪,成爲以"訊"之程序作爲開始的前提。圍繞"告"設有種種的規定,這可能是當時的刑事訴訟原則上以"告"或者"劾"爲開端的反映。③另一方面,不用說,對於"論"即適用刑罰

---

① 劉海年《秦律刑罰考析》,中華書局編輯部編《雲夢秦簡研究》,中華書局 1981 年。
② 冨谷至《秦漢刑罰制度の研究》,同朋舍 1998 年,30 頁。
③ 張家山漢簡《二年律令》113,p. 149:
　　治獄者,各以其告劾治之。敢放訊杜雅,求其它罪,及人毋告劾而擅覆治之,皆以鞫獄故不直論。
如《二年律令訳注稿(一)》所指出的,該規定是唐《斷獄律》"依告狀鞫獄案"的先例。《二年律令》所禁止的是,通過訊問引出已受理告劾內容之外的罪,以及不受理告劾而任意"覆治"。《二年律令訳注稿(一)》推測,"覆治"一詞是"詳細審問",但是本書所引〈31〉《二年律令》將再審結果稱爲"都吏所覆治",如可由此考慮則不是指重新審理嗎?受理"告"並已"覆治"之例,可見於《漢書》卷七六《趙廣漢傳》:
　　初,廣漢客私酤酒長安市,丞相史逐去客。客疑男子蘇賢言之,以語廣漢。廣漢使長安丞按賢,尉史禹故劾賢爲騎士屯霸上,不詣屯所,乏軍興。賢父上書訟罪,告廣漢,事下有司覆治。禹坐要斬,請逮捕廣漢。有詔即訊,辭服,會赦,貶秩一等。

而言,慎重的訊問成爲前提。雖然睡虎地秦簡與張家山漢簡所載秦漢之律,已經爲我們提供了一幅縝密而複雜的總體圖像,但是這正與由訊問獲得真實情況而具有無限的多樣性相對應。對犯罪的形態,毋庸置疑直至當時犯罪人的心理等,進行仔細特定訊問的態度,或許促使刑罰的細分化。這是不難想像的。其結果,已被細分化的律下一次又要求查明犯罪内容的特定的細節問題。或許可以説,訴訟程序的特性與實體法的特性存在互爲原因與結果的關係。

　　掌管這樣的訴訟者是在“毛誣講盜案”中可以見到其名的縣丞與史即書記官。史書所説獄吏的實際狀況,是縣裏這一類的書記官。鄢縣“令史”即睡虎地十一號秦墓的墓主,也曾是其中的一員。在縣級政府中,負責訴訟者是秩百石以下的小吏,宮宅潔早就指出了這一點。[1]在此意義上,或許也可以稱之爲“獄吏主導型”或“小吏主導型”的刑事審判。

　　這種小吏主導型的審判,處於從上級機關二千石到中央的廷尉、再到皇帝這一金字塔式官僚制度的末端。本章作爲一例曾言及乞鞫與上讞,但是,關於除此之外的死刑那樣的重罪,必須要將“具獄”(與治獄相關的文書)上呈二千石,請求都吏“復案”。[2]這樣

---

　　[1]　宮宅潔《秦漢時代の裁判制度——張家山漢簡〈奏讞書〉より見た》,《史林》第81卷第2號,1998年。

　　[2]　張家山漢簡《二年律令》396—397,(p. 186):

縣道官所治死罪及過失、戲而殺人,獄已具,勿庸論,上獄屬所二千石官。二千石官令毋害都吏復案,問〔聞〕二千石官,二千石官丞謹掾,當論,乃告縣道官以從事。徹侯邑上在所郡守。

由縣將“具獄”上呈到郡且仰其“論”的實例,見於《漢書》卷七一《于定國傳》:

東海有孝婦,少寡,亡子,養姑甚謹。姑欲嫁之,終不肯。姑謂鄰人曰:孝婦事我勤苦,哀其亡子守寡。我老,久累丁壯,奈何。其後姑自經死。姑女告吏,婦殺我母。吏捕孝婦,孝婦辭不殺姑。吏驗治,孝婦自誣服。具獄上府,于公以爲此婦養姑十餘年,以孝聞,必不殺也。太守不聽,于公爭之,弗能得,乃抱其具獄,哭於府上,因辭疾去。太守竟論殺孝婦,郡中枯旱三年。

《周禮·秋官》鄉士職之鄭司農注所述,大概也是同樣的制度:

獄訟成,士師受中,協日刑殺,肆之三日(鄭司農云:士師受中,若今二千石受其獄也。中者,刑罰之中也)。

的上級機關之批評被公佈出來，一方面有防止冤案的效果，另一方面對獄吏來説也可以促使其用心製作不容易被反駁的内容周到細緻的文書。西漢的路温舒，如前所述，雖然幾乎是"縣中疑事皆問焉"的能吏，但是他在宣帝即位時上書請求"尚德緩刑"，其中可見如下一節：

> 夫人情安則樂生，痛則思死。棰楚之下，何求而不得。故囚人不勝痛，則飾辭以視之，吏治者利其然，則指道以明之，上奏畏卻，則鍛練而周内之。蓋奏當之成，雖咎繇聽之，猶以爲死有餘辜。何則，成練者衆，文致之罪明也。①

> 就人情而言，若安寧則樂於生活，若痛苦則想死。棰楚之下，什麽不能得到啊。所以，若囚犯不堪忍受痛苦，則以修飾供述來表現。若審案者認爲這樣做是有利的，則加以引導讓他明白這點。若上奏時擔心被退回來，則鍛練而使之周内。大概奏當完成之時，即使咎繇來處理此案，也會認爲其死有餘辜。其原因就是，如果成練者衆多，文致之罪就會變得明白清楚。

所謂"周内"，是指欲使文章没有破綻而仔細地彌補邏輯的間隙。②路温舒説，果如此則即使是擅長獄訟的咎繇，也會認爲被判罪的人死有餘辜。雖然這是有關上級機關告發檢舉冤罪之難的文字，但是如從另一方面來説，那麽這也是傳達從事治獄的小吏們如何煞費苦心地製作訴訟文書的證言。或許應該再次想起的是，在"毛誣講盜

110

---

① 《漢書》卷五一。
② 王念孫《讀書雜誌》四《漢書九》"周内"：
　　上奏畏卻，則鍛練而周内之。晉灼曰：精孰周悉致之法中也。念孫案：晉注精孰是解鍛練二字，周悉是解周字，致之法中是解内之二字。如此則周内分爲二義矣。今案：内，讀爲納。納者，補也。周，密也。此承上上奏畏卻而言，謂密補其奏中之鐇隙，非但致之法中也（鍛煉而周内之，謂鍛練其文而周納其隙）。《廣雅》曰：袟，納也。又曰：衲，補也。《論衡·程材篇》曰：納縷之工，不能織錦。納衲内古字通。今俗語猶謂破布相連處爲納頭矣。

牛案”中有關核查“故獄”的那段文字，其本身也沒有包含什麼矛盾。

【補論】　龍崗六號秦墓出土的乞鞫木牘

　　眾所周知，1989 年在湖北雲夢縣所發掘的龍崗六號秦墓，出土了包括秦律片斷的二百九十餘支竹簡，通稱爲“龍崗秦簡”。[1]根據出土器物，可確定該墓的年代爲統一的秦王朝的最末期，[2]晚於睡虎地十一號秦墓，而早於張家山二四七號漢墓的年代（圖 2）。

　　除了這些律的斷簡之外，還從同墓中出土了內容相當有趣的一枚木牘。其形狀完整，長 36.5 釐米、寬 3.2 釐米、厚 0.5 釐米。出土時與其他竹簡不同，被單獨放置在墓主的腰部。正面有兩行文字，反面有一行文字。其文字如下（卷頭插圖五）：

　　　　•鞫之，辟死論不當爲城旦，吏論失者已坐以論。
　　　　九月丙申，沙羨丞甲、史丙免辟死爲庶人，令（正面）
　　　　自尚也。（背面）

　　有關該木牘的考證文章不少，但是當初曾被認爲是刑罰名的“辟死”二字，被劉國勝看穿爲人名之後，[3]使得進行貫通全文的通釋成爲可能。遺留下的唯一問題是其末尾的“令自尚”三個字，關於此將在後詳述。

117

---

　　①　湖北省文物考古研究所、孝感地區博物館、雲夢縣博物館《雲夢龍崗六號秦墓及出土簡牘》，《考古學集刊》第八集，1994 年。劉信芳、梁柱《雲夢龍崗秦簡》，科學出版社 1997 年。中國文物研究所、湖北省文物考古研究所：《龍崗秦簡》，中華書局 2001 年。
　　②　湖北省文物考古研究所、孝感地區博物館、雲夢縣博物館《雲夢龍崗秦漢墓地第一次發掘簡報》，《江漢考古》1990 年第 3 期。
　　③　劉國勝《雲夢龍崗簡牘考釋補正及其相關問題的探討》，《江漢考古》1997 年第 1 期，65 頁。

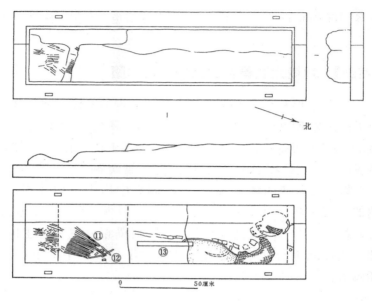

圖 2　龍崗六號秦墓棺内的情況

⑪竹簡　⑫六博棋子與博棍　⑬木牘

　　首先引人注目的是,始自"鞫之"的前半部分即木牘正面第一行,記載着對辟死量刑不當與處罰"論失"的責任者。張家山漢簡"毛誣講盜牛案"的Ⅵ部分有如下的文字:

　　　　鞫之,講不與毛謀盜牛,吏笞諒〔掠〕毛,毛不能支疾痛而誣講,昭、銚、敢、賜論失之,皆審。

　　若與之對照,則木牘上那段文字無疑是顯示通過乞鞫再審的結果。如翻譯過來,則如下:

　　　　確定罪狀。所下辟死爲城旦的判決不妥當,量刑有誤的官吏已受到了審判。

　　後半部分"九月丙申"以下,則記載"沙羡縣之丞甲與史丙釋放辟死，並使之作爲庶人"的事實。沙羡縣之治所在長江南岸、靠近現在的武昌縣金口附近，而龍崗六號秦墓則在江北安陸縣的故地。這種不一致，如劉國勝所指出的，當與墓主原爲刑徒的事實有關係。①如"毛誣講盜牛案"之Ⅶ部分所見，在已確定爲冤罪之時，"除講以爲隱官，令自常"的指示，被送達到刑徒的服役地。因此，對刑徒宣告最終釋放的，應是服役地的機關。記錄釋放辟死的文書之所以從沙羡縣發出，可能就是因爲那裏是服役地。在沙羡縣服役的辟死被釋放之後死亡，被埋葬在原籍所在地安陸縣。如果這樣認爲的話，與墓地之所在的不一致就可以嚴絲合縫地得以解釋。

　　關於文末的"令自尚"，有必要略費些篇幅進行考證。這三個字無疑與"毛誣講盜牛案"所見"令自常"同義。在龍崗秦簡的注釋中，以"毛誣講盜牛案"的用法注釋後，所謂"令自尚"即解釋爲"使他自由"。②雖然"自由"是個模棱兩可的詞，但是如果指從刑徒身份解放，那麼其意義不就完全與"爲庶人"吻合了嗎？另一方面，劉國勝也解釋爲"法律准許自謀職業"。③但是，衹要看到作爲隱官也可受命從原居住地遷移到於縣居住的"毛誣講盜牛案"的講，"自謀職業"到底有多大的可能性，不能不說是仍存有疑問的。④

　　而劉昭瑞則主張"自尚"應讀爲"自上"。⑤所謂"自上"是指"上

119

----

①　劉國勝《雲夢龍崗簡牘考釋補正及其相關問題的探討》，《江漢考古》1997 年第 1 期，68—69 頁。

②　中國文物研究所、湖北省文物考古研究所：《龍崗秦簡》，中華書局 2001 年，144—145 頁。

③　劉國勝《雲夢龍崗簡牘考釋補正及其相關問題的探討》，《江漢考古》1997 年第 1 期，66 頁。

④　關於隱官，參見本章第 98 頁注①。

⑤　劉昭瑞《記兩件出土的刑獄木牘》，《古文字研究》第 24 輯，2002 年，441 頁。

書自訟"。即"自己解釋"没有事實根據之罪。①其説認爲,若然則木牘的文字可以解釋爲這樣的意思:"釋放辟死爲庶人,讓他自己解釋。"此時,所解釋的内容,不用説就是因乞鞫而再審的結果,既然本人是死者,解釋的對象除了地下即來世之外也没有别的。如從龍崗木牘來看,則劉氏該説還是具有説服力的解釋。但是,另一方面,在"毛誣講盜牛案"中,將"自尚"讀爲"自常"則未必合適。將來作爲隱官而前往他縣的講,臨行之前到官府"自己解釋"再審的結果,這大概是不爲人所想到的情景。實行這樣的通告的,最好應是講作爲刑徒所服役的汧縣的職務。②

可是,除龍崗秦墓木牘與"毛誣講盜牛案"之外,該詞亦見於張家山漢簡《二年律令》。在此避煩,僅引用其必要的文字如下:

> 庶人以上,司寇、隸臣妾無城旦舂、鬼薪白粲罪以上,而吏故爲不直及失刑之,皆以爲隱官;女子庶人,毋筭〔算〕事其身,令自尚。（二年律令 124,p.150）

> 庶人以上或司寇、隸臣妾没有犯城旦舂、鬼薪白粲以上罪者,吏故意對之爲不直,或者因疏忽處刑時,（男子）均爲隱官;女子爲庶人,免除其自身的算賦與徭役,並使之自尚。

---

① 劉昭瑞所重視的作爲"自上"的用例,是《後漢書》列傳第二八《馮緄傳》的一節。馮緄的父親馮焕因盡力揭發幽州刺史的惡事,反而得罪人,奉僞造璽書之命令而自殺。其載:

　　焕欲自殺,緄疑詔文有異,止焕曰:大人在州,志欲去惡,實無它故。必是凶人妄詐,規肆姦毒。願以事自上,甘罪無晚。焕從其言,上書自訟,果詐者所爲。
這裏所説的"自上",確實是後文的"上書自訟"。

② 黄盛璋與劉昭瑞一樣,將"自尚"讀爲"自上",但是其意思是"自去"地下世界即"來世"(黄盛璋《邗江胡場漢墓所謂"文告牘"與告地策謎再揭》,《文博》1996年第5期,58—59頁)。若是該解釋,則也適用於"毛誣講盜牛案"的"自常"——即成爲在於縣的講"自去"的意思——可是,卻不適合於下面所引《二年律令》的"令自尚"。

　　因爲該律是對於"庶人以上或司寇、隸臣妾"的規定,所以其中的"女子庶人"不可能是"女子與庶人"。也許從與上文"以爲隱官"的互文關係看,可以解釋爲"男子均爲隱官,女子爲庶人"。"失刑"之"刑"如本章所述是肉刑特別是黥。因爲黥不單獨科刑,所以"刑"一定是黥城旦舂。雖然很難判斷末尾的"毋算事其身,令自尚",是祇針對成爲庶人的女子的規定還是也與隱官有關係,但是與其他史料的共通之處在於:"令自尚"一語出現在釋放刑徒之際。如歸納起來,則有如下的關係:

　　［龍崗秦墓木牘］　　城旦→庶人＋令自尚
　　［毛誣講盜牛案］　　黥城旦→隱官＋令自尚
　　［二年律令］　　　　刑(黥城旦舂)→(隱官·)庶人＋令自尚

　　一看就知道,"令自尚"——以下,以"尚"字來代表——這個詞附帶指兩種情況:一是被釋放成爲庶人,一是成爲隱官。如前所述,因爲庶人與隱官的社會地位不同,所以無論是"自由"還是"自謀職業",都是作爲伴隨釋放後之身份的處遇來解釋的,難以使雙方都滿足。毋寧説那是三種史料共同的交匯點:釋放前的身份,即應該理解爲與城旦刑的服役這一事實相關聯。服城旦刑的刑徒釋放後,無論是庶人或是隱官,首先必須要解決的問題不是恢復家庭嗎? 如石岡浩所論證的,在從秦到漢初的制度中,對於"城旦舂、鬼薪白粲以上"之刑附加"收"即將家屬没官。[①]在"毛誣講盜牛案"中,國家買回被釋放的"講"的妻子,其原因是釋放後的生活必須要恢復家庭。如認爲該措施即"令自尚",則不問女性、男性、庶人、隱官,在被從城旦刑釋放時(但不用説限於已婚者),都要附帶説明附加之"收"。根據"毛誣講盜牛案"之例,張全民的解釋是:"准許其

121

　　① 石岡浩《収制度の廃止にみる前漢文帝刑法改革の発端——爵制の混乱から刑罰の破綻へ》,《歴史学研究》第 805 號,2005 年。

與妻子團圓，並讓官府賠償其財産損失。"①專修大学《二年律令》研究会則譯爲："重新回到原來的狀態。"②可以説，這都是近於正確的解釋。但是，嚴格説來，因爲財産與生活等不可能"重新回到判決前的狀態"（隱官的生活顯然與判決前不同），所以"重新回到"的對象可能應該視爲限於配偶吧。③

　　根據以上的解釋，將木牘的後半部分翻譯如下：

　　　　九月丙申，沙羨縣的丞甲、史丙釋放辟死爲庶人，並使之娶了原來的妻子。

　　從以上的考證可知，木牘所記載的内容與"毛誣講盜牛案"記

---

　　①　張全民《"隱官"考辨》，吉林大學古籍整理研究所編《吉林大學古籍整理研究所建所十五周年紀念文集》，吉林大學出版社 1998 年，351 頁。

　　②　專修大学《二年律令》研究会《張家山漢簡〈二年律令〉訳注（三）——具律》，《專修史學》第 37 號，2004 年，178 頁。

　　③　尚字的訓詁當爲"配"、"耦"、"對"等。朱駿聲《説文通訓定聲》壯部第一八"尚"字之項，作爲當字的假借字，舉出如下的用例：

又爲當。易泰，朋亡，得尚於中行，注：猶配也。又《漢書・王吉傳》：娶天子女曰尚公主。《史記・絳侯世家》：勃太子勝之尚之，韋昭注：奉也，非。《司馬相如傳》：車王孫自以使女得尚司馬長卿晚。按猶耦也對也。

（朱駿聲）認爲韋昭"奉也"之注"非"，這可能是因爲如《司馬相如傳》所見在嫁給身份不高的人時也用"尚"字。但是，關於《司馬相如傳》的"尚"字，王念孫《讀書雜誌》四《漢書八》"尚魯元公主"有如下的不同看法：

又《司馬相如傳》：卓王孫自以得使女尚司馬長卿晚。師古曰：尚猶配也，義與尚公主同。今流俗書本此尚字做當，蓋後人見前云文君恐不得當，故改此文以就之耳。念孫案：此尚字即當字也，與尚公主之尚不同。古字當與尚通（《史記・魏其武安傳》：非大王立當誰立哉，《漢書》當作尚），故一本作當。《廣雅》：配，當也。當可訓爲配，尚則不可訓爲配。

若據王念孫之説，則"令自尚"就成爲"令自當"的假借。彭浩就"毛誣講盜牛案"的"令自常〔尚〕"解釋爲"隱官可以自由婚配"，就是因爲這種"尚"字的訓詁（彭浩《談〈奏讞書〉中秦代和東周時期的案例》，《文物》1995 年第 3 期，45 頁）。但是，如劉國勝所批評的，講恢復了原來的家庭，並非"自由婚配"（劉國勝《雲夢龍崗簡牘考釋補正及其相關問題的探討》，《江漢考古》1997 年第 1 期，66 頁）。"自尚"之"自"不是"自由"，或許是意味着"與原來的配偶在一起"。

載的再審結果基本一致。可以説，龍崗六號秦墓木牘的原型是記録乞鞫結果的公文書。但是，從人名甲與丙這種符號化的現象判斷，該木牘一定是埋葬所使用的擬製文書。①龍崗六號秦墓的墓主被推定爲男性，遺體没有"下肢骨"，生前有可能受過斬趾刑。②若報告者的觀察屬實，③則辟死儘管是已受肉刑的刑徒，但並非隱官而是成爲恢復了庶人身份者。這點與其説對於辟死之雪冤是事實，毋寧説暗示存在與葬禮伴隨之虚構的可能性。

122

123

─────────────

① 關於隨葬文書的目的，劉昭瑞與黃盛璋無疑解釋爲向來世申告（黃盛璋《邗江胡場漢墓所謂"文告牘"與告地策謎再揭》，《文博》1996 年第 5 期。劉昭瑞《記兩件出土的刑獄木牘》，《古文字研究》第 24 輯，2002 年），但是，本牘的字裏行間没有發現明確表示來世的文字。例如，江蘇省邗江胡場五號漢墓所隨葬的木牘，與龍崗六號秦墓出土的一樣，是記載墓主的"獄事"已經終了的文書，但其開頭則有"卌七年十二月丙子朔辛卯，廣陵宮司空長前丞能敢告土主"，作爲收信人的姓名明確記載着"土主"即地下世界的官吏（揚州博物館、邗江縣圖書館《江蘇邗江胡場五號漢墓》，《文物》1981 年第 11 期）。

② 湖北省文物考古研究所、孝感地區博物館、雲夢縣博物館：《雲夢龍崗六號秦墓及出土簡牘》，《考古學集刊》第八集 1994 年，120 頁。

③ 所謂"下肢骨"是指大腿骨以下的總稱。但是，祗要看一下本章 104 頁圖 2，就可知其下半身的骨骼已經缺損。

第三章

居延出土的册書與漢代的聽訟

序　言

　　本章將以新居延漢簡的兩份册書爲基礎,考察漢代所稱"聽訟"之訴訟。雖然在逐句解讀出土文字史料這點上與前一章之間並無不同,但是作爲本章分析對象的則是載有訴訟個案的文書。

因此,作爲整體的内容,與其説是就程序之原理展開考察,恐怕不如説是以目前所見史料爲根據描繪出"聽訟"之圖像。

　　眾所周知,《周禮·秋官·大司寇》之鄭玄注有這樣的文字:"訟謂以財貨相告者。……獄謂相告以罪名者。"同書《地官·大司徒》鄭注亦可見"爭罪曰獄,爭財曰訟"。不用説,該定義仍有可以提出異議的餘地。如同《周禮·秋官》士師之職曰"凡以財聽獄訟者,正之以傅別約劑",亦非完全没有關於"財"使用"獄"字之例。恐怕不應忽視的是,對鄭玄注也有"爭財爲訟,爭罪爲獄,經無明文,鄭特臆爲之説"這樣的批評。[①]但是,姑且不論經書的世界,若

125

---

①　黃生、黃承吉《字詁義府合按》"義府"卷上。

就秦漢時代的文獻而言，這兩個字的意義範圍在很多場合則是不同的。以"獄"與"訟"來區別事案的性質，與其説是就經書分析的結果，恐怕不如視爲是漢代之現實的反映。與鄭玄同樣的解釋，亦可見於《吕氏春秋·孟秋紀》之高誘注。①

相對於意味着事案的"獄"、"訟"，在表示程序時頻頻出現的則是"斷獄"、"治獄"與"聽訟"、"理訟"這樣的熟語。與"獄"、"訟"之別一樣，這兩組詞也大致分開使用，由此可見其在程序上是有所區別的。但是，在這樣的場合，用字之不同與程序之區別並没有直接的聯繫。"治"、"理"都是指"治理"之意，即使在"獄"之中，聽嫌疑犯的供述也是不可或缺的程序。②關於訴訟程序的實際狀況，可能仍有必要通過具體的事例來進行分析。如上章所論，在稱爲"治獄"的訴訟中，成爲其程序核心的是：通過訊問使嫌疑犯自己承認罪狀，並按照犯罪内容適用相應的刑罰。而漢代人所稱"聽訟"之訴訟是以怎樣的原理爲基礎的呢？又是如何進行審判的呢？再者，"斷獄"、"治獄"與"聽訟"、"理訟"的並存，就可能意味着"法律規定刑事訴訟與民事訴訟有别"③嗎？以下，本章將根據載有"争財"事案的出土文字史料，探討這些問題。

在成爲分析對象的兩份册書之中，一份是廣爲人知的《候粟君所責寇恩事册書》（以下簡稱《候粟君册書》），另一份是據其内容暫稱

126

---

① 《吕氏春秋·孟秋紀》：

是月也……命理瞻傷，察創，視折，審斷決獄訟，必正平，戮有罪，嚴斷刑（高注：争罪曰獄，争財曰訟）。

又，《玉燭寶典》卷二引《月令章句》亦可見："獄，争罪也。訟，争辭也。"

② 因此，並非完全没有"聽獄"這個熟語。例如，《孔叢子·刑論篇》：

孔子適衛，衛將軍文子問曰：吾聞，魯公父氏不能聽獄，信乎。孔子答曰：不知其不能也。夫公父氏之聽獄，有罪者懼，無罪者恥。文子曰：有罪者懼，是聽之察刑之當也。無罪者恥何乎。孔子曰：齊之以禮，則民恥矣。刑以止刑，則民懼矣。

③ 李交發《中國訴訟法史》，中國檢察出版社 2002 年，235 頁。

之爲《駒罷勞病死册書》(以下簡稱《駒罷勞册書》)的一組文書。兩者的共同點在於：都出土於 A8(破城子 Mu-durbeljin)，即位於漢代甲渠候官遺址的、被認爲是檔案庫的小房子(F22)，奇怪的是其上也同樣附有建武三年(27)十二月的日期。如下章詳述的，關於《候粟君册書》這一史料，以往的研究大多集中在闡述爰書功能上。的確，該册書的大部分是由爰書組成的，無疑是彌補傳世文獻之缺憾的珍貴史料。但是，拙見以爲，《候粟君册書》還有一個價值未被發掘並提出明確的認識，此即關於漢代訴訟中審判機關的上下關係問題。

　　關於《駒罷勞册書》，在管見的範圍内並無專論。但是，除了在高恒的論文中作爲"案驗"之例被引用之外，[1]在徐世虹論述民事訴訟程序的論文中，也作爲顯示"判決"實態的史料予以分析。[2]因爲册書的内容發端於死亡小馬的賠償請求，所以可以説與《候粟君册書》一樣是載有"爭財"聽訟程序之特徵的珍貴史料。下節，擬首先嘗試解讀該册書的全文，然後在允許脱離正文主題的基礎上，也想將訴訟的實體層面包括在探討的對象之中。其原因是，本册書在另一方面亦成爲了解漢代邊境警衛之真實面貌的珍貴史料。

127

一、駒罷勞病死册書

　　先看一下《駒罷勞册書》(卷頭插圖一)。其整體是由 16 支簡組成的一組文書，字體是熟練的草書體。其中，15 支簡連續組成一簡一行(寫有紀年的簡背上有署名)的文章；剩下的一支是上端寫有兩行的獨立之簡，從字面看，或可認爲是整個册書的"標題"。

---

　　① 　高恒《漢簡中所見舉、劾、案驗文書輯釋》，李學勤、謝桂華主編《簡帛研究二〇〇一》，廣西師範大學出版社 2001 年。
　　② 　徐世虹《漢代民事訴訟程序考述》，《政法論壇》2001 年第 6 期。

全文的釋文如下。

　　1. 甲渠言，永以縣官事行警檄，牢駒

　　　　燧內中。駒死，永不當負駒。　　　　　　　　（EPF22.186）

　　2. 建武三年十二月癸丑朔丁巳，甲渠鄣候獲叩頭死罪敢
言之。　　　　　　　　　　　　　　　　　　（EPF22.187A）

　　3. 府記曰：守塞尉放記言，今年正月中，從女子馮足借馬
一匹，從今年駒。四月　　　　　　　　　　　（EPF22.188）

　　4. 九日，詣部，到居延收降亭，馬罷。止害燧長焦永行檄
還，放騎永所用驛　　　　　　　　　　　　　（EPF22.189）

　　5. 馬去，永持放馬，之止害燧。其日夜人定時，永騎放馬
行警檄，牢駒　　　　　　　　　　　　　　　（EPF22.190）

　　6. 燧內中，明十日，駒死。候長孟憲、燧長秦恭皆知狀。
記到，驗問明處言。　　　　　　　　　　　　（EPF22.191）

　　7. 會月廿五日。前言解。謹驗問放、憲、恭，辭皆曰：今
年四月九日，憲令燧長焦永行　　　　　　　　（EPF22.192）

　　8. 府卿蔡君起居檄，至庶虜還，到居延收降亭，天雨。永
止須臾去，尉放使　　　　　　　　　　　　　（EPF22.193）

　　9. 士吏馮匡呼永曰：馬罷，持永所騎驛馬來。永即還與
放馬，持　　　　　　　　　　　　　　　　　（EPF22.194）

　　10. 放馬及駒，隨放後，歸止害燧。即日昏時，到吞北，所
騎馬更取留燧驛馬一匹，　　　　　　　　　　（EPF22.195）

　　11. 騎歸吞遠燧。其夜人定時，新沙置吏馮章行殄北警
檄來。永求　　　　　　　　　　　　　　　　（EPF22.196）

　　12. 索放所放馬，夜冒不能得。還騎放馬行檄，取駒牢燧
內中去，到吞北燧　　　　　　　　　　　　　（EPF22.197）

　　13. ……罷……中步到……俱之止害燧，取駒去，到
　　　　　　　　　　　　　　　　　　　　　　（EPF22.198）

128

14. 吞北燧下，駒死。案，永以縣官事行警檄，恐負時騎放馬行檄。駒素罷勞病死。　　　　　（EPF22.199）

15. 放又不以死駒付永，永不當負駒。放以縣官馬擅自假借，坐臧爲盜。請行法。　　　　　　（EPF22.200）

16. 獲教勅要領放毋狀，當並坐。叩頭死罪死罪敢言之。
　　　　　　　　　　　　　　　　　　　　（EPF22.201）

2' 掾譚、尉史堅。　　　　　　　　（EPF22.187B）

　　根據原簡照片，簡 10 "留燧"二字是以小字寫在"取驛"二字的右側，很有可能是追記的。簡 3～4 的"從今年駒。四月九日"，如高恒所指出的，可能是"從駒。今年四月九日"的誤記。[1]又，簡 14 所見鉤狀標記，當是附加的候官對於案件判斷的部分，是表示"確認完畢"的符號。雖然散見於敦煌文書等，[2]但是漢簡中幾乎没有類似的例子。

　　以下，對其中若干語句加以注釋。

　　府記曰：守塞尉放記言　　"府"這一稱呼，在居延、敦煌漢簡中，都是指郡太守府、都尉府。如後所述，即使在《候粟君册書》中起訴之目的地也是"府"，俞偉超斷定該"府"爲太守府。[3]都尉府本來的性質是軍事機關，這樣説的理由是建武六年以後似乎成爲"稍有分縣，治民比郡"。[4]但是，居延漢簡有通過肩水都尉府回收貸款之例（第四章 103 簡）；關於聽訟之類的職務，即使建武六年以前，似乎也可見到都尉府的參與。又，在《駒罷勞册書》中，甲渠候官的屬吏

---

①　高恒《漢簡中所見舉、劾、案驗文書輯釋》，李學勤、謝桂華主編《簡帛研究二〇〇一》，廣西師範大學出版社 2001 年，302 頁。

②　林聰明將敦煌文書所見同樣的符號稱爲"勘驗符"（林聰明《敦煌文書學》，新文豐出版公司 1991 年，265—267 頁）。

③　俞偉超《略釋漢代獄辭文例——一份治獄材料初探》，《文物》1978 年第 1 期。

④　《續漢書·百官志五》。

作爲起訴之目的地,與其説在郡治位於 200 公里以南之觻得縣的
張掖太守府,毋寧説在不到 30 公里之 K688 遺址的居延都尉府,
這樣的看法可能更爲自然。①因此,在《候粟君册書》、《駒罷勞册
書》中,所謂"府"是指都尉府的看法,也許都是較爲妥當的。順便
説一下,"府記"之"記"是府所發出的下行文書的一種,亦稱爲
"教"。②另一方面,"放記"之"記"是守塞尉(代理塞尉)放這個人提
交給府的奏記,如下文所見,在本册書中要求焦永賠償,起着申訴
書的作用。

候長孟憲、燧長秦恭皆知狀　所謂"知狀"是"了解情況"的意
思,其用例如"妻君寧時在旁知狀"。③在這裏,作爲"知狀"而提到
候長孟憲之名的原因是,如簡 7～8"憲令燧長焦永行府卿蔡君起
居檄"所説,他是命令焦永傳達檄的頂頭上司。又,同時也言及燧
長秦恭(在簡 11 可見其擔任吞遠燧燧長),這是因爲他當時知道
"放"之行動的一部分情況。秦恭是吞遠燧長,這可以由以下兩支
簡證明。

　　17. 而不更言請〔情〕,辤所出入罪反罪之律辦〔辯〕告,乃
　　爰書驗問恭,辤曰:上造,居延臨仁里,年廿八歲,姓秦氏。往
　　十餘歲,父母皆死,與男同産兄弟異居。以更始三年五月中,
　　徐爲甲渠吞遠燧長。　　　　　　　　　　　　　(EPF22. 330)

　　18. 建武四年三月壬午朔己亥,萬歲候長憲敢言之。官

130

　　①　宋會群、李振宏《居延甲渠候官部燧考》,收入李振宏《居延漢簡與漢代社會》,
中華書局 2003 年。羅仕傑《漢代居延遺址調查與衛星遥測研究》,臺灣古籍出版有限
公司 2003 年。
　　②　鵜飼昌男《漢代の文書についての一考察——"記"という文書の存在》,
《史泉》第 68 號,1988 年。連劭名《西域木簡中的記與檄》,《文物春秋》1989 年第
1、2 期。
　　③　《漢書》卷九二《陳遵傳》。

記曰：第一燧長秦恭，時之懼起燧，取鼓一，持之吞遠燧。李
丹、孫詡證知狀。驗問具言。前言狀。·今謹召恭詣治所，驗
（EPF22.329）

這是圍繞置於烽燧的大鼓之所在冊書的一部分，其内容將在
下章闡述。簡 17 可見"更始三年五月中，徐爲甲渠吞遠燧長"的秦
恭，無非就是《駒罷勞病死冊》所説的"燧長秦恭"。根據簡 18，他
似乎在建武四年（28）三月以後的某一時刻遷爲第一燧長，在發生
駒死事件的建武三年四月的階段，一定仍在擔任吞遠燧長。順便
説一下，如果簡 18 的"萬歲候長憲"這個人就是已被焦永命令傳達
檄的候長孟憲，那麼在建武三年的時候，負責管轄止害燧者就已經
是萬歲候。

驗問明處言　所謂"驗問"，如截止前章所述的，是指審訊、訊
問。"明處"一詞，亦可見於《候粟君冊書》之"府録，令明處"，與《駒
罷勞冊書》一樣，出現在府所下達給下級機關的文書之中。關於其
語義，從以下所引《論衡·案書篇》有所了解。

　　卿決疑訟，獄定嫌罪，是非不決，曲直不立，世人必謂卿獄
之吏才不任職。至於論，不務全〔詮〕疑，兩傳並紀，不宜〔肯〕
明處。孰與剖破混沌，解決亂絲，言無不可知，文無不可曉哉。

　　在鄉決疑訟、獄定嫌罪時，若是非不決，曲直不立，則世人
必謂鄉獄之吏無能、不稱職。至於論，則不務詮疑，兩傳並紀，
不肯明處。與剖破混沌，解決亂絲，言無不可知，文無不可曉，
哪一個更好呢？

131　　"卿"字，從裘錫圭之説改讀爲"鄉"。①如鄉官與獄官裁判訴訟
之際是非曲直模棱兩可，則社會上的人们就會非難其作爲官吏是

不合格的。然而，事情一到著述，分不清是甲還是乙的含糊態度就被容許，這是怎么回事——王充批評的要點即在於此。由於在此質疑"不肯明處"與"剖破混沌，解決亂絲"究竟哪個是最好的著述態度，因此這裏所謂"明處"一定是指"明確表示自己的判斷"的意思。黃暉的注釋説："處謂辨證也，"①或許也可支持該解釋。總之，册書所謂"驗問明處言"，是要求審訊相關當事人，對案件下一個明確的判斷並報告其結果的用語。

　　前言解　如第二章第二節所詳述的，"解"是指解釋、辯解。因此，所謂"前言解"可以譯爲"此前已經解釋了"。②這句話分別出現在《候粟君册書》從鄉到縣的答覆之中，以及前揭簡 18 以"前言狀"的形式由候到候官的回信之中。《駒罷勞册書》所述"此前已經解釋過"的，是訊問一方當事人焦永的文書，因爲放、憲、恭等的驗問也許事先已經送到府了。另外，也有意見認爲，"前言解"很有可能是暗示下行文書結束的慣用語。③在前章第二節所引長沙走馬樓吳簡的上行文書 J22-2540 中亦可見"乞曹重列言府，傅前解"，根據現有史料，裘説較爲妥當。

　　府卿蔡君起居檄　因爲檄是一種下行文書，所以不應送往府，此處祇有解釋爲"來自府卿蔡君的起居之檄"。"起居之檄"雖不是耳熟能詳之語，但發端於對匈奴侵入保持高度警戒之際，可能就是要求"起居"即行動没有差錯的告誡佈告。在居延地區近年出土的額濟納漢簡，可見"吏卒謹候望，即見匈奴人，起居如烽火品約"（2000ES9SF3：1）。這可能就是"起居"的用例。④若

132

---

① 《論衡校釋》卷二九。
② 裘錫圭《新發現的居延簡的幾個問題》，收入氏著《古文字論集》，中華書局 1992 年，613 頁。
③ 淺原達郎《牛不相当穀廿石》，《泉屋博古館紀要》第 15 卷，1998 年。
④ 據李均明研究，該木簡是烽火品約中的一隻。李均明《額濟納漢簡法制史料考》，魏堅主編《額濟納漢簡》，廣西師範大學出版社 2005 年，60 頁。

然,則指示"起居"的"府卿",當然就成爲以邊境防備爲職責的都尉府之長。

永即還與放馬,持放馬及駒,隨放後,歸止害燧　要注意這裏的"還"、"歸"二字。兩字都可訓爲"かえる(回去)",但很清楚二者是分開使用的。如簡4所明記的,因爲焦永是止害燧長,所以可能是特別將"回(かえる)"到其本來的工作崗位止害燧之事表達爲"歸"。而在被從收降亭叫回來即"返回(ひきかえす)"的場合則使用"還"字。總之,所謂"歸"不衹是"返回(もどる)",也許是用於表示回到其所住地方這種場合的文字。①如果可以這樣認爲的話,那麼關於"歸"字的另一個用例簡11所謂"騎歸吞遠燧"這一句,如下的推定也許就成爲可能。即第一,此處"歸"到吞遠燧的主體不可能是焦永,大概是放。第二,居於守尉塞之職的放所"歸"之吞遠燧是與其他諸燧略有不同的燧,大概是吞遠部的治所所在之燧。簡4所謂"詣部"之"部",可能就是指該吞遠部。

夜冒不能得　"冒"是一個比較眼生的字,但亦可見於如下的漢簡中:

　　　　□内郡蕩陰邑焦里田亥告曰,所與同郡縣□
　　19.☑□死,亭東内中,東首,正偃,冒冥,口吟,兩手捲,足展,衣☑
　　　　□當時死,身完,毋兵刃木索跡,實疾死審,皆證☑

133
　　　　　　　　　　　　　　　　　　(EPT58.46)

後兩行是勘驗屍體的記錄。"死〔屍〕,〔在〕亭東内中,東首,正偃"這一表達,酷似睡虎地秦簡《封診式》之題爲《賊死》爰書所見的

---

①　荻生徂徠在《訳文筌蹄》中解釋"歸"字:"是指回到原來出來的地方。是在表示歸處這一種情況下使用的字"。不用説,若硬要區別則會有這樣的看法,但"歸"字並不總是這樣的意思。

"男子死〔屍〕在某室,南首,正偃"。但是,《賊死》講的是有關他殺
屍體的檢驗,而簡 19 從其末尾的字句看很清楚是以病死者爲對象
的,或者可以推定爲"卒病死爰書"的片斷。成爲問題的"罟"字,構
成爲"罟冥"一詞,與"口吟(閉上嘴)"、"兩手捲"、"足展"等表示屍
體狀態的詞一起出現。又,在香港中文大學文物館藏簡牘中,將名
叫序寧的女性死去的情景表達爲"頭望目窅,兩手以捲"、"頭望目
顛,兩手以抱"。①"罟"是這個"窅"(即"窈")字的異體字,也許是意
味着因"黑暗"導致"眼睛不能看見"之語。如果是這樣的話,"夜罟
不能得"就意味着"因夜黑看不見故不能捕馬"。

坐臧爲盜　此語亦可見於《漢書》卷五《景帝紀》之元年秋七月
條,具體如下:

> 廷尉信謹與丞相議曰:吏及諸有秩受其官屬所監、所治、
> 所行、所將,其與飲食計償費,勿論。它物,若買故賤,賣故貴,
> 皆坐臧爲盜,没入臧縣官。

> 廷尉信謹與丞相議曰:吏及諸位有秩,如接受其官屬之所
> 監、所治、所行、所將,所給與的飲食按價收費者,勿論。接受
> 其他東西,若買則故意賤,若賣則故意貴,這些都是坐臧爲盜,
> 將臧没入縣官。

這是規定對從被監督與現場檢查的對象手中接受的酒宴、賄
賂,以及按不正當價格買賣物品且已獲取利益的官吏進行處罰之
奏議的一節。所謂"坐臧爲盜",就意味着"按照非法接受或者買賣
財物的定價額適用盜竊罪"。若然,則《駒罷勞冊書》之"坐臧〔臧〕
爲盜"也一樣,或許可以譯爲"按照擅自借用的縣官驛馬的定價額
適用盜竊罪"。另,簡 15 所謂"縣官",與簡 14"縣官事"以及前揭

134

---

①　陳松長《香港中文大學文物館藏簡牘》,香港中文大學文物館 2001 年。李均明
《讀〈香港中文大學文物館藏簡牘〉偶識》,《古文字研究》第 24 輯,中華書局,2002 年。

《景帝紀》"没入贓縣官"等用例相同,意指朝廷或國家。①既然是
"留燧之驛馬",就不應該是縣所有的馬。

獲教勅要領放毋狀,當並坐　"勅〔敕〕某某毋狀"這一説法,也
出現於如下的簡中:

> 20.燧長侯倉、候長樊隆皆私去署。誠教勅吏毋狀,罪當
> 死。叩頭死罪死罪敢言之。　　　　　　　　　　(EPF22.424)
>
> 燧長侯倉、候長樊隆都因私事離開了部署。誠教勅吏毋
> 狀,其罪應處以死刑。叩頭死罪死罪,特此報告。

在這裏,對於屬下的燧長、候長們因自己的私利而離開工作
崗位一事,處於候之立場的誠,理應道歉説:"教勅吏毋狀。"該場
合的"毋狀"是説:"自言行爲醜惡無善狀。"②總之,所謂"教勅
〔敕〕某某毋狀",是處於教導屬吏立場者將其有所疏忽之處向上
級機關道歉的表達形式。如佐原康夫所指出的,"與其説是道歉
文或檢討書,毋寧可以認爲是一種試探性的辭呈"。③"獲教勅要
領放毋狀"一句,可能也是甲渠鄣候獲以對守塞尉放教導不夠爲

---

① 在秦漢時代,"縣官"一語意味着朝廷,更進一步講是天子。這已是廣爲人知
的。例如,《鹽鐵論·散不足篇》:

> 今縣官多畜奴婢,坐稟衣食,私作産業,爲奸利,力作不盡,縣官失實。百姓或
> 無斗筲之儲,官奴累百金,黎民昏晨不釋事,奴婢垂拱遨遊也。

又,《史記》卷五七《絳侯周勃世家》"庸知其盜買縣官器",《索隱》曰:

> 縣官,謂天子也。所以謂國家爲縣官者,夏家王畿内縣即國都也,王者官天
> 下,故曰縣官也。(張文虎《校刊史記集解索隱正義劄記》卷四:縣官索隱夏家……
> 案:二字疑即上文官者二字之誤衍。)

《索隱》説:所謂"國家"即指天子。吉本道雅認爲,這種意義的"縣官",本來是齊、魯等
東方諸國所使用的,而秦所使用的與之對應的詞則是"公"(吉本道雅:《墨子兵技巧諸
篇小考》,《東洋史研究》第62卷第2號,2003年,59頁)。

② 《漢書》卷六五《東方朔傳》師古注。

③ 佐原康夫《居延漢簡に見える官吏の処罰》,《東洋史研究》第56卷第3號,
1997年,26頁。

理由而向都尉府提出的試探性辭呈。"要領",或與"約束"等一樣,大概是指"管教、監督"。對部下教導不夠就是違反法令,這將在第三節再述。

在以上注釋的基礎上,試着翻譯全文。爲了便於討論,根據其内容將全文劃分爲六個段落。

Ⅰ　甲渠候官説:"永是以公務傳送警檄的。將小馬圈在燧的室内,小馬雖已死,但永不必賠償。"

Ⅱ　建武三年(27)十二月癸丑朔丁巳(五日),甲渠鄣候獲誠惶誠恐地報告。

Ⅲ　根據府記所載:"代理塞尉放奏報説:'今年正月中,從女子馮足處借馬一匹(帶有小馬)。今年四月九日前往部,到居延縣的收降亭時,馬就累了。正在這個時候,止害燧長焦永行傳送檄回來,因此放就騎上永所用驛馬往前走,永則牽着放(帶着小馬一起借來)的馬去了止害燧。那天夜裏的人定時,永騎放的馬去傳送警檄,(其間)將小馬圈在燧的室内,第二天即十日小馬卻死了。候長孟憲與燧長秦恭都知道這件事。'如果收到府記,就在審問之後作出明確的判斷並予以報告。在本月二十五日集合。"(這件事)已經解釋了。

Ⅳ　經謹慎驗問放、孟憲、秦恭,其均陳述如下:"今年四月九日,孟憲命令燧長焦永,爲傳送來自府卿蔡君的起居之檄而去了遮虜燧。(由那裏)回到居延收降亭時,因爲下了雨,所以永就停下來但很快就走了。於是,塞尉放派士吏馮匡叫永停下,並説:'因爲馬累了,所以把永所騎的驛馬牽來。'永立即返回,將驛馬交給放,並(替)放牽着他的馬及小馬,跟隨放回到了止害燧。放在那天黄昏時到吞北燧,在那裏用所騎的馬換了一匹備用的驛馬,騎回了吞遠燧。那天夜裏人定時,新沙置之吏馮章來傳送殄北候官的警檄。永尋找放所放開的驛馬,但是因爲夜黑看不見,未能找到,所以決定返回騎放的馬去傳送檄,就將抓到的小馬圈在燧的室内,(拿着檄、騎着放的馬)前往吞北燧。……一起去止害燧,拉出小馬,剛來到吞北燧附近,小馬就死了。"

Ⅴ　案:焦永是作爲公務傳送警檄,且擔心浪費時間就騎放的馬去傳送檄。小馬本來是因疲勞而病死的。因爲放也並没有將已死的小馬交給焦永,所以永不必賠償小馬。放擅自借用了公用之馬,因此應按照馬的定價適用盜竊罪。請求執行法律。獲教導放無狀,應與放一起坐罪。

Ⅵ　叩頭死罪,特此報告。

　　　　掾譚、尉史堅。

簡13的上半部分缺損,雖然存在半截簡情況不明之處,但是如果這樣推定其内容,即"放既然已回到吞遠燧,爲了拉出自己的馬而前往止害燧,在半路上與傳送檄到吞北燧正返回來的焦永重逢",則也可以與"一起去止害燧(俱之止害燧)"連接起來。這樣,則前後條理清晰,文意亦吻合。

按照以上的翻譯,歸納一下由《駒罷勞册書》所解讀的訴訟過程。最初的開端在於,代理塞尉放在給都尉府的奏記中控告了焦永。控告的内容雖在册書中没有明記,但一定是説讓他賠償已死的小馬——其本身與老馬,是放一起向他人借用的——因此府將該記下達給候官,並指示"驗問明處言"。在此,甲渠候官成爲下達記之目的地,其意義後將再予以詳述。(以上Ⅲ)接到該記的候官訊問放與孟憲、秦恭三人。孟憲、秦恭都是作爲放的"知狀"者而被提到其名字的人物。該程序相當於府記所説的"驗問"。在這裏,雙方當事人之中衹有放受到了訊問,這如同在"前言解"之注釋所推測的,也許因爲對焦永的訊問已經結束了。若然,則該《駒罷勞册書》可能祇不過是圍繞案件的相關文書的一半。由訊問的結果可以判明的是，焦永一方沒有過失，而放擅自使用驛馬卻是事實。（以上Ⅳ）根據該驗問，甲渠候郭獲陳述自己對該案件的判斷。其要點有二："焦永不必向放賠償小馬"，"擅自借用公用驛馬的放之行爲構成盜竊罪"。這段相當於府記所要求的"明處"。（以上Ⅴ）以上的結果是，作爲添加了結尾（Ⅵ）與開頭（Ⅱ）的上行文書，被候官提交到了府。此時，候官方面爲了留底，就寫成册書，在附加了標題簡之後，將它保存在文書庫之中。此無非即由破城子 F22 出土的本册書。全文以草書體書寫，這意味着其爲副本文書。

138

二、候粟君所責寇恩事册書

接着，考察《候粟君册書》中所見的訴訟過程。本册書共由 36 支簡構成。由同出之楬所見"建武三年十二月候粟君所責寇恩事"可知，其名稱即爲此。關於册書的構成，將留待下一章進行討論，但其整體由四份册書構成則是無疑的（參見下章 160 頁）。本節的討論對象是其後半部分所載的訴訟程序，從其開頭所稱附有日期的"辛未文書"、"己卯文書"來看，這是兩份公文書（卷頭插圖二、三）。以下所揭則是其部分釋文，並仿照《駒罷勞册書》嘗試注釋其語句。但是，關於訴訟的實體層面將留待相關的論考，在此僅考察其必要之程序層面的問題。

　［辛未文書］

　21. 建武三年十二月癸丑朔辛未，都鄉嗇夫宮敢言之。廷移甲渠候書曰：去年十二月中，取客民寇恩爲就，載魚五千頭到觻得，就賈用牛一頭穀廿七石。恩願沽出時行錢卌萬，以得卅二萬，又借牛一頭　　　　　　　　　　（EPF22.29）

22. 以爲𩍐，因賣不肯歸，以所得就直牛償不相當廿石。書到，驗問治決言。前言解。廷卻書曰：恩辭不與候書相應，疑非實。今候奏記府，

139

願詣鄉爰書是正。府録，令明處。　　　　（EPF22.30）

23. 更詳驗問治決言。謹驗問恩辭，不當與粟君牛不相當穀廿石，又以在粟君所器物直錢萬五千六百，又爲粟君買肉雜穀三石，又子男欽爲粟君作賈直廿石。皆 盡 償 所 負

（EPF22.31）

24. 粟君錢畢。粟君用恩器物弊敗，今欲歸，恩不肯受。爰書自證，寫移爰書，叩頭死罪死罪敢言之。　　　　（EPF22.32）

［己卯文書］

25. 十二月己卯，居延令　守丞勝移甲渠候官候 所 責男子寇恩 事 ，鄉

置辭，爰書自證。寫移書 到 ……辭爰書自證（EPF22.34）

26. 須以政不直者法，亟報。如律令。　　　　掾黨、守令史賞　　　　（EPF22.35）

廷移甲渠候書曰　這一句可以解釋爲"廷派人移送的甲渠候官之書説"，不是"廷移送甲渠候官之書説"，更不是"廷移送給甲渠候官書説"。其原因是，雖然本章係省略引用，但是根據構成《候粟君册書》之前半部分的"乙卯册書"與"戊辰册書"的開頭，明言都鄉嗇夫"以廷所移甲渠候書"傳喚並驗問寇恩。也有將該"甲渠候書"視爲粟君之訴狀的見解，[①]但是訴狀的末尾是不可能以"書到，驗問治

---

① 俞偉超《略釋漢代獄辭文例——一份治獄材料初探》，《文物》1978 年第 1 期。張建國《居延新簡"粟君責寇恩"民事訴訟個案研究》，收入氏著《帝制時代的中國法》，法律出版社 1999 年。

決言”這種表示執行之文字結尾的。①即使“候粟君”之“候”與“甲渠候”之“候”同義，是“候官之長”的意思，冊書所明記“甲渠候”之處，或許都作爲與粟君不是同一人而是另一個人的理解，也是較爲妥當的。否則，就已起訴到府的訴訟而言，不能不讓人假想會出現自己擔任審理之一端的這樣奇異的情況。如《駒罷勞冊書》所明了的，在建武三年十二月的這個時候甲渠候（甲渠鄣候）是名叫“獲”的人物，而根據鵜飼昌男的研究，“獲”之姓爲“張”，與粟君並非同一人的可能性很大。②冊書所見粟君的表達是“候粟君”或“候”，没有記載爲“甲渠候粟君”之處。確立“粟君＝甲渠候”這一前提來解釋《候粟君冊書》，恐怕應該從根本上再予以進一步的探討。

　　前言解。廷卻書曰　所謂“前言解”如《駒罷勞冊書》的語釋部分所述，是指“此前已經解釋了”。在此是指按照居延縣廷所轉送來的甲渠候的指示，已送達寇恩之陳述結果（“乙卯文書”）的事實。也有將“廷卻書”釋讀爲“廷郵書”之説，③這裏擬從裘錫圭之解釋，即其意思是縣廷退回了由都鄉嗇夫所提出的最初寇恩之陳述。④張建國注意到張家山漢簡《奏讞書》所説“解書廷”，在將其句讀爲“前言解廷，卻，書曰”的基礎上，解釋爲：“前次的治決言報送縣廷，被退回，（縣同時發來的）文書説……”⑤雖是很有意思的説法，但如前揭簡 18 文末也有僅記“前言狀”之例，該解釋是不成立的。

────────────

　　①　也不能解釋爲簡 22 的“償不相當廿石”之前是粟君的訴狀。這是因爲，如這樣解釋，則後續“書到，驗問治決言”就失去主語，就不清楚是誰下的指示。

　　②　鵜飼昌男《建武初期の河西地域の政治動向——〈後漢書・竇融傳〉補遺》，《古代文化》第 48 卷第 12 號，1996 年，28—30 頁。

　　③　甘肅居延考古隊簡册整理小組“建武三年粟君所責寇恩事”釋文》，《文物》1978 年第 1 期。

　　④　裘錫圭《新發現的居延簡的幾個問題》，收入氏著《古文字論集》，中華書局 1992 年，613 頁。

　　⑤　張建國《居延新簡“粟君責寇恩”民事訴訟個案研究》，收入氏著《帝制時代的中國法》，法律出版社 1999 年，325—326 頁。

願詣鄉爰書是正 關於這部分，何四維説不能理解其意思。[1]
確實難以理解，但從上下文來看，無疑是指粟君之要求的内容。如
下章再探討的那樣，根據《候粟君册書》前半部分的"乙卯册書"與
"戊辰册書"，則都鄉嗇夫官兩次經歷"召恩詣鄉"，宣告如下的對於
虚假陳述的罰則規定：

141
> 證財物故不以實臧五百以上，辭已定滿三日而不更言情
> 者，以辭所出入罪反罪之律。

> 在作證時故意以不實提供財物數目臟五百以上者，如果
> 供述後滿三日仍没有改正並説出實情，就以其供述所出入之
> 罪反坐之。

在宣告完該"證不言情律"[2]之後，就要根據爰書進行驗問。如
果是那樣，所謂"願詣鄉爰書是正"不就是粟君請求第二次驗問即
"請求鄉傳唤寇恩改正最初的爰書"嗎？在謝桂華論文中譯作"同意
去鄉糾正爰書"，[3]但是，"願"不是"同意"，按文字講恐怕是"請求"的
意思吧。順便説一下，候粟君請求府奏記並"改正爰書"，這暗示寇
恩最初的陳述已經送到了都尉府。如果是那樣，則可以認爲其情況
大概是：縣廷暫時先收到都鄉嗇夫的報告，然後轉交候官——候官
再報告都尉府——後來，也許接到來自候官的指示"退回"給鄉。

府録，令明處。更詳驗問治決言 關於"府録"，俞偉超舉出將
候官的指令稱爲"官録"的敦煌漢簡之例（T. xv. a. i. 6/Ch536），並
認爲可能是"太守府的命令"。[4]如前所述，太守府説是不成立的，

---

① Hulsewé, A. F. P. A Lawsuit of A. D. 28, *Studia Sino-Mongolica*: *Festschrift für Herbert Franke*, Wiesbaden. 1979；33.

② 連卲名《西域木簡所見〈漢律〉中的"證不言情"律》，《文物》1986 年第 11 期。

③ 謝桂華《〈建武三年十二月候粟君所責寇恩事〉考释》(吉村昌之譯)，《史泉》第 73 號，1991 年，17 頁。

④ 俞偉超《略釋漢代獄辭文例——一份治獄材料初探》，《文物》1978 年第 1 期，40 頁。

而居延漢簡也可見"府録"（EPT65.270）、"官録"（EPT49.85）、"使
者治所録"（EPF22.360）等之例，"録"可能的確是稍微類似於"記"
之指示書的名稱。來自該都尉府的指示，首先下達給候官，再由候
官轉交給居延縣。如"己卯文書"所見，居延縣將驗問寇恩的結果
遞送給甲渠候官，這也許是來自都尉府的指示經由候官送達的佐
證。關於"明處"，已述。所謂"令明處"是不常見的句法，但在命令
修繕社稷壇的居延漢簡中，則有"謹脩治社稷，令鮮明"。①在命令
勸農土牛的《張景碑》（後述）中，可見"明檢匠所作務，令嚴"的指
示。這恐怕都是指示嚴格執行命令的文字。"令明處，更詳驗問治
決言"這一來自府的指示，相當於《駒罷勞册書》所説的"驗問明處
言"。所述進行"更詳"的驗問，暗示這樣的情況：最初的驗問也是
根據都尉府的指示——因此粟君起初就是到都尉府起訴的。②

142

須以政不直者法，亟報　初師賓、蕭亢達將"己卯文書"稱爲
"論報文書"，視之爲記錄以"政不直"之罪論處粟君的居延縣廷判
決的文書。③何四維也同樣譯爲："He must be condemned
according to the rule for 'dishonesty in the administration'."④
（根據有關"政不直"之法的規定應該受到有罪的判決。）筆者在舊
稿中亦曾從此説。但是，祇要看一下册書的字面，就不會認爲粟君
的行爲屬於政務上的"不直"。正如裘錫圭所指出而引起淺原達郎

①　竺沙雅章《居延漢簡中的社文書》，冨谷至編《辺境出土木簡の研究》，朋友書
店 2003 年。

②　在構成《候粟君册書》的四份文書之中，記載最初驗問結果的"乙卯册書"的筆
跡，較之其他文書的字體潦草，暗示其可能爲副本文書。作爲原件——那是由居延縣
送來的——的下落，除了看作送達到都尉府之外，没有别的。反過來説，則這意味着最
初的驗問也是按照都尉府的指示進行的。

③　初師賓、蕭亢達《居延新簡〈責寇恩事〉的幾個問題》，《考古與文物》1981 年第 3
期，114 頁。

④　Hulsewé, A. F. P. A Lawsuit of A. D. 28, *Studia Sino-Mongolica*: *Festschrift
für Herbert Franke*, Wiesbaden. 1979:29.

注意的，此處正確的解釋可能是將"須"讀爲"待"、"政"讀爲
"正"。①《史記》卷一〇六《吳王濞列傳》曰：

> 降者赦其罪復故，不降者滅之。王何處，須以從事。

> 降者赦其罪恢復原來狀態，不降者滅之。王何去何從，待
> 確定後再從事。

143　如《正義》所注"待王定計，以行事"，所謂"須以〇〇"即指"等待結
果做〇〇"。又如《後漢書》列傳第三四《張禹傳》有：

> （元和）三年，遷下邳相。……功曹史戴閏，故太尉掾也，
> 權動郡內。有小譴，禹令自致徐獄，然後正其法。自長史以
> 下，莫不震肅。

> （元和）三年，遷爲下邳之相。……功曹史戴閏，原爲太尉
> 之掾，權震郡內。因犯有小譴，禹就命他自己到徐縣監獄，然
> 後依法處罰。自長史以下的官吏，莫不震肅。

所謂"正〇〇法"說的是"依法對〇〇定罪"。總之，所謂"須以政不
直者法"就是"待以正不直者法"，即"等審理結果下來後，依法對不
直之人定罪"的意思。該解釋的妥當性，由裘氏論文也引用一部分
的以下之漢簡所證實：

> 任小吏忘爲中程，甚毋狀，方議罰。檄到，各相與邸校，定
> 吏當坐者言，須行法。（55.13＋224.14＋224.15/勞圖253）

> 推薦小吏時忘了要符合規定，甚毋狀，應議罰。若收到該
> 檄，則各自檢查相關的倉庫，確定吏應坐罪者的供述，等候對
> 其依法懲處。

----

① 裘錫圭《新發現的居延漢簡的幾個問題》，收入氏著《古文字論集》，中華書局
1992年。淺原達郎：《牛不相当穀廿石》，《泉屋博古館紀要》第15卷，1998年。

這大概是指示對私吞公有財物的吏進行處罰之檄的一部分。這裏所説的"吏當坐者言，須行法"的表達，無疑相當於《候粟君册書》之"須以政不直者法"。另外，"須以政不直者法"這句話，雖然被記在寄給候官的文書之中，但是與《駒罷勞册書》的"請行法"一樣，其内容最終都應被傳到都尉府。作爲請求回答的常用句"趣報"，從語意上看可能也是"要甲渠候官馬上回報的意思"。[1]但正確的解釋，也許應該是："都尉府的決定一下來，就希望趕緊轉交並予以回答。"

144

根據以上的解釋，試着翻譯"辛未、己卯文書"。與《駒罷勞册書》一樣，按内容分段。

〔辛未文書〕

A　建武三年（27）十二月癸丑朔辛未（十九日），都鄉嗇夫宫報告。

B　由居延縣廷所移送來的甲渠候的文書説："去年十二月中，雇用客民寇恩，讓他用車載五千條魚到觻得縣去賣。工錢是價值相當於穀物二十七石的一頭耕牛。恩保證在出賣時，總價款可達行錢四十萬，[2]但得到的是三十二萬。又將所借用來運輸一頭牛賣掉了而不肯歸還，想以作爲工資的牛來

① 裘錫圭《新發現的居延漢簡的幾個問題》，收入氏著《古文字論集》，中華書局1992年，614頁。

② 雖可暫將"恩願沽出時行錢卌萬"這句譯爲"保證在出賣時，總價款可達行錢四十萬"，但實際上如淺原達郎所説，"這樣一字一字未必能正確地理解"（淺原達郎：《牛不相当穀廿石》，《泉屋博古館紀要》第15卷，1998年，55—56頁）。"行錢"，如謝桂華所指出的是"市場流通的合法的官鑄錢"（謝桂華《〈建武三年十二月候粟君所責寇恩事〉考釈》（吉村昌之譯），《史泉》第73號，1991年，9頁）。張家山漢簡可見如下這樣有關"行錢"的規定（二年律令197—198，pp. 159—160）：
　　錢徑十分寸八以上，雖缺鑠，文章頗可智〔知〕，而非殊折及鉛錢也，皆爲行錢。金不青赤者，爲行金。敢擇不取行錢、金者，罰金四兩。
另外，從建武六年行河西五郡大將軍竇融發出的佈告所説"自今以來獨令縣官鑄作錢……禁吏民毋得鑄作錢及挾不行錢"（EPF22：38—39），可以窺見建武初年私鑄錢在河西橫行之一斑（何雙全：《竇融在河西》，《雙玉蘭堂文集》，蘭臺出版社2001年，599頁）。

補償差額二十石。如收到書到，就在調查之後，報告所確定的結果。"(這件事)已經解釋了。

C　縣廷退回(先前解釋的)文書，說："寇恩的陳述與來自甲渠候的文書不一致，懷疑不是事實。現在，候(粟君)向府奏記，請求讓(寇恩)前往鄉修改先前的爰書。府所發來的指示說：'要明確地下判斷，再詳細調查，并報告所確定的結果。'"

D　經詳細驗問恩的陳述可知，不必給粟君牛的差額穀物二十石，因爲在粟君那裏的器物還價值一萬五千六百錢，爲粟君買肉與穀物共計三石，兒子欽爲粟君打工的工錢有二十石。以上這些合在一起，就足以將欠粟君的債務全部還清了。因爲粟君使用恩的器物并有了損耗，所以雖然他想返還，但是恩不肯接受。(以上此點)已經根據爰書自證。

E　寫移爰書，叩頭死罪死罪，謹此報告。

[己卯文書]

F　十二月己卯(二十七日)，居延縣令某〔一字空白〕、代理丞勝送達給甲渠候官。附有候(粟君)要求男子寇恩還債一件，已在鄉裏陳述，并根據爰書自己作了證明。如收到寫移文書，就待……對不直者依法定罪，並迅速報告(結果)。以上，如律令。
　　　　　掾党、守令史賞。

由此可知，其訴訟經過如下：原來，事件發端於粟君向居延都尉府起訴寇恩。其訴訟請求是，要求返還銷售的差額和已擅自處分耕牛的貨款。因此，都尉府就此向甲渠候官發出"驗問治決言"的指示。給該候官的指示先傳達到居延縣，接到指示的縣廷就命令都鄉嗇夫驗問寇恩。(以上 B)都鄉嗇夫將驗問結果送到縣，縣廷以與來自候官的文書不一致爲由，將之退回。粟君又奏記都尉府請

求再次驗問寇恩。隨之,縣廷再次轉告都尉府所下達的詳細"驗問
治決言"之指示。(以上 C)於是,都鄉嗇夫根據爰書再次進行驗
問。其結果則是,不僅寇恩没有返還的義務,而且關於器物的使用
粟君一方有過失。這相當於都尉府所要求的"明處"。(以上 D)都
鄉嗇夫將以上的經過和驗問結果記録在文書中,並加上標題(A)
與結尾(E)呈報給居延縣;而居延縣則附加上要求依法判處不直
之一方當事人的意見,遞送給甲渠候官(F)。甲渠候官將以上的
結果報告都尉府,同時將一組相關的文書與記載驗問結果的兩份
爰書(乙卯、戊辰文書)編在一起,附上寫有"候粟君所責寇恩事"的
楬,保管在塢内的檔案庫中。如角谷常子所指出的,"辛未文書"與
"己卯文書"的筆跡不同,這可能是在縣廷由不同的書手所寫而
致。[①]如果是那樣的話就可以説,這兩份文書是候官所保管的册
書,且是其原件,送往都尉府的則是抄件。

146

三、聽訟之種種樣態

1. 府與下級機關

在此,試着重新考慮一下從這兩份册書所解讀的有關訴訟的
特徵。關於《候粟君册書》所載的訴訟程序,徐蘋芳有簡明扼要的概
括。即第一,既然案子被起訴到了"府",最高判決權就應在"府";[②]第
二,本册書是至於判決程序的前半部分,即史載"張湯審鼠"所説的
"劾"、"驗治"、"傳爰書"。[③]一般認爲這兩點也與《駒罷勞册書》有

---

① 角谷常子《秦漢時代の簡牘研究》,《東洋史研究》第 52 卷第 4 號,1996 年,218 頁。
② 但是,徐蘋芳説,這裏所説的府,究竟是太守府還是都尉府則難以斷定(徐蘋芳:《居延考古發掘的新收獲》,《文物》1978 年第 1 期,34 頁)。
③ 徐蘋芳《居延考古發掘的新收獲》,《文物》1978 年第 1 期,34 頁。

147　關，因此，以下將根據徐蘋芳所指出的，分別就這兩份册書進行探討。

　　首先，討論其第一點即有關府與下級機關的關係問題。如前節所分析的，《駒罷勞册書》之守塞尉（代理塞尉）放，《候粟君册書》之候粟君，各自起訴到府的結果，就啟動了程序。即，可以説這兩份册書都是記載有關在府的指揮下訴訟之實態的文書。在《候粟君册書》中，爲何不向被告的居住地居延縣起訴而是向都尉府起訴呢？或許也可以認爲與原告候粟君的身份有關係，但是確實的理由並不清楚。另一方面，在《駒罷勞册書》中，在向都尉府起訴的前階段，可以推測曾經企圖由候官來解決。這是因爲，從發生事件的四月，直至候官報告最終審理結果的十二月，此期間的時間拖得過長。若想像一下則可知，塞尉放首先到甲渠候官起訴，但事情並未得以解決，祇好採取向都尉府上訴的行動，不是這樣嗎？如果可以認爲，圍繞小馬之死，放的一連串行爲都波及到上司甲渠候官的監督責任，那麼即使認爲在候官的審理被拖延了，也不是不可思議的。

　　非常有趣的是，可以受理任何情況起訴的都尉府並没有親自出面審理，而是將案件下發給候官。在《候粟君册書》中，都尉府的指示没有下達給被告的居住地居延縣而是下達給甲渠候官。可以推定，這是因爲委託處於直接管轄下的機關審理是制度上的慣例。以往對《候粟君册書》的解釋對這點的理解不夠充分，因此，爲什麼寇恩的驗問結果與記録了陳述的爰書一起被送給甲渠候官並且被保管在那裏？關於這點從未有過能讓人理解的説明。①即使在《駒

---

　　①　關於“己卯文書”，除初師賓、蕭亢達理解爲“論報文書”外（本書後述），俞偉超也稱之爲“居延守丞勝論決文書”（俞偉超《略釋漢代獄辭文例——一份治獄材料初探》，《文物》1978 年第 1 期，40 頁），張建國也理解爲被授予司法權的居延縣向粟君的所屬單位即候官所發的“指令文書”（張建國《居延新簡〈粟君責寇恩〉民事訴訟個案研究》，收入氏著《帝制時代的中國法》，法律出版社 1999 年，332 頁）。但是，這樣的理解也並不能解釋“論決”與“指令”乃至於爰書被送給候官的理由。

罷勞册書》中，也命令候官“驗問明處”，這不過是按照委託給管轄下機關的制度行事，並非退回審理。在這兩起訴訟中，進行成爲中心環節即審理的是候官。在此，擬再次確認這一事實。

148

　　然而，無論在哪個訴訟中——既然是向“府”起訴，那就是理所當然的——最終的決定權是掌握在上級機關都尉府。徐世虹認爲，《駒罷勞册書》所説的“永不當負駒”與“坐臧爲盗”，相當於對焦永與放進行的“初審判决”，見於Ⅴ部分的“請行法”三字“正體現了府對此案所擁有的復審權”。①雖然對於委託審理的理解是正確的，但是甲渠候官的判斷，與其説是“初審判决”，不如視之爲“爲判决製作的草案”，這樣説或許更爲妥當些。在《候粟君册書》中，都鄉嗇夫也判斷“不當與粟君牛不相當穀廿石”，這是對縣廷的回答，並没有任何的“判决”意味。

　　兩份册書所見的訴訟，遵循着這樣的程序：受理了起訴的上級機關，命令其管轄下的下級機關審理案件並爲判决製作草案，然後根據其報告再下最終的决定。這樣的制度不僅適用於邊境的軍事機構，而且同樣適用於内地的民政機關。這可以從《漢書》卷八三《薛宣傳》的一節推測出來。其曰：

　　　　代張禹爲丞相，封高陽侯，食邑千户。……宣爲相，府辭訟例不滿萬錢不爲移書，後皆遵用薛侯故事。

　　　　代替張禹爲丞相，並被封爲高陽侯，食邑千户。……宣爲相，府之辭訟每例若不滿萬錢則不爲移書，後来都遵用薛侯的故事。

　　這是説，争訟物的價值不滿一萬錢的訴訟，以後“不爲移書”。反之，則向丞相府的上訴，從來不管案件的大小，原則上都

────────

　　①　徐世虹《漢代民事訴訟程序考述》，《政法論壇》2001年第6期，128頁。

149　要經過"移書"的程序。這裏所説的從丞相府"移書",與居延之
册書所見"府記"一樣,是命令下級機關審理的文書。這是不難
想像的。

　　這種委託給下級機關的事案,不限於訴訟案件的情況。那曾
是事案被帶進府那樣的上級機關時極其普遍的實施方式。其典型
的例子,就是如下引用的東漢時代的碑文:

　　府 告 宛 、男子張景記言。府南門外勸農土牛,□□□□
調發四十鄉正,相賦斂作治。並土人犁耒艸簷屋,功費六七
十萬,重勞人功,吏正患苦。願以家錢,義作土牛上瓦屋欄楯
什物,歲歲作治。乞不爲縣吏列長伍長,征發小縣。審如景 言
施行復除,傳後子孫。名檢匠所作務,令嚴,事畢成言。會廿□
府君教。大守丞印。延熹二年八月十七日甲申起。
八月十九日丙戌,宛令右丞愔告追鼓賊曹掾石樑。寫移□
遣景,作治五駕瓦屋二間,周欄楯拾尺。於匠務令功堅,奉□
畢成言。會月廿五日。他如府記律令。　　　　　　掾趙述□□
府告宛言,男子張景以家錢義於府南門外守□□□
瓦屋,以省賦斂,乞不爲縣吏列長伍長小縣□□

　　　　a　府通告宛。男子張景之記説:"府南門外勸農土牛,
□□□□調發四十鄉之正,使之相賦斂作治。合計土人、犁
耒、艸簷、屋,功費六七十萬,重勞人功,吏正患苦。願以家錢,
150　　義作土牛、上瓦屋、欄楯、什物,歲歲作治。乞不爲縣吏、列長、
伍長,征發小縣。"若審如景言,則施行復除,傳後子孫。名檢
匠所作務,令嚴,事畢成言。廿□會合。府君之教。大守丞
印。延熹二年八月十七日甲申起。

　　　　b　八月十九日丙戌,宛令右丞愔,告诉追鼓賊曹掾石
樑。若寫移(至)則遣景,使之作治五駕瓦屋二間與周欄楯拾

尺。於匠務令功堅,奉□畢成言。月廿五日會合。他如府記
律令。掾趙述□□

　　c　府通告宛説,男子張景以家錢義於府南門外守□□□
瓦屋,以省賦斂,乞不爲縣吏、列長、伍長、小縣。

　　這是前面曾提及的《張景碑》之全文。作爲原封不動地將公文
書立碑之例,是非常珍貴的。[①]a 部分是宛縣男子張景給南陽郡的
"奏記",申請希望免除今後縣所課所有的各種雜役而代之以每年
承包製作勸農土牛。接到申請的府根據"記"對宛縣下指示:如果
的確像張景説的那樣,[②]就按他的要求處理,然後彙報結果。接
着,在 b 部分,縣再將具體的指示下達給負責的下屬部門,大概是
將其結果彙報給宛縣太守,可能最終確定免除張景的雜役。c 部
分雖缺損後半段文字,但一定是公告府的決定。總之,這裏所記載
的郡府與縣的關係,和從兩份册書所解讀的都尉府與候官的關係
有共通之處。這恐怕是很清楚的。府委託下級機關審理並製作判
決草案,不過是爲了遵循這種分擔政務的慣例。[③]

151

---

　　① 　永田英正編《漢代石刻集成》,同朋舍 1994 年。

　　② 　根據高文,則"審如景言"之"一句意味着官府已同意張景以上諸要求"(高文
《漢碑集釋》(修訂本),河南大學出版社 1997 年,230 頁)。但是,這句應該作爲"如果的
確像(張)景説的那樣"的條件來理解,因此,府對於張景的要求并非無條件同意。《漢
書》卷七六《張敞傳》所見"審如掾言"的用例,或許可以作爲參考。

　　　　初,敞爲京兆尹,而敞弟弟拜爲梁相。是時梁王驕貴,民多豪强,號爲難治。敞
　　問武:欲何以治梁? 武敬憚兄,謙不肯言。敞使吏送至關,戒吏自問武。武應曰:
　　……吏還道之,敞笑曰:審如掾言,武必辨治梁矣。武既到官,其治有跡,亦能吏也。
文中所謂"掾",是對受張敞之托而打聽張武抱負之吏的稱呼。

　　③ 　順便説一下,委託管轄下的下級機關審理的制度,或許也不適用於"争罪"訴訟
的場合嗎? 根據滋賀秀三的研究,在清朝的刑事訴訟中,曾採用過被稱爲"委審"的處理
方法,即:受理上訴的上級官府將事案交付給其管轄下的下級官府來審理,並使之報告其
結果(滋賀秀三:《清朝時代的刑事裁判——其行政的性格。若干的沿革的考察を含め
て》,收入氏著《清代中国の法と裁判》,創文社 1984 年,34—35 頁)。若考慮如後所述聽
訟與斷獄的連續性,則可以推測,即使在漢代的刑事訴訟中大概也是同樣的情況。

2. 從聽訟到斷獄

接着,再探討第二個問題,即《候粟君册書》與"張湯審鼠"之關聯的意義。如前所述,徐蘋芳關於《候粟君册書》的 B 部分,分別將候粟君之訴比作"劾",都鄉嗇夫的兩次驗問比作"治",向縣廷送達寇恩的陳述比作"傳爰書"。或許也可以說,將該册書整體理解爲史書所說"具獄"之實例,並闡述對漢代的"治獄鞫訊制度"即刑事訴訟的研究有重要意義的俞偉超,也幾乎是同樣的理解。[①] 但是,如以上一章的認識來通覽"辛未文書",首先就會注意到其與刑事訴訟的不同點。最重要的是,其中出現了成爲訴訟之核心的訊問、驗問部分。

如前所述,"治獄"即刑事訴訟的特徵在於,詰問嫌疑犯並能使其自己承認犯罪的程序。因此,有關治獄的文書必定明確記載表示詰問或服罪的文字。以下,試着從上一章所引的相關史料中挑選出相應的文字。

訊丙,辭曰:乙妾殹〔也〕,毋它坐。

（睡虎地秦簡《封診式·黥妾》）

在訊問丙時,其供述說:"是乙的妾。沒有其他的罪。"

詰闌：……何解。闌曰：罪,毋解。

（張家山漢簡《奏讞書》）

詰問闌說:"……如何解釋?"闌說:"認罪。沒有什麼要解釋的。"

重複實核〔覈〕,迪故下辭服。割用米審。前後榜笞迪凡□□,不加五毒,據以迪□□服辭結罪,不枉考迪。

[①]　俞偉超《略釋漢代獄辭文例——一份治獄材料初探》,《文物》1978 年第 1 期。

（走馬樓吳簡 J22—2540）

經反復實覈，迪供述實情並服罪。侵吞了米是事實。前後反復拷問迪共□□，也沒有施加五毒，因迪□□服辭結罪，故沒有枉考迪。

但是，在《候粟君册書》中，這種詰問獄服罪方面的文字，片言祇語也沒有出現。上述的"辛未文書"D部分，是負責驗問者對於要求"明處"的都尉府之指示的報告，其中所説的限於認定"對粟君的負債已經返還完畢"這樣的事實關係。就是説，無論粟君還是寇恩，有罪性並沒有成爲其面臨的問題。在該階段，"爰書驗問"寇恩的目的在於，徹底保證陳述的真實性，並非在於使之承認罪狀。

這點即使在《駒罷勞册書》中也是同樣的。在其V部分有關答覆要求"明處"的都尉府指示的文字中，判斷的核心在於"不必賠償永小馬"這點。當然，雖然可以見到"坐贓爲盜"、"並坐"罪名的存在——如後所述，那不祇是修辭——但是並非以這些罪名來訊問放等人的。被驗問者的陳述，始終是不介意地闡述事實，根本沒有發現詰問與服罪的痕跡。

這樣的差異，早就爲張建國所指出。張氏在認定粟君之訴訟的性質爲"民事訴訟"之後，闡述了大致如下的見解：

從本案來看，民事訴訟的程序與刑事案件有所不同，立案後的驗問證辭開始是在法庭外進行的，而負責此事的鄉嗇夫可能祇是記錄下當事人的話，沒有審理判決的權力。也就是説，處理民事案件的方式是，當出現爭議時，一方告訴到官府，官府並不象刑事案件那樣，把被告拘捕，而是先移送原告的起訴文書到被告所在地，然後讓被告自己提供證辭，爲其作自證辭筆錄的可以是非司法機關的鄉官。而且從縣廷退回第一次都鄉上報的文書的情況來看，縣廷還是希望給當事人以改變

153

證辭的機會，並非一味地單純依賴可能要嚴厲得多的法庭
審判。①

的確如張氏論文所指出的，因陳述中"懷疑不是事實"故令再
次質問的指示（辛未文書 C），這在抓住供述的矛盾而陷於"毋解"
困境的"治獄"中是難以想像的。祇要關於這點，就很難說將兩份
册書的"驗問"比作"審鼠"的"治"是妥當的做法。

但是，另一方面，再看一下册書的字面就會察覺到，雖然是"爭
財"訴訟，但是也不是在程序上沒有一點刑事方面的要素。例如，
在《駒罷勞册書》的Ⅴ部分可見到如下一節：

案，永以縣官事行警檄，恐負時騎放馬行檄。駒素罷勞病
死。放又不以死駒付永，永不當負駒。放以縣官馬擅自假借，
坐臧爲盜。請行法。獲教勅要領放毋狀，當並坐。

154　在驗問時，甲渠鄣候獲所作的判斷，不限於"永不必賠償小馬"，也
曾言及"放的行爲構成竊盜罪，本人亦當連坐"這樣的罪狀。驗問
的結果，若在事案之中發現相當於刑罰的要素，則會毫不猶豫地指
出。在理解獲的這種態度時，載於《漢書》卷二三《刑法志》的一段
文字，或許就成爲線索：

及至孝武即位，外事四夷之功，內盛耳目之好，徵發煩數，
百姓貧耗，窮民犯法，酷吏擊斷，奸軌不勝。於是招進張湯、趙
禹之屬，條定法令，作見知故縱、監臨部主之法，緩深故之罪，
急縱出之誅。

所謂"見知故縱、監臨部主之法"，師古解釋爲："見知人犯法不舉告
爲故縱，而所監臨部主有罪並連坐也。"即法律規定：處罰見知犯罪

---

① 張建國《居延新簡"粟君債寇恩"民事訴訟個案研究》，收入氏著《帝制時代的
中國法》，法律出版社 1999 年，335 頁。

行爲而不舉劾、告發者，並使處於監督部下立場者與具體的部門負責人連坐。獲告發放的"坐臧爲盜"，同時也惶恐自己"當並坐"，這種態度無疑是意識到該法規的存在的。

　　府若接受候官所作的這種判斷，則在那個階段案件就應該移交按刑事程序處理。可以推測，在這種情況下，放被收監於居延縣獄，並受到了獄吏的訊問。①而在其訊問中，提出"擅自借用公用的馬"的罪狀來詰問放，或許可以理解爲進入自認犯罪的程序。《駒罷勞册書》所記載的，不外乎正是從聽訟向斷獄轉變的訴訟的情況。聽訟與斷獄並非截然一分爲二，而是可以伴隨訴訟的進行而連續的程序。

155

　　與刑事訴訟的關聯性，也可以從《候粟君册書》看到。在此想關注一下 F"己卯文書"的文字。這是收到都鄉嗇夫的驗問結果後，由居延縣送給甲渠候官的文書：

　　　　十二月己卯，居延令　守丞勝移甲渠候官候所責男子寇恩事，鄉置辭，爰書自證。寫移書到……辭，須以政〔正〕不直者法，亟報。如律令。

這裏所説的"不直"，與上一章討論過的論獄與鞫獄的"不正"有區別，意味着"主張不合情理"。②應該注意，"須以政不直者法"的表

---

①　如以下居延漢簡所見的那樣，居延縣有獄，大概也曾有負責訊問的獄吏。
　　☑国天鳳一年十二月己巳朔丁丑，甲溝第三候史並劾移居延獄，以律令從事。
　　　　　　　　　　　　　　　　　　　　　　　　　　　　　　　　（EPF22—685）
由此簡也可知，軍事機關的刑事案件也是由民政機關縣來裁判的——反之，軍事機關則不曾有過審判刑事訴訟的功能。不是這樣嗎？在甲渠候官（A8）出土的漢簡之中，與刑事訴訟有關的内容不多。這不祇是偶然的現象。
②　《史記》卷四二《鄭世家》：
　　悼公元年，鄭公惡鄭於楚。悼公使弟睔於楚自訟，訟不直，楚囚睔。於是鄭悼公來與晉平，遂親。睔私於楚子反，子反言，歸睔於鄭。
鄭睔"自訟"鄭公的惡語誹謗是没有事實根據的，而"不直"即不合情理，因此被囚於楚。這裏所説的"自訟"，與第二章"補論"注②的"自上"一樣，是"自己辯解"的意思。

達是以對"不直者"適用刑罰爲前提的。關於"不直者",裴錫圭根據告知寇恩與粟君"證不言情律"之後録取口供的假設,認爲是指無論寇恩還是粟君都曾是僞造口供的一方。①但是,在本案件中,爭訟的原因是,圍繞運送費牛,雙方的理解有分歧。②祗要有關應該證明財物的數額,就不允許雙方當事人中的任何一方説謊。若是這樣,則所謂"不直者",不就是指在都尉府中最終審理的結果即"已經判斷其主張不合情理"嗎?

　　如果以上的想法没有大的問題,該"己卯文書"的文字就意味着:即使"爭財"訴訟,其主張也有不合情理的方面,這可以被視爲"有罪"。换言之,民事案件有時也出現以刑罰爲結果的情況。何四維在翻譯《候粟君册書》時,提出"這是民事訴訟還是刑事訴訟"的疑問,並説:"若是在我們生活的社會,即使是被視爲民事訴訟的那樣的案件,不也是會不可避免地引入到刑事的領域中嗎?"③因此,即使認爲在漢代人的意識中"爭財"以刑罰結束可以被理解,也不必認爲兩者有什麼不同。例如,《後漢書》列傳第一五所載的逸聞,或許就可以説是很好的例子:

　　　　恭專以德化爲理,不任刑罰。……亭長從人借牛而不肯

---

①　裴錫圭《新發現的居延漢簡的幾個問題》,收入氏著《古文字論集》,中華書局1992年,614頁。

②　如淺原達郎指出的,"可以認爲,歸根到底,粟君與寇恩産生爭訟的原因是,關於運送費牛,兩人有不同的見解"(淺原達郎:《牛不相当穀廿石》,《泉屋博古館紀要》第15卷,1998年,58頁)。即,粟君約定作爲運送費支付價值六十石的牛,而寇恩方面則認爲所借的搬運用的黑牛相當於運送費,就按照自己的判斷把黑牛賣掉了。後來,寇恩想以作爲運送費而得到的牛來充作補償,但是因爲已經賣掉的黑牛較之貴約二十石,所以寇恩當然就向都尉府起訴,要求粟君賠償其差額。在驗問時,都鄉嗇夫在"辛未文書"中陳述説:"不當與粟君牛不相當穀廿石(不必給粟君牛的差額穀物二十石)",這顯示其判斷寇恩方面有理。

③　Hulsewé, A. F. P. A Lawsuit of A. D. 28, *Studia Sino-Mongolica: Festschrift für Herbert Franke*, Wiesbaden. 1979:29.

還之，牛主訟於恭。恭召亭長，敕令歸牛者再三，猶不從。恭歎曰：是教化不行也。欲解印綬去。掾史泣涕共留之，亭長乃慚悔，還牛，詣獄受罪，恭貰不問。於是吏人信服。

　　恭，專門以德化來處理糾紛，而不憑藉刑罰。……亭長向人借牛不肯還，於是牛的主人到恭這裏起訟。恭召見亭長，再三令他歸還牛，但亭長仍不聽從。恭歎氣説："這是教化沒有施行的結果。"想解印綬離官而去。掾史泣涕着一起挽留他。亭長這纔慚愧後悔，還了牛，去監獄接受爲罪的處罰，恭釋放他而不再追究。於是此後官民信服。

157

圍繞借貸，以不誠實爲罪而"詣獄"之亭長的意識，與暗示理訟使用刑罰的開頭一句，也許都是"爭財"訴訟有時亦帶有刑事色彩的佐證。

《周禮‧地官》大司徒之職載有如下一段文字：

　　凡萬民之不服教而有獄訟者，與有地治者聽而斷之；其附於刑者，歸於士。

鄭玄注："有地治者，謂鄉州及治都鄙者也"，"士，司寇士師之屬"。即無論是獄還是訟，首先地方的民政官聽取控告，然後將很有可能被處罰者本人交給刑官。可以説，《周禮》的這一制度，與即使是"爭財"有時也以刑罰結束的漢代訴訟的應有狀態是共通的。

小　　結

　　雖然重新以兩份冊書爲指南進行考證，但是應該指出的是其史料的局限性。如本書反覆論述的，冊書製作的背景是，如上訴到都尉府，就委託給下級機關審理。雖然這是理所當然的，但是不按照這種程序聽訟的實態是：作爲公文書被保留下來的可能性不大。

158   換言之,關於没有按照程序向上級機關起訴的訴訟,從居延漢簡那
樣的公文書中,很難窺其一斑。①然而,若搜尋散見於史書的記載,
找出幾個很有趣的事例,也不是不可能的。最後,擬抛開這兩份册
書,列舉漢代史書所見聽訟的種種樣態,以結束本章。

第一,關於輕微的爭訟,可看到的事例是:或者請求有識者
裁決,或者謀求鄉官以"喻解"與"訓告"解決。作爲前者之例,
《後漢書》列傳第五七《黨錮列傳》所載蔡衍的逸聞,恐怕就是
典型:

> 蔡衍字孟喜,汝南項人也。少明經講授,以禮讓化鄉里。
> 鄉里有爭訟者,輒詣衍決之,其所平處,皆曰無怨。

> 蔡衍,字孟喜,爲汝南項城人。年少明經且爲人講授,以
> 禮讓教化鄉里。若鄉里有爭訟者,就到衍那裏去裁決,其所平
> 定處理的,都説無寃。

而作爲後者之例,則可舉出《後漢紀》卷二二桓帝建和元年有關吳
祐的記載:

> 吏民有以罪過相告訴者,祐輒閉閤自責良久,然後問之。
> 民有詞訟,先命三老孝悌喻解之,不解祐身至閭里自和之。自
> 是之後,吏民不忍欺。

> 若吏民有以罪過相告訴者,祐就閉閤自責良久,然後問
> 之。若民有詞訟,就先命三老孝悌喻解,若不能調解則祐親自
> 至閭里平定。從此之後,吏民不忍欺。

159   在這種聽訟的場合,不會留下任何的文書。

第二,雖與第一點相關聯,但可以看到官府另一面的姿態,即

---

① 但是,關於金錢的借貸,即使數額很小,訴諸官府收回也是司空見慣的,相關
文書保留下來的不少。詳情參見下章。

回避審理輕微的爭訟。本章前面所引的"例不滿萬錢不爲移書"之
"薛侯的故事",就是這種姿態的表現。而見於《全後漢文》卷三八
所引《風俗通義》佚文的逸聞,[①]在涉及到薛宣這點上同樣也是很
有趣的:

> 臨淮有一人,持一匹縑,到市賣之。道遇雨被戴,後人求
> 共庇陰,因與一頭之地。雨霽當别,因共爭鬭,各云我縑,詣府
> 自言。太守丞相薛宣劾實,兩人莫肯首服。宣曰:縑直數百錢
> 耳,何足紛紛自致縣官。呼騎吏中斷縑,各與半,使追聽之。
> 後人曰受恩,前撮之,縑主稱怨不已。宣曰:然,固知當爾也。
> 因詰責之,具服。俾悉還本主。

> 臨淮有一個人,拿一匹縑,到市場去賣。在路上遇雨就披
> 上擋雨,後來有一人請求一起避雨,就讓與他一頭之地。在雨
> 停分手時,兩人發生爭鬭,都説縑是自己的,於是一起到府去
> 申告。太守丞相薛宣劾實,兩人不肯首服。宣説:縑只值數百
> 錢而已,何足紛紛親自致於縣官。就喊來騎吏,讓其將縑從中
> 間斷開,各給一半,再追着聽他們説什麽。後來那人説受恩,
> 上前拿那一半縑,縑主則稱怨不已。宣説:這樣,就知道如何
> 妥善處理了。因此詰責那人,全部招供。將縑全部還本主。

雖然是圍繞縑之所有的"大岡裁判",[②]但是"縑直數百錢耳,何足
紛紛自致縣官"的口吻,恐怕與不滿一萬錢之訴訟不移書的姿態有
相通之處。

第三,從薛宣的這一逸聞,也可以領會到官府在聽訟時所使用
的強制性手段。用計策使之"詰責"並"具服"的方法,與上章所見
的"訊獄"程序相比並無變化之處。像這一件圍繞縑的案件,在明

160

---

① 《太平御覽》卷六三九亦同。
② 譯者注所謂"大岡裁判"是指巧妙且有人情味的判决。

白一方的主張是虛假的情況下，通過威力來詰問判斷爲玩弄虛假
謊言的一方，恐怕是最有效的。這點是很容易想像的。上章所引
《急就篇》"欺誣詰狀還反真"的文字，即使就"争財"訴訟而言當然
也是十分妥當的。在本章中，雖然引用張建國的話指出《候粟君册
書》所見的程序與治獄的差異，但是對事案的内容來說，即使就聽
訟而言，也有使用同樣程序的情況出現。或許應該指出，這點也可
作爲兩份册書之史料的局限性。

第四章

爰書新探

——古文書學與法制史

序　　言

　　關於漢代的刑事訴訟方面,《史記》卷一二二《酷吏列傳》張湯傳(以及沿襲它的《漢書》卷五九《張湯傳》)提供了極爲珍貴的線索。這是因爲,其開頭部分記載着一段所謂"張湯審鼠"的逸聞,即:孩提時的張湯,逮住了一隻偷吃肉的老鼠,並對它進行了審判。以下,首先按照《史記》的記載,試着展示一下其"審判"的整個過程。《漢書》的記載,除個別文字不同之外,可以説幾乎與《史記》同文:

　　　　張湯者,杜人也。其父爲長安丞,出,湯爲兒守舍。還而鼠盜肉,其父怒,笞湯。湯掘窟得盜鼠及餘肉,劾鼠掠治,傳爰書,訊鞫論報,並取鼠與肉,具獄磔堂下。其父見之,視其文辭如老獄吏,大驚,遂使書獄。

　　　　張湯,杜縣人。其父擔任長安縣丞。一次,其父出門時,湯還是小孩子,就在家裏看守。回家後,老鼠偷吃了肉。其父大怒,就笞打湯。後來,湯掘窟抓到偷吃的老鼠及剩餘的肉,就劾鼠,掠治,傳爰書,訊鞫論報,並拿來該鼠與剩餘的肉,具獄並在堂下將老鼠處以磔刑。其父見到此景,且看到其文筆如同老獄吏所寫,大爲吃驚,就讓湯寫下該案。

一看就可知，這裏所展示的是當時刑事程序最爲濃縮的形式。即
"得"意味着逮捕，"劾"意味着舉劾（根據職權告發），"訊"意味着訊
問，"鞫"意味着確定罪狀，"論、報"則意味着適用刑罰。根據第二
章的討論，這些恐怕都是很清楚的。又，所謂"具獄"，是指將程序
之過程所製成的文書之統稱，還有處刑後屍體被示衆。①這段"審
判老鼠"的結尾是，感歎兒子文章寫得好的父親，就讓張湯擔任刑
事文書的寫作工作。②

　　在這段簡明扼要的記載之中，唯一遺留下來有待進一步解釋
的問題，就是"爰書"這一文書與"傳爰書"這一程序。一般地，在確
定未知語言的語義之際，要從很多的用例進行歸納纔能發揮威力。
但是，很遺憾，"爰書"之詞，在秦漢時代典籍中，除了《張湯傳》之
外，其他均無所發現。③

---

①　《漢書》卷七七《何並傳》：
　　徙潁川太守，代陵陽嚴詡。……是時潁川鐘元爲尚書令，領廷尉，用事有權。
弟威爲郡掾，臧千金。……陽翟輕俠趙季、李款多畜賓客，以氣力漁食閭里，至奸
人婦女，持吏長短，從橫郡中，聞並且至，皆亡去。並下車求勇猛曉文法吏且十人，
使文吏治三人獄，武吏往捕之，各有所部。敕曰：……趙、李桀惡，雖遠去，當得其
頭，以謝百姓。鐘威負其兄，止洛陽，吏格殺之。亦得趙、李它郡，持頭還，並皆縣
頭及其具獄於市。郡中清靜，表善好士，見紀潁川，名次黃霸。
②　關於其末尾的"遂使書獄"一句，沈欽韓解釋如下：
　　父爲長安丞。丞主獄，凡傳逮出死之事，皆令書之。非泛謂律令也。
所謂"非泛謂律令"可能意味着：命令張湯的衹是作成文書。並不是讓他全面學習
律令。順便説一下，《史記會注考證》注曰："使書獄辭，練習其事也。"由李明章所譯現
代漢語亦爲"就讓他學習刑獄文書"（王利器主編：《史記注釋》，三秦出版社 1988 年，
2584 頁），但是，從"遂使書獄"四字，沒有領會到有"學習"的意思。這裏應該理解爲沈
欽韓所説的"皆令書之"，即實際上使之寫作文書。
③　但是，在《遼史》、《宋史》、《明史》之正史類中，特別是在宋以後的文集類中，散
見"爰書"一詞。從中舉出一例，即汪藻《浮溪集》卷二六《尚書刑部侍郎贈通議大夫周
公墓誌銘》一節（承梅原郁指教）：
　　召爲大理卿。異時決獄者，株連無辜，牢户皆滿。公有所訊鞫，擇其註誤者，
先釋之。廷尉省爰書，蓋自公始。擢尚書刑部侍郎，日閲具獄數百紙，無倦色。至
死生疑似之際，必反覆加意。

　　因此，當在 20 世紀新出土的簡牘史料之中發現"爰書"一詞時，出現以之爲線索解開爰書之謎的研究，恐怕也是理所當然的。後述陳槃與大庭脩的業績就是這樣的研究成果。其後，隨着新居延漢簡與睡虎地秦簡的出土，使用這種出土史料的研究大爲增加，至今可見，關於爰書的功能已經得出了一定的結論。可是，爲什麽現在還要再專設一章來討論爰書呢？主要理由是，迄今的研究在方法論上存在疑問。

166

　　作爲新史料出土後的學説，首先應該提到的是曾使用舊居延漢簡的陳槃之劄記，[①]與批評並發展陳説的大庭脩之論考。[②]陳槃從舊居延漢簡之中列舉載有"爰書"二字的簡並加以探討，所得出的結論是爰書具備"自辨書"與"證書"這兩種性質。作爲前者之例，可舉出對父親的"誤笞"以爰書辨明的張湯之例，並評價説將爰書視爲自證書的張晏之注釋（後述）"與簡文密合"。而大庭脩之説在批評陳槃的基礎上立論。他認爲，不但《張湯傳》的解釋是錯誤的，而且陳槃所列舉的漢簡之中也沒有包括爰書本身。大庭論文的基本立場是，爲了探尋何爲爰書，不要從"爰書"的文字去尋找答案，而應該以其内容爲線索。其結果，從舊居延漢簡之中選出"一支正合適的簡"，將"爰書"定義爲"向官府申報個人私事的文書"——這是根據後述蘇林、顏師古的注釋。又在指出爰書所具有的各種種類之後，説這就"否定了將爰書限定在與審判有關聯文書的想法"。

---

　　①　陳槃《漢晉遺簡偶述》，收入氏著《漢晉遺簡識小七種》，"中央研究院"歷史語言研究所 1975 年。
　　②　大庭脩《爰書考》，收入氏著《秦漢法制史の研究》，創文社 1982 年。譯者注：其中文本爲姜鎮慶譯，收入中國社會科學院歷史研究所戰國秦漢研究室編《簡牘研究譯叢》第一輯，中國社會科學出版社 1983 年。又，林劍鳴等譯《秦漢法制史研究》，上海人民出版社 1991 年。

　　如此，在出土史料限於舊居延漢簡的時期，研究的重點被置於特定爰書的本文。而且那時判定的標準是爰書的内容，即"爰書是什麼樣的文書"。換言之，就是以"爰書是什麼"爲線索來判斷"何爲爰書"。但是，這不是逆轉的不合邏輯的方法嗎？因爲内容、功能原本應該待其本文確定後再從中歸納。尚未確定"何爲爰書"就先論述"爰書是什麼"，這不能不説是令人感到十分不安的方法。

167

　　由於新居延漢簡和睡虎地秦簡的出土，可見這種方法論上的疑問得以克服。作爲這兩種史料所具有的劃時代意義，可以舉出的是其中包含有爰書之確實實例。就前者而言，即《候粟君所責寇恩事册書》；就後者而言，即《封診式》。因此，以後的研究中心就是以確實的爰書爲基礎來論述其功能。怎麼可以説在認爲"何爲爰書"是自明的之後傾力於闡明"爰書是什麼"呢？作爲這種研究的代表，則有劉海年的專論、①初師賓、蕭亢達聯名的論文，②以及汪桂海有關公文書的專著。③

　　劉海年主要是以睡虎地秦簡《封診式》爲對象，將爰書定義爲"關於訴訟案件的訴辭、口供、證詞、現場勘查、法醫檢驗的記錄，以及其他有關訴訟的情況報告"。因此，"爰書是一種司法文書形式，傳爰書則是訴訟過程中的具體制度"，其意義可理解是"爲了避免某一官吏按自己好惡決斷獄案而建立的一種防範措施"。另一方面，初師賓、蕭亢達的分析是以《候粟君所責寇恩事册書》爲中心，作爲其結果，陳述説：爰書出現在《張湯傳》與睡虎地秦簡中，"具有司法性質，經當局認可，是進一步論罪治決（或執行賞罰）的基本資料"。汪桂海的著作在將《封診式》的内容分類爲

---

　　①　劉海年《秦漢訴訟中的"爰書"》，《法學研究》1980 年第 1 期。

　　②　初師賓、蕭亢達《居延新簡〈責寇恩事〉的幾個問題》，《考古與文物》1981年第 3 期。

　　③　汪桂海《漢代官文書制度》，廣西教育出版社 1999 年。

自訴、供辭記録、證辭等的基礎上，認定有相應内容的漢簡爲爰書，結論是爰書"是漢代的司法文書"。如此，强調爰書與司法的關係，可以説是近年研究所見的共同點。同樣的見解也出現在高敏的專論之中。①

　　但是，這種理解是過於片面的。的確，《封診式》與《候粟君所責寇恩事册書》是極其珍貴的史料，但是各自都不過是偶然保留下來的爰書的一種類型。除此之外，敦煌、居延漢簡也都含有大量的爰書。或許可以説，這是陳槃與大庭脩以來人所共知的常識。雖然不用説其大部分是斷簡零墨，而且是需要下功夫整理纔可認定爲爰書的史料，但總歸是珍貴的爰書實例。無視這些爰書而祇偏重於前述那兩種史料，並將其一種類型視爲典型，不是同樣在方法論上犯了錯誤嗎？因此，大庭脩先生的意見，即爰書不限於與審判相關的文書，在新史料出土後也是值得傾聽的意見。

　　本章的目的在於，將在批評如上先行研究的基礎上，通過以下的方法闡明問題。首先，從大量的敦煌、居延漢簡之中選出爰書的名稱，把握其種類（第二節）；其次，從爰書的確實之例中抽出其特有之文字用語（第三節）；以這些文字用語爲標準，選出並彙集已判斷爲爰書本文的簡牘，與此前所選爰書的名稱進行對比、驗證（第四節）。至此，完成把握爰書的整體狀況、確定"何爲爰書"的工作；接着，也將所彙集的爰書的字面與其他相關簡牘參照，並解讀這些爰書，搞清楚爰書的功能即"爰書是什麽"（第五、六節）；最後，還想以這些認識爲基礎，試着就漢簡以外的爰書談一談拙見。因爲前半部分所運用的方法是古文書學的初步手法，所以本章可以説是將古文書學與法制史進行交叉研究的嘗試。

168

――――――――――

　　①　高敏《釋〈爰書〉――讀秦、漢簡牘劄記》，收入氏著《秦漢史探討》，中州古籍出版社 1998 年。

一、爰書的注釋

在探討簡牘之前,擬整理一下有關爰書的注釋。《史記》與《漢書》之"張湯審鼠"所附帶的注釋不少,從中列舉出如下應該引起注意者。都是從三國到唐初的應稱爲"舊注"之說。

(魏)蘇林:謂傳囚也。爰,易也。以此書易其辭處。

(《史記集解》)

即傳囚。爰,即易。可以此書易其辭。

(魏)張晏:傳考證驗也。爰書自證,不如此言,反受其罪。訊考三日,復問之,知與前辭同不也。　　　(同前)

即傳考並證驗。以爰書自證,若不如此言,則反受其罪。訊考三日,再問之,則知與前辭同否。

(吳)韋昭:爰,換也。古者重刑,嫌有愛惡,故移換獄書,使他官考實之。故曰傳爰書也。　　(《史記索隱》)

爰,即換。古時重刑,嫌有愛惡,故移換獄書,使他官考實。故稱爲傳爰書。

(唐)顏師古:傳謂傳逮,若今之追逮赴對也。爰,換也。以文書代換其口辭也。　　　　(《漢書》注)

傳即傳逮,若今之追逮赴對。爰,即換。是以文書替換其口供。

蘇林之注末尾的"處"字,恐怕如王先謙所指出的是衍字。[1]此外,也有宋之劉奉世的注釋,主張獄吏使用的字體是趙高的《爰曆篇》,故稱爲爰書,[2]這當然不是經慎重考慮而提出的想法。

韋昭之注將"傳爰書"三字連讀,而蘇林、張晏、顏師古三人則

----

① 王先謙《漢書補注》卷二九。
② 《漢書補注》所引。

單獨解釋"傳"字。"傳囚"或許指移送被告,"傳考"則可能指移交
並訊問被告。①又,"傳逮"相當於唐之"追逮赴對",即指爲了訊問
而送達傳票傳喚當事人。②因此,三人認爲"爰書"二字屬下文,就
讀爲"以爰書訊鞫"。但是,關於顏師古的解釋,劉奉世批評説:"傳
非逮。若傳逮,則不當先言掠治矣。"因爲通常傳喚之前是不可能
拷問的,所以劉奉世的批評是妥當合理的。"傳"字仍與"爰書"並
列連讀爲"傳爰書",可能是較爲妥當的。不過,並不能斷言蘇林與
張晏的"傳囚"、"傳考"説是完全錯誤的,這將在本章的末尾論及。

　　另一方面,"爰書"的注釋,大致可區別爲以語源論爲中心的解
釋和側重於功能之層面的解釋。相當於前者的是蘇林、顏師古注,
相當於後者的是張晏、韋昭之注。對目前的考察有用的,當然是後
者的注釋。要注意到這點,即其中張晏的解釋一直深入到制度的
運用。不能認爲"三日後之再訊問"之説是張晏的獨創。其原因就
是,在《説文解字》七篇上《晶部》"曡"字之解説中,可見到如下的一
段文字(根據經韻樓本):

　　　　曡,楊雄説以爲,古理官決罪,三日得其宜乃行之。从晶
　　宜。亡新以从三日大盛,改爲三田。

---

　　① 中華書局版點校本《史記》,將張晏注斷句爲"傳,考證驗也",但是此處應該理
解爲以"傳考證驗"四個字來注釋本文的"傳"字。《後漢書》列傳第四八《虞詡傳》:

　　　　時中常侍張防特用權執,每請托受取,詡輒案之,而屢寢不報。詡不勝其憤,
　　乃自系廷尉,奏言曰:……書奏,防流涕訴帝,詡坐論輸左校。防必欲害之,二日之
　　中,傳考四獄。獄吏勸詡自引,詡曰:寧伏歐刀以示遠近。

如上,所謂"傳考"是指移送並審查嫌疑犯。本書第二章 90 頁注②引《後漢書・陳禪
傳》所見"傳考"也是同樣的。

　　② 《唐律疏議》卷五《名例律》"犯罪未發自首"條:

　　　　諸犯罪未發而自首者,原其罪。……即遣人代首,若於法得相容隱者爲首及相告
　　言者,各聽如罪人身自首法。其聞首告,被追不赴者,不得原罪。謂止坐不赴者身。

　　　　【疏】議曰:謂犯罪之人,聞有代首、爲首及得相容隱者告言,於法雖復合原,追
　　身不赴,不得免罪。謂止坐不赴者身,首告之人及餘應緣坐者,仍依首法。

疊,楊雄之説認爲:"古代理官在決罪時,若三日得其宜則乃行之。从晶、宜。"亡新,以从三日大盛,改爲三田。

171　　揚雄之説源自怎樣的文脈? 的確無法判斷。但是,"古代的訴訟在最終定罪之前設置了三日的緩期"之説,在張晏以前也曾被提出過。揚雄認爲該制度的目的在於期望慎重審判,這點或許從"得其宜乃行之"的表達看得很清楚。若然,則論述了另一個功能的解釋即韋昭之注是處於同一方向。這也不能説祇是偶然的,不是嗎? 若假設最初的訊問與三日後的訊問是由不同的人來負責的,則這是因爲張晏與韋昭之注是從不同的方面來説明同樣的事情。

不用説,如上的注釋全部都是應該以實際的爰書予以驗證之説。要尊重古人的注,同時,首先也想按照如前所述的方法,從確定爰書的内容開始着手。

二、爰 書 的 種 類

本節將分類整理敦煌、居延漢簡所見爰書的名稱,以搞清楚漢代邊郡所製作、使用過的爰書的種類。此時,可以提供線索的,就是如下若干種的簡牘。

a. 標題、尾題簡

所謂標題簡,是相當於文書與簿籍之封面的簡。所謂尾題簡,是本文的後邊所附加的、起歸納記載内容作用的簡,在很多場合有"右○○"的格式。

b. 送達文書簡

永田英正將送達文書與簿籍時所添加的"發送單"稱爲"送達文書"。[1]因爲有"謹移○○一編"的格式,所以可以知道當時所送

---

[1]　永田英正《居延漢簡の研究》,同朋舍 1989 年,339 頁以下。

文書與簿籍的名稱。

172

c. 發信日簿

同樣由永田所命名,①是文書與簿籍的發信記錄。所發送的文書、簿籍的名稱與内容、件數等,和發信日、封印者的名字,一同被記下來。

d. 指示、委託文書簡

暫且這樣稱呼發給下級或者同級其他機關的下行、並行文書。文末屢見"會月○日"這種指定期會與"如律令"的文字。因爲有時以"移○○"的形式催促送交文書與簿籍,所以成爲了解文書名的線索。

e. 楬、檢

楬是文書、簿籍與物品等所附的標籤。檢是爲了封緘並記下收件人姓名地址的木板。有時,則用小字在下端寫上所封緘文書的名稱。

將從如上幾類簡牘中查出的爰書名稱,與相應的簡牘合在一起,列舉如下。另,在以下的討論中,簡牘的格式、記載樣式成爲重要的線索,因此不想將文書的形式弄零散,除特別需要精讀内容的情況之外,一般不給史料斷句。

Ⅰ. 自證爰書

a. 標題、尾題簡

173

1. 右自證爰書　　　　　　　(A8/46.12/勞圖 345)

2. • 右自證爰書　(A8/49.25AB 同文/勞圖 142,143)

3. • 右自證爰書　　　　　　(A8/89.10/勞圖 234)

4. • 右男子范長實自證爰書　(A8/206.1/勞圖 225)

b. 送達文書簡

5. 神爵二年六月乙亥朔丙申令史□敢言之謹移吏負卒

①　永田英正《居延漢簡の研究》,同朋舍 1989 年,166 頁。

　　　　貲自證已畢爰書一編敢言之　　　　　（EPT56.275）

　　6.□□因病率……☑

　　　　□自證爰書……☑　　　　　　　　　　（EPT59.396）

c. 發信日簿

　　7.　徒王禁責誠北候長東門輔錢不服

　　　　•　　　　　　　　　　　　　•一事一封　四月

癸亥尉史同奏封

　　　　移自證爰書會月十日　　　　（A8/259.1/勞圖349）

d. 指示、委託文書簡

　　8.☑問　收　責不服移自證爰書□☑

　　　　☑肩水候憲寫重　　　　　（A32/288.17/勞圖113）

　　9.☑不負移自證爰書☑　　　　　　　　（EPT7. 40）

　　10. 不服移自證爰書會月廿二日如律令即日食時卒善行

　　　　　　　　　　　　　　　　　　　　　（EPT52. 26）

　　11.☑不服移自證爰書會月廿八日如律令　（EPT52.54）

　　12. 二月己未甲渠候長害以私印行候事☑

　　　　言報不服移自證爰書會三月朔如律　（EPT52.148）

　　13. 更始二年四月乙亥朔辛丑甲渠鄣守候塞尉二人移氏

池律日　□□□☑

　　　　□□□史驗問收責報不服移自證爰書如律令（EPC39）

II. 吏卒相牽證任爰書

a. 標題、尾題簡

　　14.•肩水候官吏相牽證任☑　（A35 /504.11 /勞圖86）

　　15.☑箕山部吏卒相牽證任爰書　　　（EPT53.173）

　　16.☑證任名籍爰書　　　　　　　　（EPT53.182）

Ⅲ. 秋射爰書

a. 標題、尾題簡

　　17. • 右秋射爰書　　　　　　　（A8 / 175.1 / 勞圖 172）

　　18. • 右□□□簿增勞名籍射爰書　　　　　（EPT10.7）

　　19. • 右秋以令射爰書名籍　　　　　　（EPT56.276）

b. 送達文書簡

　　20. ☑ 十月申□□　元行候事敢言之都尉☑

　　　　□勞謹移射爰書　名籍一編☑

　　　　　　　　　　　　（A8 / 485.40 / 勞圖 298）

Ⅳ. 病死(病診)爰書

a. 標題、尾題簡

　　21. ☑ 病死物爰書　　　　（A8 / 145.35 / 勞圖 215）

　　22. ☑ 病爰書　　　　（A35 / 512.27 / 勞圖 408）

　　23. • 甲溝候官始建國天鳳一年十二月戍卒病死爰書
旁行　　　　　　　　　　　　（EPT57.7）

　　24. • 右病診爰書　　　　　（EPT59.80）

　　25. 右病死爰書　　　　　（EPT59.638）

b. 送達文書簡

　　26. 三月辛巳甲渠候長福☑
　　　　疾卒爰書一編敢言☑　（A8 / 42.11A / 勞圖 350）

　　27. ☑ 言之謹移戍卒病死爰☑　（A8 / 198.9 / 勞圖 222）

　　28. 元康四年三月戊子朔甲辰望泉隧長忠敢言之
　　　　候官謹寫移病卒爰書一編敢言之

　　　　　　　　　　　　（A33 / 255.40A / 勞圖 36）

　　29. 元康元年八月癸卯朔壬申□□隧長則敢言之謹移卒

病死爰書☐

　　　☐敢言之　　　　　　　（出土地不明/甲附 19 /甲 168）

　　30.始建國天鳳二年二月戊辰朔戊寅第十㯥候長良敢言之謹移戍卒病死爰書旁行衣物券如牒敢言之　（EPT48.136）

e.楬、檢

　　31.戍卒病病死告爰書　　　　　　　　　（EPC50）

Ⅴ.死馬爰書
a.標題、尾題簡

　　32.·始建國四年正月驛馬病死爰書

　　　　　　　　　　　　（A22 /96.1 /勞圖 96）

　　33.☐死馬爰書　　　（A33 /535.1 /勞圖 543）

e.楬、檢

　　34.■元鳳四年騎士死馬爰書

　　　　　　　　　　　（A35 /491.11A /勞圖 23）

Ⅵ.毆殺爰書
a.標題、尾題簡

　　35.☐毆殺爰書　　　　　　　（EPT51.275）

Ⅶ.賞賣爰書
b.送達文書簡

　　36.元康四年六月丁巳朔庚申左前候長禹敢言之謹移戍卒賞賣衣財

　　物爰書名籍一編敢言之　　（A33 /10.34A /勞圖 67）

　　印曰藺禹

　　六月壬戌金關卒延壽以來　候史充國

　　　　　　　　　　　（A33 /10.34B /勞圖 68）

37. 神爵二年五月乙巳朔乙巳甲渠候官尉史勝之謹移☑
　　衣錢財物及毋責爰書一編敢言之　　（EPT56.283A）
　　印曰尉史勝之印
　　五月乙巳尉史勝之以來　　　　　（EPT56.283B）

e. 楬、檢

38. 甲渠候官　　卒不貰
　　　　　　賣爰書　　　　　　　　　（EPT56.82）

Ⅷ. 稱呼不明

a. 標題、尾題簡

39. ・右爰書　　　　　　　　　　（EPT51.272）

b. 送達文書簡

40. ☑官謹移☐☐☐爰書一編
　　　　　　　（A33／337.10／勞圖48）

41. 八月戊辰尉☑
　　爰書一編敢☑　　　　　　　　（EPT51.600）

42. ☑證謹寫爰書移謁報酒泉大守府敢言之　（EPT52.38A）
　　☑令☐舍吏☐☐李☐☐☐可☐　（EPT52.38B）

178

43. 地節五年三月丙子朔己卯☑
　　爰書一編敢言之☑　　　　　　（EPT57.90）

d. 指示、委託文書簡

44. 移責籍及爰書會月七日須言府☑　（EPT56.134）

　　其中，Ⅳ類不過是因35簡的上端有殘缺的暫稱。在各類名稱中，雖可見到如"秋射爰書"、"秋以令射爰書"、"死馬爰書"、"驛馬病死爰書"之類略有差異者，但也許可以認爲它們都是同類中的異稱。

Ⅰ類之 6 雖然缺少送達文書的固有格式,但可從記載形式推定爲發貨單之斷簡。Ⅲ類之 19 也有可能不是文書而是"名籍"所附的尾題簡,在此作爲可見到爰書名稱的簡列舉出來。關於Ⅶ類,38 可見有"卒不貰賣爰書",可以認爲是帶有"不"字的通例嗎? 37 未見有"貰賣"二字,但從"衣錢財物"的文字判斷是與 36 同類的斷簡。又,14 的缺損部分,可以由 15 類推補上"爰書"二字。此外,勞幹的釋文則有如下的簡文,是作爲屬於Ⅲ之 b 類的送達文書簡刊載的:①

　　45.五鳳二年九月庚申朔己酉甲渠候彊敢言之府書曰候長士吏蓬隧長以令秋射署功勞長吏雜試□封移都尉府謹移第四隧長奴記秋射爰書一編敢言之　　　　(A8/6.5/勞圖 193)

但是,因爲關鍵的"秋射爰書一編"六字未能從圖版核實,所以僅作爲參考將之列舉出來。此外,也存在着不少明記"移爰書一編"送達文書簡的事實,這證實"爰書"曾是當時公文書的名稱。

　　還有,若敦煌、居延漢簡所見爰書的名稱可以進行如上那樣的分類,則後面應該做的也許就是挑選出相當於各自本文的簡。那麼,挑選的標準應該如何確定呢? 當然,不能祇以"自證"、"秋射"、"病死"這樣的字句來認定爰書,因爲從前揭送達文書簡可知,"爰書"這兩個字也曾出現在爰書本文以外的簡上。同時,根據内容挑選,就無法顧及爰書的多樣性。可以用以認定爰書本文的標準,或許仍然應該是爰書這種文書所固有的文字用語、格式。而其固有的文字用語,祇有通過分析確實可靠的爰書文書纔能夠得以把握。在敦煌、居延漢簡中,確實可靠的爰書之例,現在除了居延 1973、1974 年簡的《候粟君所責寇恩事册書》(以下簡稱《候粟君册書》)之外没有别的。

---

① 　勞幹《居延漢簡考釋　釋文之部》,商務印書館 1949 年,48 頁。

三、爰書的用語

1.《候粟君所責寇恩事册書》的構成

　　如第三章所述,《候粟君册書》(卷頭插圖二、三)是由 35 支簡組成的公文書,出土於被認爲是甲渠候官遺址檔案庫的小屋(F22)。同時,出土了一枚記有"建武三年十二月候粟君所責寇恩事"的楬,但是其編繩已不存在,似乎是在散亂的狀態下找出來的。關於該册書,迄今爲止,除了《居延新簡》之外,發表了三種釋文與兩種譯注,[①]以及大量的研究論文。[②]以下需要時將會提到這些研究成果,先試着審視一下整個册書。該册書由以下五個部分組成,在這點上諸家的意見幾乎是一致的。

180

---

　　① 相關的釋文有,甘肅居延考古隊簡册整理小組《"建武三年粟君所責寇恩事"釋文》,《文物》1978 年第 1 期;甘肅省文物考古研究所編《居延漢簡釋粹》,蘭州大學出版社 1988 年;甘肅省文物考古研究所等《居延新簡》,文物出版社 1990 年。譯注爲: Hulsewé, A. F. P. "A Lawsuit of A. D. 28," *Studia Sino-Mongolica*: *Festschrift für Herbert Franke*, Wiesbaden. 1979;謝桂華《新、舊居延漢簡册書復原舉隅》,《秦漢史論叢》第五輯,法律出版社 1992 年。

　　② 徐蘋芳《居延考古發掘的新收獲》,《文物》1978 年第 1 期。俞偉超《略釋漢代獄辭文例——一份治獄材料初探》,《文物》1978 年第 1 期。陳仲安《關於〈粟君責寇恩簡〉的一處釋文》,《文史》第七輯,1979 年。裘錫圭《新發現的居延簡的幾個問題》,收入氏著《古文字論集》,中華書局 1992 年。初師賓、蕭亢達《居延新簡〈責寇恩事〉的幾個問題》,《考古與文物》1981 年第 3 期;《居延簡中所見漢代〈囚律〉佚文考》,《考古與文物》1984 年第 2 期。大庭脩《居延新出的〈候粟君所責寇恩事〉册書——爰書考補》,收入氏著《秦漢法制史的研究》,創文社 1982 年。許倬雲《跋居延出土的寇恩册書》,收入氏著《求古編》,聯經出版事業公司 1982 年。高敏《釋〈爰書〉——讀秦、漢簡牘劄記》,收入氏著《秦漢史探討》,中州古籍出版社 1987 年。張建國《居延新簡"粟君債寇恩"民事訴訟個案研究》,收入氏著《帝制時代的中國法》,法律出版社 1999 年。淺原達郎《牛不相當穀廿石》,《泉屋博古館紀要》第 15 卷,1998 年。邢義田《漢代書佐、文書用語"它如某某"及"建武三年十二月候粟君所責寇恩事"簡册檔案的構成》,《史語所集刊》第 70 本第 3 分,1999 年 9 月。

A. 乙卯文書（EPF22.1～20），附有建武三年十二月癸丑朔乙卯（十二月三日），是以都鄉嗇夫宮驗問寇恩所得到的口供爲中心的文書。

B. 戊辰文書（EPF22.21～28），附有建武三年十二月癸丑朔戊辰（十二月十六日），是以都鄉嗇夫宮再次驗問寇恩所得到的口供爲中心的文書。

C. 辛未文書（EPF22.29～32），附有建武三年十二月癸丑朔辛未（十二月十九日），是都鄉嗇夫宮上報給居延縣廷的文書。

D. 尾題簡（EPF22.33）“·右爰書”。

E. 己卯文書（EPF22.34～35），附有十二月癸丑朔己卯（十二月二十七日），是居延縣廷寄給甲渠候官的文書。

排列順序按照原簡的號碼。既然 D 簡上寫着“右爰書”，册書之中包含爰書本文則是無疑的。但是，關於該 D 簡應該處於册書什麽位置上，各家的意見可分爲兩説。因爲 D 簡是尾題簡，所以若放在 C 文書之後則 A、B、C 三份文書就都成爲爰書，若放在 B 文書之後則爰書就祇包括 A、B。采前者之説的，除整理小組的釋文之外，還有俞偉超、初師賓與蕭亢達、高敏、謝桂華等。而徐蘋芳、大庭脩則持後者之説。另外，雖然裘錫圭未就該順序問題積極發言，但是也稱 C 文書爲“十二月辛未居延縣都鄉嗇夫上報居延縣的文書”，似乎並没有視之爲爰書。A、B 兩文書與 C 文書，其格式、内容完全不同。因此，無論採用哪一説，本節結論即找出爰書固有的文字用語，也不能不有所區别。應該根據哪一説，恐怕有必要研究雙方的根據，然後再作出慎重的判斷。[1]

在持前者之説的各論考之中，唯一闡述其根據的是初師賓、蕭

---

① 關於 D 簡的位置，也許没有必要考慮第三種觀點。這是因爲，該簡的筆跡近於 B、C 文書，因此是筆跡不同的 A 文書或者 E 文書之尾題簡的可能性極其小。

亢達聯名發表的論文。①其要點是，因爲 D 簡（EPF22.33）的外形
與 E 文書之簡的外形類似，也有 EPF22.31～34 諸簡共有的蟲蛀
痕跡，所以就以這一外形特徵爲根據，主張其前後是連續的。而持
後者之說的大庭脩則闡述如下。即，在漢代的公文書中，其開始部
分一定寫有紀年，從月日開始寫的則不是獨立的文書。因此，E 文
書沒有紀年而始自月日，這意味着該部分不是獨立的文書，而是以
有紀年的 C 文書爲前提的。即，C、E 兩文書應是作爲連續的一份
文書傳達給甲渠候官的，尾題簡 D 不可能介於其間。大庭說的特
徵在於立足於公文書之形式的内在條件。

　　那麼，哪一種主張有說服力呢？拙見以爲前一種沒有道理。
其理由有如下兩點。

　　第一，關於簡的狀態，初師賓、蕭亢達所指出的有與事實不符
之處。即，鄰接 D 簡（該簡本身有蟲蛀）的諸簡之中，如在 EPF22.32
簡上，實際上根本看不到蟲蛀的痕跡。②因此，以有無蟲蛀爲根據
主張連續性，這不能不說是不妥當的看法。

182

　　但是，這並不是否定前說的主要理由。更爲本質的反證是第
二點，即從内容與格式上判斷，C 文書不可能是爰書或者爰書的構
成部分。關於 C 文書即"辛未文書"的内容，已經在第三章論及，
但是爲了方便解釋，再抄録原文如下：

　　　①建武三年十二月癸丑朔辛未，都鄉嗇夫宫敢言之。
　　　②廷移甲渠候書曰：去年十二月中，取客民寇恩爲就，載
　　魚五千頭到觻得，就賈用牛一頭穀廿七石。恩願沽出時行錢

---

①　初師賓、蕭亢達《居延新簡〈責寇恩事〉的幾個問題》，《考古與文物》1981
年第 3 期。
②　這一事實，經兩次觀察冊書的實物得以確認。簡的狀態在某種程度上也可從
圖版窺其一斑。

卅萬，以得卅二萬，又借牛一頭以爲輝，因賣不肯歸，以所得就直牛償不相當廿石。書到，驗問治決言。前言解。

③廷卻書曰：恩辭不與候書相應，疑非實。今候奏記府，願詣鄉爰書是正。府錄，令明處。更詳驗問治決言。

④謹驗問恩辭，不當與粟君牛不相當穀廿石，又以在粟君所器物直錢萬五千六百，又爲粟君買肉羅穀三石，又子男欽爲粟君作賈直廿石。皆 盡 償 所 負 粟君錢畢。粟君用恩器物弊敗，今欲歸，恩可肯受。爰書自證。

⑤寫移爰書，叩頭死罪死罪敢言之。

（EPF22．29—32）

應該注意的是，④末尾的“爰書自證”這句話。雖然說的是“根據爰書已自證”的意思，但是其所說的“爰書”僅指 B“戊辰文書”，而不包括 C“辛未文書”。這恐怕是很清楚的。這是因爲，如第三章所見，“辛未文書”不僅記有寇恩的口供内容（④），而且記有來自居延縣廷與都尉府的指示内容（②③），因此不應稱之爲“自證”文書。若是與“自證”這一表達相稱的文書，則除了它是記有當事人寇恩口供的 B 文書“戊辰文書”，或者 B 加上 A 文書“乙卯文書”之外沒有別的。因此，“爰書自證”這句話，還可以理解爲是附加在相當於寇恩口供摘要的④部分之末尾的。總之，就是“寇恩根據爰書證明自己如此等等”的意思。整個 C“辛未文書”的性質，是爲了送達文書的“送貨單”；同時，從驗問負責人都鄉嗇夫的立場，可以理解爲彙報案件經過的報告書。若認爲 C 文書不是爰書，則寫有“右爰書”的尾題簡 D 就不應出現在 C 之後。

根據以上的兩個理由，我認爲，徐蘋芳、大庭脩主張《候粟君册書》的排列是 ABDCE 的順序，D 簡所説的“爰書”不包括 C 文書，此説是正確的。因此，相當於爰書本文的就是 B“戊辰文書”，爰書固有文字用語的挑選工作,就可以將 B 文書作爲對象來進行。①

2.“它如爰書”的用語

B“戊辰文書”由如下三部分所構成。

(1) 開頭部分

建武三年十二月癸丑朔戊辰,都鄉嗇夫宮以廷所移甲渠
候書召恩詣鄉,先以“證財物故不以實臧五百以上,辭以定滿三
日而不更言請者,以辭所出入罪反罪之律”辨告,乃爰書驗問。

(2) 寇恩的供述部分

恩辭曰:“潁川昆陽市南里,年六十六歲,姓寇氏。……不
當予粟君牛不相當穀廿石”。

(3) 結尾部分

184

皆證,它如爰書。

該爰書的核心部分,實際上是(2)之中略部分的長文,即寇恩陳述
自己的主張正確。因此,按照上節的分類,也許可以説“戊辰文書”
就是自證爰書的一種類型。在此,我想注意的是,(3)最末尾的“它
如爰書(其他的如爰書那樣)”四個字。關於該“它”字,也有釋爲
“也”,讀作“皆證也。如爰書”,②但是漢簡以外的史料有寫作“他

---

①　因爲 A 文書的大意與 B 文書的幾乎一樣,所以若 B 文書是爰書,則 A 文書也
可以説是爰書。但是,尾題簡 D 的筆跡與 A 文書大不相同,因此,不能斷言作爲 D 簡
指示“右爰書”的直接對象 A 文書是否被包括在内。如邢義田所説的,有《候粟君所責
寇恩事册書》是彙集來源於若干册書的文書而成之感(本書後述)。A 文書很有可能本
來是作爲與 BCD 不同的册書而被編綴的。

②　甘肅居延考古隊簡册整理小組《“建武三年粟君所責寇恩事”釋文》,《文物》1978
年第 1 期。甘肅省文物考古研究所編《居延漢簡釋粹》,蘭州大學出版社 1988 年。

如某某"之例,因此釋爲"它"或許是較爲妥當的。①那麼,"它如爰書"的用語,大概是什麼意思呢？從前,筆者在舊稿中將之理解爲"以上,作爲爰書"的意思,並且認爲是爰書的結尾用語。但是,宮宅潔與邢義田對拙見提出了本質性的批評。

　　宮宅潔的批評,②是根據第三章也曾論及的張家山漢簡《奏讞書》的一節。有盜牛嫌疑的名叫毛的人供述承認有共犯,但是被指名爲共犯者卻主張其有不在現場的證明,因此毛再次受到訊問。其第二次的供述歸結爲"它如前",這點引起宮宅潔的注意。這句話一定是説:除此次再次説明的之外,其他的部分與前次的相同,即"其他的事實如同前次的"這一意思。因此,"它如爰書"的"它"字也應該理解爲"其他,其餘(その他)"。《候粟君册書》的B"戊辰文書"結尾説"它如爰書",該册書中不存在"其他"的爰書,因此,這不是也許已經注意到粟君一方陳述的表達？宮宅潔的見解是"構成册書的文書不一定是圍繞候粟君的一件來作成全部的文書",這是以對於《候粟君册書》的認識爲基礎的。

　　可以説,邢義田的批評,③也與宮宅的有共同認識。在其論文中,首先精心地列舉了以往文獻所見"他〔它〕如某某"的用例,與

① 《三國志》卷三三《蜀書·後主傳》,裴松之注引《諸葛亮集》:
　　三月下詔曰:……及魏之宗族、支葉、中外,有能規利害、審逆順之數、來詣降者,皆原除之。……若其迷沉不反,將助亂人,不式王命,戮及妻孥,罔有攸赦。廣宣恩威,貸其元帥,吊其殘民。他如詔書律令,丞相其露布天下,使稱朕意焉。
　　另外,在漢簡的字體中,不僅"它"、"也"兩字判別往往是很困難的,而且也存在字形清清楚楚寫作"也"而在文脈上應該釋爲"它"之例。例如,"癸丑旦毋以它爲解☐"(A8/18.3/勞圖530)這一斷簡的"它"字,若從字形看應釋爲"也"字,但是從文脈上講祇能讀作"毋以它爲解"這一固定的句型。
　　② 宮宅潔《秦漢時代的裁判制度——張家山漢簡〈奏讞書〉より見た》,《史林》第81卷第2號,1998年。
　　③ 邢義田《漢代書佐、文書用語"它如某某"及"建武三年十二月候粟君所責寇恩事"簡册檔案的構成》,《史語所集刊》第70本第3分,1999年9月。

《奏讞書》的事例，證明都是“其他如某某”的意思。《候粟君册書》的“它如某某”也不例外，是“其他如爰書”的意思，這裏所説的“其他”，或許就是也包括應該從縣廷送到鄉的爰書（其中也包括甲渠候粟君的爰書）的表達。“我們實難想像這樣一個牽涉多人的訟案，祇詢問一個被告的口供就完事”。該册書不能爲人理解的事情，“其實可能曾在其他爰書中有所交代”，察覺到的這點後，“纔能正確了解文書中‘它如爰書’的意義”。邢義田此説立論的根據，與宮宅的一樣，是《候粟君册書》的 35 支木簡爲“同一個檔案”中的“不同檔”，即“屬於與同一案件有關的不同的文書”這一認識。

在以上所揭兩位的批評之中，關於“它如爰書”一語的解釋，可以認爲是正確的。將所謂“它如爰書”理解爲“其他如爰書”的意見是較爲妥當的，或許筆者應放棄舊説。關於《候粟君册書》構成的見解，若看到不同的筆跡混雜在一起的事實，則也是應該予以首肯的看法。[①]但是，另一個論點，即“它如爰書”中所説的“其他”可能是候粟君之爰書的假設，我認爲是沒有道理的。第一，亦如邢義田論文所引用的，在《奏讞書》中指他人供述的場合，如“它如池”、“它如武”，是表達特別指定供述者的説法（後述）。無法判定“它如爰書”指的是誰的爰書。第二，如 C“辛未文書”所明記的，在驗問寇恩的階段，送到都鄉嗇夫那裏的祇是來自居延縣廷與都尉府的指示（前記②③部分）。寇恩，當然還有都鄉嗇夫，都不可能已知道相當於《候粟君册書》的文書。因爲“辛未文書”是記有至都鄉嗇夫驗問寇恩“爰書”之前經過的文書，所以如果粟君爰書被送到——儘管沒有被編綴在册書中——不是也應該被提到嗎？

186

---

① 鵜飼昌男與角谷常子也指出，《候粟君所責寇恩事册書》包括筆跡與來源不同的文書（鵜飼昌男《建武初期の河西地域の政治動向——〈後漢書・竇融傳〉補遺》，《古代文化》第 48 卷第 12 號，1996 年。角谷常子《秦漢時代の簡牘研究》，《東洋史研究》第 52 卷第 4 號，1996 年）。

如果是這樣，歸根到底，"它如爰書"所説的"其他"，衹能是指寇恩自己的爰書。可以認爲，將相當於爰書之本文的文書歸結爲"其他如爰書"，確實是不可理解的現象；但是，若看一下 B"戊辰文書"的開頭，則或許就認爲其理由是明確的。在此，傳喚寇恩到鄉後，在驗問之前對其宣示"證財物故不以實臧五百以上，辭以定滿三日而不更言請者，以辭所出入罪反罪之律"的律文，即所謂"證不言情律"。①即爰書這一文書的内容，最終當然是根據隔了三天再次進行的供述來確定的。此間，記有最初供述的文書也被稱爲爰書——想不出除此之外還有什麼別的稱呼——若然，則第二次驗問的結尾應該被附上"與前面的爰書没有不同之處"這樣的保證用語。這不就是"戊辰文書"結尾部分所説的"它如爰書"嗎？ 但是，在這種情況下，"它"這個詞不見得是在嚴格特定的内容上來使用的。例如，張家山漢簡《奏讞書》的一節，可見有如下的供述：

> 迺五月庚戌，校長池曰：士五〔伍〕軍告池曰：大奴武亡，見池亭西，西行。池以告，與求盜視追捕武。武格鬭，以劍傷視，視亦以劍傷武。・今武曰：故軍奴，楚時去亡，降漢，書名數爲民，不當爲軍奴，視捕武，誠格鬭，以劍擊傷視，它如池。・視曰：以軍告，與池追捕武，武以劍格鬭，擊傷視，視恐弗勝，誠以劍刺傷武而捕之，它如武。・軍曰：武故軍奴，楚時亡，見池亭西。以武當復爲軍奴，即告池所，曰武軍奴，亡。告誠不審，它如池、武。

> 在此前的五月庚戌之日，校長池説："士伍軍告訴池：'在池之亭之西發現已逃亡的大奴武，向西去了。'池根據這一申告，與求盜視一起去追捕武。武格鬭，以劍傷了視，視亦以劍傷了武。"

---

① 連劭名《西域木簡所見〈漢律〉中的"證不言情"律》，《文物》1986 年第 11 期。

　　·武説:"原爲軍之奴,但在楚的時代逃亡,自变爲漢,①
因爲已登記户籍成爲民,所以不應當認爲是軍之奴,在視抓捕
武時,確實格鬥起來,以劍擊傷了視。"其他如池所説的。

　　·視説:"根據軍的申告,與池一起追捕武,武以劍格鬥,
因擊傷了視,故視擔心弗勝,確實以劍刺傷了武而捕之。"其他
如武所説的。

　　·軍説:"武原爲軍之奴,在楚的時代逃亡,在池之亭的西
面被發現。我認爲武當復爲軍之奴,即告訴池的手下,説'武
是軍之奴,是逃亡者'。申告確實不正確。"其他如池與武所
説的。

　　如果對照各自供述的内容就很清楚,"它如某某"的表達並非
在嚴格確定指示内容的意義上被使用的。例如,池的報告中有武
的供述所未提及的内容,即其接到軍的申告而前去追捕的這一經
過,但是難以認爲結尾這句"其他如池所説的"是指該經過。在軍
的供述之後也可見到"它如池、武",此前武的供述中包括"降漢,書
名數爲民"的事實。但是,原來該事件不是發端於軍不知道武曾爲
庶民的事實嗎? 即使就視的供述而言,也可以指出同樣的情況。
總之,這裏所説的"它如某某"的表達,不外乎是保證自己的證言不
與先前某某的發言抵觸的慣用措詞。如果是那樣,則"它如爰書"
的表達也不是指先前爰書的特定事項。將此理解爲是保證"(對於
以前的爰書)此次證言没有矛盾"的這一意思的用語,也許是比較
妥當的。②

　　以上,進行了長篇論述,作爲研究的結果,所得出的結論就是,

188

------

　　①　關於"降漢"的語意,參見第二章 62 頁注②。
　　②　當然,文書所記的措詞不一定是口供的原話。可以説,因爲對文書負最終責
任的是抄録的獄吏,所以連理應不被知道的事實都知道並寫下來,這是不可能的。

“它如爰書”四字是相當於爰書結尾部分的用語。爰書將其文末歸結爲“它如爰書”。本節的課題即爰書固有用語的挑選，至此總算完成了。

四、爰書的本文

1.爰書本文的彙集

　　通過前節的研究可知，“它如爰書”這四個字是爰書本文的結尾用語。這就意味着出現該用語的簡，即使是不成文的片斷，也可以認定爲爰書。因此，本節擬進行的工作是，以該“它如爰書”之用語爲線索，從敦煌、居延漢簡之中選出爰書的本文，並將其彙集起來。但是，此時恐怕也要十分注意那些不能通過該結尾用語找出之簡的存在。其典型的例子，就是結語部分缺損的斷簡。因此，以下的工作擬分爲兩個階段：首先，根據結尾用語彙集爰書簡；其次，如果在其中發現新的其他的標準，就試着根據該標準再次進行挑選。

　　首先是第一階段。根據“它如爰書”的用語所選出的爰書的本文如下：

　　46.☑□候長賢自言常以令秋射署功勞即石力賢
　　　　☑□數於牒它如爰書敢言之

　　　　　　　　　　　　　　　　　　　（A8/6.13/勞圖193）

　　47.☑□□陽□□里□□□□□病頭痛寒炅不能飲
　　　　☑吟手卷足展衣白袴單□□□□取布袍長襄各一領
　布復褌
　　　　☑□衣診視毋木索兵刃處□□□審它如爰書敢言之
　　　　　　　　　　　　　　　　　　　（A8/27.1A/勞圖508）

48.　　　　　　　☑言變事後不欲言變事昧彭人
　　　　　　　　　（A8/27.21B/勞圖 508）
　　☑□欲言變事皆證它如爰書敢言之
　　　　　　　　　（A8/27.21A/勞圖 507）
49.☑當遂里公乘王同即日病頭痛寒炅小子與同隧
　　☑飲藥廿齊不偷〔癒〕它如爰書敢言之
　　　　　　　　　（A8/52.12/勞圖 190）
50.☑長安世自言　常以令秋射署功勞☑
　　☑中帚矢數於　牒它如爰☑
　　　　　　　　　（A8/227.15/勞圖 318）
51.☑三丈八尺證所言它如爰書　（A8/326.5/勞圖 337）
52.☑□□□□□□□□□□
　　☑它如爰書敢言之
　　　　　　　　　（A35/523.23/勞圖 373）
53.免未賞從卒驪夅欤已貸錢百廿三不當償證所言它如
爰書　　　　　　　　　（EPT51.194）
54.☑□證言它如爰書　　　　　（EPT52.278）
55.☑之爰書第十六燧☑
　　☑它如爰書敢言☑　　　　　（EPT53.72）
56.甘露二年八月戊午朔丙戌甲渠令史齊敢言之第十九
隧長敞自言當以令秋射署功勞即石力發弩矢
　　　　□弩臂皆應令甲渠候漢彊守令史齊署發中矢數於牒
它如爰書敢言之
　　　　　　　　　（EPT53.138）
57.☑□貴自言常以令秋試射署
　　☑帚數於牒它如爰書敢言之　　（EPT56.183）
58.☑□寅士吏強兼行候事敢言之爰書戍卒潁川郡長杜臨

190

利里樂德同縣安平里家橫告曰所爲官牧橐他☐

　　　　　☐戌夜僵臥草中以☐行謹案德橫☐到橐他尉辟推謹
毋刀刃木索跡德橫皆證所言它如爰書敢☐

（EPT57.85）

59. ☐ 得毋有侵假藉貸錢財物以惠貿易器

　　　☐ 簿不貰賣衣物刀劍衣物客吏民所證所言它如

　　　爰書敢言之

（EPT57.97）

60. ☐ ☐里上造張憙萬歲候長居延沙陰里上造郭期不知
犢〔讀〕蓬火兵弩不繫持憙☐☐

　　　☐☐斥免它如爰書敢言之

（EPT59.162）

61. ☐ 甲午

　　　☐ 得證它如爰書敢言之　　　（EPT59.341）

62. 遠爰書自證證知物李丹孫詡皆知狀它如爰書

（EPF22.556）

63. ☐ 兵弩不繫持安業軟弱不任吏職以令斥免它如爰書敢

（EPF22.689）

此外，可以推定：下面的簡即第 64 簡，其第一行下端殘缺的部
分曾有“它如”二字。

64. 始建國天鳳二年桼月丙申朔戊戌第十候長育敢言之
爰書第十二隧戌卒宣調當曲隧☐

　　　爰書敢言之

（EPT59.57）

又，若由 47 簡類推，則以下 65 簡“它如”之後或許可補上“爰
書”二字。

65.　□西安國里孫昌即日病傷寒頭痛不能飲食它如

(EPT59.157)

在彙集完這樣的可以判斷爲爰書本文的簡之後，下面就試着檢查一下這些簡除了"它如爰書"之外还有没有其他的特徵。在此，引人注目的是 58 簡。其内容後述，但目前應該注意的是，在其標題部分所見接在"敢言之"後的"爰書"。該"爰書"二字，從上下文的文脈來看，既不屬於上文，也不屬於下文，若斗膽推測則恐怕祇能理解爲"以下，爰書"之類、像開頭的標題那樣的用語。同樣的例子，也可見於 64 簡，而零碎的斷簡 55 簡或許可以説也屬於同類。又，敦煌懸泉置所出土的下邊這一枚簡，作爲兼備結尾用語"它如爰書"與開頭的"爰書"二字的文例，是相當珍貴的。①

192

66.　神爵二年十一月癸卯朔乙丑懸泉廏佐廣德敢言之爰
書廏御千乘里畸利謹告曰所葆養傳馬一匹雛牡左剽入坐肥齒
二歲高六尺一寸□送日逐王來冥安病亡即馬起張乃始冷定雜
診馬死身完毋兵刃木索跡病審證之它如爰書敢言之

(D.Q.C.12/敦圖 1301)

如果包括祇發表釋文之例，那麼還可以再從懸泉置出土木簡追加三例。②

67.　建昭元年八月丙寅朔戊辰縣〔懸〕泉廏佐欣敢言之爰
書傳馬一匹騮駮〔駁〕牡左剽齒九歲高五尺九寸名曰騮鴻病中
肺欬涕出睪飲食不盡度即與嗇夫遂成建雜診馬病中肺欬涕出
睪審證之它如爰書敢言之　　　　　　　(Ⅱ0134②：301)

---

①　胡平生《匈奴日逐王歸漢新資料》，收入氏著《胡平生簡牘文物論集》，蘭臺出版社 1992 年。

②　胡平生、張德芳《敦煌懸泉置漢簡釋粹》，上海古籍出版社 2001 年。

68. 五鳳二年四月癸未朔丁未平望士吏安世敢言之爰書
戍卒南陽郡山都西平里莊彊友等四人守候中部司馬丞仁史丞
德前得毋貰賣財物敦煌吏證財物不以實律弁告廼爰書彊友等
皆對曰不貰賣財物敦煌吏民所皆相牽證任它如爰書敢言之

（Ⅱ0134②：302）

69. 甘露元年二月丁酉朔己未縣〔懸〕泉廄佐富昌敢言之
爰書使者段君所將疎〔疏〕勒王子橐佗三匹其一匹黃牝二匹黃
乘皆不能行罷亟死即與仮佐開御田逐陳……復作李則耿癸等
六人雜診橐他丞所置前橐他罷亟死審它如爰書敢言之

（Ⅱ0216③：137）

一看到這種開頭有"爰書"而末尾以"它如爰書"結束的文書，
就讓人覺得奇怪，但其意義後面再詳述。在這裏應該指出的是，開
193　頭的"爰書"二字，不外乎就是睡虎地秦簡《封診式》之爰書的特徵。
例如，試着比較一下如下所引一例與66～69簡。

盜馬　爰書：市南街亭求盜才〔在〕某里曰甲縛詣男子丙，
及馬一匹，騅牝右剽；緹覆〔復〕衣，帛裏莽緣領褎〔袖〕，及履，
告曰：丙盜此馬、衣，今日見亭旁，而捕來詣。　（封診式21—
22，p.151）

可以理解的是，如在文中的"甲"、"丙"、"某"之處放入固有名
詞，就變成了爰書的本文。爰書在開頭寫有"爰書"。這是理所當
然的事實，開頭的"爰書"這兩個字就成爲第二階段彙集的挑選標
準。其結果，可將所得到的簡列舉如下：

70. ☐ 史商敢言之爰書郭卒魏郡内安定里霍不職等五人
☐☐☐☐☐敞劍庭刺傷狀先以證不言請出入罪人辭☐ 乃爰
書不職等辭縣爵里年姓名如牒不職等辭曰敞實劍庭自刺傷皆
證所置辭審它如　　　　　　　　　　　（A8/3.35/乙圖1）

71. ☑ 敝後不欲言變事爰書誼數召根不肯見誼根且☑

　　　　　　　　　（A8/46. 23/勞圖 346）

72. ☑ 言之爰書☑　　　　　　（A8/485.10/勞圖 297）

73. ☑ 北部候長當敢言之爰書隧長蓋之等迺辛酉日出時

　　☑ 長移往來行塞下者及畜産皆毋爲虜所殺略者證之審

　　　　　　　　　　　（A33/306.12/勞圖 543）

74. 初元三年九月壬子朔辛巳令史充　敢言之爰書☑

　　☐辟丈墩道帚皆應令即射行　候事塞尉　☐☑

　　　　　　　　　　　（出土地不明/甲附 16/甲圖 186）

75. 建始元年四月甲午朔乙未臨木候長憲敢言之爰書雜
與候史輔驗問隧長忠等七人先以從所主及它部官卒買☑ 三
日而不更言請書律弁告乃驗問隧長忠卒賞等辭皆曰名郡縣爵
里年姓官除名如牒忠等毋從所主卒及它☑　　（EPT51.228）

76. 建始元年正月乙丑朔癸酉尉史憙敢言之爰書☑

　　　　　　　　　　　（EPT52.194）

77. ☑ 候令史齊敢言之爰書☐☑

　　☑ 射候漢彊前令史齊署當☐☑

　　　　　　　　　　　（EPT53.69）

78. 建武桼年十月辛酉朔壬戌主官令史譚敢言之爰書不
侵候長居延中宿里☐業主亭隧桼所斥呼不繕治☑ 言之

　　　　　　　　　　　（EPF22.700）

其中，78 簡指出名叫業的這個人不勝任職務，可以認爲其内容與前面的 63 簡有某種關聯。又，根據 62 簡所見李丹、孫詡的人名，則可將該簡與以下的 79 簡連接起來。

79. 建武四年三月壬午朔己亥萬歲候長憲敢言之官記曰
第一隧長秦恭時之俱起隧取鼓一持之呑遠隧李丹孫詡證知狀

194

驗問具言前言狀・今謹召恭詣治所驗　　　　　（EPF22.329）

從其中有關秦恭這個人名與“鼓”的記述，還可以將 79 簡與以下一連串的簡聯繫起來考慮。

　80. 而不更言請辭所出入罪反罪之律弁告乃爰書驗問恭辭曰上造居延臨仁里年廿八歲姓秦氏往十餘歲父母皆死與男同產兄良異居以更始三年五月中除爲甲渠呑遠隧長

（EPF22.330）

　81. 代成則恭屬尉朱卿候長王恭即秦恭到隧視事隧有鼓一受助吏時尚鼓常縣塢户內東壁尉卿使諸吏旦夕擊鼓積二歲尉罷去候長恭斥免鼓在隧恭以建武三年八月中（EPF22.331）

195

　82. 徙補第一隧長至今年二月中女子齊通耐自言責恭鼓一恭視事積三歲通耐夫當未□□□□鼓□將尉卿使執胡隧長李丹持當隧鼓詣尉治所恭本不見丹持鼓詣呑　（EPF22.694）

　83. 建武四年三月壬午朔丁酉萬歲候長憲□ ☑
隧・謹召恭詣治所先以證縣官城樓守衙☑

（EPF22.328）

　84. ☑ 皆知狀恭不服取鼓爰書　　　　（EPF22.332）

如 82 簡所窺見的，其內容爲女子齊這個人要求燧長秦恭返還鼓的訴訟，謝桂華早就在其論文中暗示此可能爲册書。①雖然文章是按照 80、81、82、62 的順序連接起來的，但是似乎仍然脱落了相當多的簡，因此難以看清册書的總體狀況。但是，很清楚的是，80 簡的文字用語與《候粟君册書》的 B“戊辰文書”有共通之處。如果是這樣的話，那麼連接四支簡而形成的文章，或許就可以認定爲秦恭之

────────────

　①　謝桂華《新、舊居延漢簡册書復原舉隅》，《秦漢史論叢》第 5 輯，法律出版社1992 年。

自證爰書的本文。

以上，根據兩個標準，嘗試彙集可判斷爲爰書本文的簡。雖然也不能否定存在脫離了其他什麼標準之爰書的可能性，但是現在祇想暫且以有確實指標的 46～78 簡，和與 62 簡文字接續的 80～82 等諸簡，作爲爰書本文的候補。

2. 驗證

以下，想驗證一下到此爲止的研究結果。即，核對第一節所列舉的 I～Ⅶ類爰書的名稱，與所彙集的成爲爰書本文之候補的諸簡，想試着搞清楚兩者是否對應。其結果，如果發現了一定的對應關係，就可以說前揭諸簡相當於爰書本文的可能性極其大。

I. **自證爰書**　是就自己所蒙受的嫌疑進行作證、解釋的文書。除了《候粟君册書》所包括的爰書之外，前揭圍繞秦恭與鼓的簡册和 70 簡等等，也可以認定爲自證爰書。以下再録 70 簡，並加上句讀，添上譯文。

　70. ☐ 史商敢言之。爰書。鄣卒魏郡内安定里霍不職等五人，☐☐☐☐☐敲劍庭，刺傷狀。先以證不言請出入罪人辭☐，乃爰書不職等辭。縣爵里年姓名如牒。不職等辭曰：敲實劍庭自刺傷。皆證所置辭審，它如。

　☐ 史商報告。爰書。鄣卒魏郡内（内黃縣？）安定里霍不職等五人，☐☐☐☐☐關於敲拔劍刺傷一事。首先宣示"無法證言的事實與陳述有出入☐"（告知所謂證不言情律），然後根據爰書（驗問了）不職等人。縣、爵、里、年齡、姓名，各自均如附册。根據不職等供述可知，敲確實屬於拔劍刺傷了自己。所有的證明供述均無謊言。其他如（爰書的）。

　　原文的"劍庭"即"劍挺"。"乃爰書"之下則脱落了"驗問"二字。

　　Ⅱ. 吏卒相牽證任爰書　　"牽"亦作"牽引"、"引牽",是指關於某事件若干人都負有連帶責任;①"任"是保證的意思。②因此,所謂吏卒相牽證任爰書,就是若干個吏卒在連帶責任中作證之爰書的意思。以"相牽證任"四字爲線索檢索,就會看到敦煌懸泉置出土的 68 簡。

197

　　68. 五鳳二年四月癸未朔丁未,平望士吏安世敢言之。爰書。戍卒南陽郡山都西平里莊彊友等四人,守候中部司馬丞仁、史丞德,前得毋貰賣財物敦煌吏。證財物不以實律弁告,廼爰書彊友等,皆對曰:不貰賣財物敦煌吏民所。皆相牽證任,它如爰書,敢言之。

　　五鳳二年(前 56)四月癸未朔丁未(25 日),平望候官之士吏安世報告。爰書。根據戍卒南陽郡山都西平里莊彊友等四人,代理候的中部司馬丞仁、史丞德此前(的證言),並没有貰賣財物給敦煌之吏。告知證財物不以實律,然後根據爰書(驗問了)彊友等,均回答説:"没有貰賣財物給敦煌的吏民。"都以連帶責任保證證言。其他如爰書。以上謹此報告。

　　我想,在原文"前得"之後脱落了"證",而在"廼爰書"之後則脱落了"驗問"。應該引起注意的是,這裏亦可見到《候粟君册書》與圍繞失鼓的册書中所出現的宣示"證不言情律"的程序。其原因或許在於哪個爰書都是與供述有關聯的。又,另一方面,若按照"不

────────────

　　① 《後漢書》列傳第一四《馬援傳》:
　　　　及郭後薨,有上書者,以爲肅等受誅之家,客因事生亂,慮致貫高、任章之變。帝怒,乃下郡縣收捕諸王賓客,更相牽引,死者以千數。
　　② 《漢書》卷十一《哀帝紀》應劭注:
　　　　任子令者,《漢儀注》吏二千石以上視事滿三年,得任同産若子一人爲郎。(師古曰:任者,保也。)

貰賣財物”的供述内容,則該簡也可以作爲Ⅶ類貰賣爰書的類型來處理。或許可以説,這暗示着此前已分類的爰書名稱相互間没有排他的可能性。

Ⅲ.秋射爰書　所謂秋射就是對候燧之吏所課以的射擊弩的考試。①因此,出現“秋射”、“射”、“帠(まと)”等用語的 46、50、56、57、74、77 等諸簡,可以判斷爲秋射爰書的本文。作爲其一例,兹列舉 56 簡如下:

56.甘露二年八月戊午朔丙戌,甲渠令史齊敢言之。第十九隧長敝自言,當以令秋射,署功勞。即石力發弩,矢□弩臂皆應令。甲渠候漢彊、守令史齊,署發中矢數於牒。它如爰書。敢言之。

198

甘露二年(前 52)八月戊午朔丙戌(29 日),甲渠令史齊報告。第十九隧長敝自己申請,想按照令舉行秋射,記録功勞。用一石之力發弩,矢……弩之托架都符合令的規定。甲渠候漢彊與代理令史齊,將其命中的矢數記録在附册。其他如爰書。以上謹此報告。

Ⅳ.病死(病診)爰書　是有關屯戍候官與烽燧之戍卒生病、病死的爰書。可以見到“病”、“飲藥”、“不偷〔癒〕”等用語的 47、49、65 簡等,大概就相當於此類爰書。例如,49 簡有如下的内容:

49.☑當遂里公乘王同,即日病頭痛寒炅,小子與同隧
　　☑飲藥廿齊,不偷〔癒〕。它如爰書。敢言之。

☑當遂里公乘王同,那天患病,頭痛、忽冷忽熱,小子與同隧

☑喝了二十劑藥,仍未治癒。其他如爰書。以上謹此

---

① 吳昌廉《秋射——兼論秋射與都試之異同》,《簡牘學報》第十一期,1985 年。

報告。

又,47 是文意難以理解的斷簡,我想注意的是,由於"毋木索兵刃処(没有木索兵刃之處)"的外傷,可以補上否定死亡的可能性的詞語。

Ⅴ.**死馬爰書**　大概是關於公有馬匹死亡的爰書。懸泉置出土的 66、67 簡爲其恰當的例子,而關於橐他(駱駝)之死的 58 與 69 或許亦可以視爲同類的爰書。因關於 66 簡胡平生有相關的考釋,①故在此譯出圖版已經發表的 58 簡。

58.☑□寅,士吏强兼行候事,敢言之。爰書。戍卒穎川郡長杜臨利里樂德、同縣安平里家橫告曰:所爲官牧橐他☑☑戍夜僵臥草中,以□行。謹案德、橫□到橐他,尉辟推謹,毋刀刃木索跡。德橫皆證所言。它如爰書。敢☑

☑□寅,士吏强兼任候之職務並報告。爰書。戍卒穎川郡長杜臨利里樂德、同縣安平里家橫報告説:"爲官所放牧的駱駝☑☑戍之夜,倒伏在草中,不走了(?)。"德與橫□到了,察看駱駝,尉搜查了犯人,但是没有刀具、棍棒、繩子的痕跡。德與橫均可證明。其他如爰書。以上謹此報告。

所謂"辟推謹",即"謹辟推"的倒文。這裏大概是説,尋找有無導致駱駝死亡或生病的原因。②注意其中可見與病死(病診)爰書的情

―――――――――

①　胡平生《匈奴日逐王歸漢新資料》,收入氏著《胡平生簡牘文物論集》,蘭臺出版社 1992 年。

②　在居延漢簡中,使用"推辟"一語的如,"記到各推辟界中定吏主當坐者名"(EPF22.129 等)。"推"字有"找,尋找"的意思,這可從《後漢書》列傳第七一《獨行傳》王烈條窺其一斑:

　　鄉里有盜牛者,主得之,盜請罪曰:刑戮是甘,乞不使王彦方知也。烈聞而使人謝之,遺布一端。……後有老父遺劍於道,行道一人見而守之,至暮,老父還,尋得劍,怪而問其姓名,以事告烈。烈使推求,乃先盜牛者也。

況一樣的"毋刀刃木索跡"這句話。

Ⅵ. **毆殺爰書**　從名稱來看,可推測是有關吏卒傷害事件的爰書。在所彙集的本文中沒有找到確實對應之例,但類似 70 簡那樣關於傷害事件的爰書,在關注到其事件內容的情況下,也許可以用該名稱來稱呼。

Ⅶ. **貰賣爰書**　可能是有關衣服與器物之貰賣(賒賣)的爰書。見有"貰賣"之語的 59 簡與 68 簡相當於這類爰書。但是,如前所述,亦可歸入Ⅱ類吏卒相牽證任爰書。

當然,在剩下的諸簡之中,對極端殘缺的斷簡是不可能進行分類的,即使是簡文較長的簡,例如 60、63、78、73 等等,其內容與Ⅰ~Ⅶ類的哪一個都不符合。其中前三者的內容是以吏不勝任職務爲理由請求斥免(罷免)之,若暫且要爲之取名的話,則可稱之爲"斥免爰書"。又,73 簡記載了人畜未被胡虜殺害的情況,因此也許爲報告跡候結果的爰書。當然,並非通過第一節的工作就能夠網羅所有的名稱,因此這種名稱不明的文書也不是不可思議的。僅作爲參考,譯出 60 簡的簡文。

> 60. ☑ □里上造張憙、萬歲候長居延沙陰里上造郭始,不知犢〔讀〕蓬火,兵弩不檠持,憙□☑☑□斥免。它如爰書。敢言之。
>
> ☑ □里之上造張憙、萬歲候長居延沙陰里之上造郭始,不知道烽火的讀法,沒有給弩裝上弓矯予以保管。憙(應處以?)罷免。其他如爰書。以上謹此報告。

祇要看到以上的結果,恐怕就可以明白,本節所彙集之諸簡的內容與第一節所分類的爰書名稱,存在一定的對應關係。由此可以判斷,以上所列舉的簡牘相當於爰書本文的可能性相當大。可以説,也彙集了包括爰書本文的斷簡。搞清楚"何爲爰書"的工作,

200

大致可以得出結論了。那麼，以下要根據迄今爲止的認識，來研究
爰書的功能，即要接着解釋清楚“所謂爰書是什麼”這一問題。但
是，此前大庭脩已有一篇關於爰書的先行研究，必須分出一節就此
進行討論。其原因就是，大庭論文也與本章一樣，主要是以居延漢
簡爲素材，但是作爲爰書實例所認定的簡牘，卻與拙見有很大的不
同之處。

201

五、“自言”簡的問題

　　大庭論文作爲爰書——特別是自證爰書——的實例，列舉出
的是如下的木簡（圖3）：

```
　　　　　　　自言故爲居延高亭亭長三年十二月中送詔獄證　　糵得
　　　　　　　便從居延迎錢守丞景臨取四年正
85. 尉史李鳳　月奉錢六百至二月中從庫令史鄭忠取二月奉不　重得
　　　　　　　正月奉今庫掾嚴復留鳳九月奉錢
　　　　　　　不當留庫證所言
```

（A8/178.30/勞圖290）

這是以領取雙份工資爲理由而被庫掾停止支付工資的李鳳，控告
該處分不當的文書。如大庭論文所説，這“可以説是撤回停止支付
奉錢處分的申請書”。[1]其將之視爲自證爰書的理由在於，“皆不服
爰書自證書到如律令”（後揭112簡）等簡所見“不服爰書自證”這
句話。大庭認爲，這句話意味着“對什麼事不服，就親自以爰書證
明”。如果是這樣，那麼所謂自證爰書可能就是因不服什麼事而親
自予以證明的文書。因此，前揭“‘不服’官府停止支付工資的處
分，就證明自己的主張”的85簡，的確就應該成爲自證爰書“最恰

---

　　① 　大庭脩《爰書考》，收入氏著《秦漢法制史の研究》，創文社1982年，638頁。

當的一簡"。

　　但是,這就是爰書嗎? 亦如大庭所指出的,85 簡的特徵在於,"簡文有'自證'一語",以及"簡的形態是將名字用大字寫在中央,空一格後用小字寫主張"。因此,爲了便於研究,試着列舉具有同一特徵的簡如下:

202

　　86. 三壔燧長徐宗　　自言故覇胡亭長寧就舍錢二千三百卅數責不可得
(A8/3.4/勞圖 527)

　　87. 燧長徐宗　　自言責故三泉亭長石延壽莢錢少二百八十數責不可得
(A8/3. 6/勞圖 569)

　　88. ☐秋里孟延壽　　自言當責甲渠候官尉史王子平☐☐☐
(A8/158. 3/勞圖 191)

　　89. 吞遠燧卒夏收　　自言責代胡燧長張赦二之二買收縑一丈直錢三百六十
(A8217.15＋217.19/勞圖 513 · 519)

　　90. 甲渠卒尹放　　自言責市陽里董子襄馬遊君☐　　(A8/261.42/勞圖 444)

　　91. 窮虜燧長陳偃　　自言責肩水☐
(A8/44. 22/勞圖 158)

　　92. ☐跡第四十一南陽武☐翟陵里☐桂字子見　　自言二年一月中貰賣☐
(A8/190.12/勞圖 312)

　　93. ☐阿平富里張赦　　自言賣☐賣襲一領☐

203

(A33/213.49/勞圖 16)　圖3　自言書木簡

94. 鄣卒尹賞　·自言責第廿一燧徐勝之長襦錢少二千
（EPT51.8）

95. 司馬令史騰譚　自言責甲渠燧長鮑小叔負譚食粟三
石今見爲甲渠燧長　　　　　　　（EPT51‐70）

96. 第廿五燧卒唐惠　自言貰賣白紬襦一領直千五百交
錢五百·凡並直二千☐　　　　　　（EPT51.302）

97. 河東猗氏宜秋里令狐虞　　　自言　　（EPT51.380）

98. 制虜燧長徐嚴居延　·自言爲居延當遂☐
單衣錢七百數責☐（EPT51.469）

99. 武賢燧長鄭武　自言負故不侵候長徐輔六百☐☐
（EPT52.126）

100. 卅井第二廬卒南陽杜衍鍾耐　自言責塞尉富駿子
男長☐　　　　　　　　　　　（EPT52.128）

101. 石燧二卒張雲陽　卩　自言責甲渠驚虜燧長☐　☐
庸　　☐☐　　　　　　　　　（EPT52.487）

86～90 簡，在大庭論文中，是作爲與 85 簡類似的例子列舉出
來的。都是候燧之吏卒採用"自言"的形式，其内容是有關"責"與
"負"即債權、債務者佔有很多。根據大庭的標準，上列諸簡就成爲
自證爰書的本文。但是，通覽起來看這些簡，就會感覺到視之爲自
證爰書，則有如下兩個難點。

第一，與作爲確實的自證爰書之例，即前面所列舉的《候粟君
册書》的 B"戊辰文書"之間，完全不見有格式上的共同性。特別
是相對於"戊辰文書"與公文書之體例一致的從年月日開始寫的
格式，上列諸簡没有一枚採用這種形式。這不就暗示 85 簡以下
的簡是在與爰書這類公文書不同的另外的場合中起作用的文
書嗎？

第二，除 85 簡之外，其他的簡都不是以"證所言"結尾的。如

前所述,大庭論文認定 85 簡爲自證爰書的理由之一,就是該"證所言"一語。因此,一看作爲這類例子所選出的諸簡就可知,即使是像 86、89、94、95 那樣没有缺損的簡,無論在哪裏也都没有發現"證所言"一語。總之,對於以上諸簡來説,"證所言"一語就不是不可或缺的要素。換言之,則可以推測:這些簡所發揮的作用在於與"自證"不同的其他場合。

那麼,這些簡不是自證爰書而是什麼文書呢? 我認爲可稱之爲"自言"或者"自言書",這是一種申訴書、申請書。其根據在於如下之簡:

205

102.☐ 候長湯敢言之謹移自言各如牒唯官毋予

（A8/160. 3/勞圖 513）

103. 元延元年十月甲午朔戊午橐他守候護移肩水城官吏自言責嗇夫犖晏如牒書到驗問收責報如律令

（A35/506.9A/勞圖 80）

水肩塞尉印　　　　　即日嗇夫☐發

十月壬戌卒周平以來　　尉前　　　佐相

（A35/506.9B/甲 149）

104. 元延二年二月癸巳朔甲辰玉門關候臨丞猛移效穀移自言六事書到願令史驗問收責以錢與士吏程嚴報如律令

（T103. 4A）

最後一例是敦煌懸泉置出土的簡。[①]就如同從"謹移自言各如牒"、"移肩水城官吏自言責嗇夫犖晏如牒"、"移效穀移自言六事"這幾句話所知道的那樣,以上所列舉的都是送"自言"之際所添加的送達文書簡(傳送單)。還有一例,可以附加如下的楬:

---

① 馬建華主編《河西簡牘》,重慶出版社 2002 年,147 頁。

　　105. ⊠永始四年
　　　　吏民自言書　　　　　　　　　　（EPT50.199）

206

　　據此,我認爲,將私人對於官府進行申訴、申請的行爲稱爲"自言",因此所提出的文書可稱爲"自言"或者"自言書"。①因爲這不是祇往來於公共機關的文書,所以開頭不一定要有紀年。又,既然申訴、申請是其目前的目的,通常也就沒有必要使用"證所言"的語句。前揭85～101簡都是相當於這種"自言"、"自言書"的木簡,而不是自證爰書。較之其他的簡,85簡成爲沒有先例的長文。這無非是因爲其中摻入申訴的內容,但作爲文書的性質則與其他"自言"簡是一樣的。順便説一下,85簡之文字的排列有爲了編綴的空格,這顯示該簡曾是册書中的一枚。

　　但是,"自言"並非與爰書完全沒有關係。祇要研究一下前揭的"自言"諸簡,就會發覺其中包含有在解釋爰書功能方面的重要線索。這就是説,在以"自言"請求返還貸款時,與負責處理糾紛的官吏和債務人（被指名者）如何對應這一點有關聯。擬再看一下前面提到的三份送達文書。首先,103簡的內容如下:

　　　　103. 元延元年（前12）十月甲午朔戊午（25日）,代理彙他候護移送給肩水城（肩水都尉府）候官之吏要求嗇夫犖晏返還貸款的"自言"如附册。如文書送到,就驗問（犖晏）、收回貸

_____

　　①　這種"自言"的用例,亦散見於正史的記載中。作爲一例,可舉出的是《漢書》卷八三《朱博傳》的逸聞:

　　　博本武吏,不更文法,及爲刺史行部,吏民數百人遮道自言,官寺盡滿。從事白請且留此縣錄見諸自言者,事畢乃發,欲以觀試博。博心知之,告外趣駕。既白駕辦,博出就車見自言者,使從事明敕告吏民:欲言縣丞尉者,刺史不察黃綬,各自詣郡。欲言二千石墨綬長吏者,使者行部還,詣治所。其民爲吏所冤,及言盜賊辭訟事,各使屬其部從事。博駐車決遣,四五百人皆罷去,如神。吏民大驚,不意博應事變乃至於此。

款,報告結果。如律令。

　　儘管是橐他候官所發出的信,但是背面的接收記録却記有"水肩塞尉印"即"以肩水塞尉(候官之尉)的印封緘",這大概是因爲郵送途中封印已經被損壞了。①該簡是 A35 即肩水都尉府遺址出土的,顯示出即使是有關收回貸款的"治民"事項,都尉府也要出面幹預。104 簡與此簡一樣,是有關收回貸款的指示:

　　　　104. 元延二年(前 11)二月癸巳朔甲辰(12 日),玉門關候臨、丞猛送給效穀縣自言六份。如文書送到,就委託令史驗問(相關當事人),收回貸款,將錢交給士吏程嚴,報告(結果)。如律令。

又,102 雖是斷簡,但仍可將其殘存部分的簡文内容翻譯如下:

　　　　102. ☑ 候長湯報告。謹送自言,各自如附册。候官不要給予……

　　這樣的"自言"之送達目的地,無疑是成爲請求返還對象之人的籍貫、任職所在地的機關。於是,隨之要指示或委託"驗問收責"。如果是這樣,收到這樣的"自言"的機關,就一定會馬上採取措施:或者親自驗問相關當事人並征討欠款,或者給直接管轄該當事人的其下級機關下達指示。下一枚就是記録這樣的指示的簡:

────────────

　　① 張家山漢簡《二年律令》可見如下的規定:
　　　　書以縣次傳,及以郵行,而封毀,□縣□劾印,更封而署其送徼〔檄〕曰:封毀,更以某縣令若丞印封。(275,pp. 170—172)
　　其規定:從縣到縣所郵寄文書的封印損壞了,再用縣的印封上,並讓人在送檄中上書説:"因封已壞,故再用某縣之令或丞的印封好了。""送檄"之語不詳,或者可能就是本章所説的"送達文書"嗎? 若據該規定推測 103 簡的郵寄過程,則大概情況如下:因爲橐他候官送給肩水都尉府的"自言"之"封印"在郵寄途中被損壞了,所以負責中轉傳送的肩水候官直接用尉的印封了緘。

106. 官告第四候長徐卿鄣卒　　周利自言當責第七燧長
季由

　　　　□百記到持由三月奉　　錢詣官會月三日有

(A8/285. 12／勞圖 371)

　　候官通告第四候長徐卿。鄣卒周利申訴第七燧長季由有
□百的貸款。如該記送到，就拿季由三個月的俸錢到候官處
報道。本月三日集合。

所謂"官"即候官，所謂"鄣卒"就是候官所屬的戍卒。在這種情況下，
如果從甲渠候官——第四候長——第七燧這樣的統屬關係來考慮，就容
易理解。因爲債務人季由是第七燧長，所以收到"自言"的候官，就給
統領第七燧的第四候長發出了收回貸款的指示。再試舉一例如下。

107. 官告吞遠候長党不侵部　　卒宋萬等自言治壞亭
當得

　　　　處食記到廩万等毋令　　　自言有

　　　　教　　　　　　　　　　　　(EPT51. 213A)

　　　　置馳吞遠候長党　　　　　(EPT51. 213B)

　　候官通告吞遠候長党。不侵部之卒宋萬等人申述，正值
修理損壞的亭，要在現場領取所供給的食物。若該記到後，就
發給萬等人食物。不得再有(像這次一樣的)申述之事發生。
用驛馬遞送。送給吞遠候長党。

　　雖然這種情況不是征討債款而是申請稟食，但是收到了"自
言"的候官給相關機關發出了指示。這點與 106 簡有共通之處。
另外，106、107 簡的文末可見"有"或者"有教"的文字，這是被稱爲
"記"或者"教"的下達文書中所特有的用語。①

――――――――――

　　①　鵜飼昌男《漢代の文書についての一考察——"記"という文書の存在》，《史
泉》第 68 號，1988 年。連劭名《西域木簡中的記與檄》，《文物春秋》1989 年第 1、2 期。

　　那麼,收到了這類指示的機關,已努力驗問債務人並收回欠
款。然後,例如,在 106 簡的情況下,就會將收回的金錢帶給候官。
因爲 106 簡的請求人是候官所屬的戍卒,所以在這個階段糾紛就
得以解決。但是,如果那是其他候官或者上級的都尉府所下的指
示,那麼此時要再製作一份文書,送達到相關的機關。如下的報
告,就是這種文書:

　　　　108.☑□二年二月丁酉朔丁卯甲渠鄣候護敢言之府書
曰治渠卒賈

　　　　　　　☑□自言責燧長孫宗等衣物錢凡八牒直錢五千一
百謹收得　　　　　　　　　　　　　　　（EPT52.110）

　　　☑□二年二月丁酉朔丁卯（30 日）,甲渠鄣候護報告。來
自都尉府之府書説:"治渠卒賈☑□申述説,借給燧長孫宗等
買衣物的錢共五千一百八錢,詳見附册八枚。"謹據此收回了
（該款）。

文中所引"府書"的内容,大概省略了指示"驗問收責"的部分。再
舉一例,以下的簡是由鷹取祐司綴合的,[1]從其字體與格式來看,
可能是報告書的副本。[2]"負"是"責"的反義詞,即債務的意思。

　　　　　　　　　　　　　第十士吏孫猛十二月
　　　　　　　　　　　　自言責士吏孫猛脂錢百廿・謹驗問士吏
109. 故甲渠第九燧長吳建　孫猛辭服負已收得猛錢百廿
　　　　　　　　　　　　奉百廿

　　　　　　　　　　　　　（EPT52.130＋EPT52.21）

---

① 鷹取祐司《漢代の裁判文書"爰書"——戍卒による売買を手掛かりに》,《史
林》第 79 卷第 5 號,1997 年。

② 鷹取祐司稱之爲"收回債權的底賬"（鷹取祐司《漢代の裁判文書"爰書"——
戍卒による売買を手掛かりに》,《史林》第 79 卷第 5 號,1997 年,22 頁）。

　　　　原甲渠候官第九燧長吳建報告,(第十部之士吏孫猛,十二月的工資爲一百二十錢)借給士吏孫猛脂錢共計一百二十錢。驗問了士吏孫猛,他已承認負債之事,已從猛那裏收回一百二十錢。

210　　可是,以上兩例都是能夠順利地收回欠款的情況,但另一方面,一定也有債務人——被指名者——抗辯、不同意歸還債務的案例。例如,在以下的發信日簿中就可窺見這樣的情況:

　　　　110. 殄北候令史登不服負臨木候長憲錢謂臨木候長憲・一事集封　四月己卯尉史彊奏封　　　　　　　(EPT51.25)
　　　　殄北候之令史登不承認有欠臨木候長憲錢之事。已將此事傳達給臨木候長憲。一件文書附上若干封文書。四月己卯,尉史彊封印。

　　在這樣的情況下,其後可能會如何發展下去呢? 也許不能認爲衹作爲債務人的誤會就了結這件案子。因爲沒有任何一個地方會保證抗辯通常是正確的。恐怕要進入到下一階段,即要求當事人應按照那樣的程序再次正式陳述事實。自證爰書成爲必要的原因,恰恰就是面臨着這樣的局面。

六、爰書的功能

　　在此,想再考察一下上節開頭所提及的"不服爰書自證"這句話的意思。這句話出現在如下的這些簡文中:

　　　　111. □責不可得證所言　不服負爰書自證・步光見爲
211　俱南燧長不爲執胡燧長　　　(A8 / 157.12 / 勞圖 447)
　　　　112. 皆不服爰書自證書到如律令
　　　　　　　　　　　　　　(A8 / 206.31 / 勞圖 298)

111 簡的内容是,因對債權人的請求即有債務一事"不服",故以"爰書自證"。自證的主體恐怕就是見於後段名叫步光的燧長。因 112 簡是斷簡,故不能正確理解,但毫無疑問的是至少涉及到"爰書自證"這一關係。此外,儘管其文字用語有一些不同,但是也與第一節之Ⅰd所列舉的簡 8～13 所見"不服移自證爰書"一樣,説明已收到"不服"並提交了自證爰書。

可是,在這種情況下,應如何理解"不服"一語呢? 秦漢時代訴訟時所使用的"服"一語,並不是表示信服、服從這樣的一般性意義。如此前之章所搞清楚的那樣,它是指受到驗問、訊問的嫌疑犯自己承認事實。漢簡的用法也與此相同,基本上没有什麽變化。前節所引 109 簡可見"謹驗問士吏孫猛辭服負",即爲其佐證。因此,111、112 簡所説的"不服負",是指"自己不承認負債的事實"。即,所謂"不服"是一個以驗問爲前提的詞語,即使没有"驗問"二字,而如果有"不服爰書自證",那麽也可以認爲進行了"驗問→不服→爰書自證"這樣的程序。因此,"不服爰書自證"、"不服移自證爰書",就應該各自解釋爲"已驗問過但自己不承認,以爰書親自證明","驗問而自己不承認時,製作自證爰書之後予以送達"。

如根據"自言"返還欠款的請求成立,就由官府安排全部的驗問當事人、收回欠款的工作。關於其間的詳細情況,上節已述。其結果,如果當事人承認債務的事實(這是"辭服負"),就没有問題了。但是,若在當事人抗辯没有償還義務的情況下("不服負"),則要求其通過爰書來證明其所主張的内容。從"不服爰書自證"這句話,就可以領會到進行了這樣的程序。如果是這樣,那麽關於在這種情況下所製作之自證爰書的功能,可能自然而然就變得很清楚了。即,它具有作爲保證自己的主張正確之證書的功能。作爲進一步證實該推定的史料,以下這枚簡(圖 4)值得注意:

212

　　　　　　　　　　　　　　責候長李勝之錢二百九十三。謹驗問勝之，
　　　　　　　　　　　　　　辭：故與君佚夫彭祖爲殄北塞外候☐

113. ☐居里女子石君佚王子羽　　五年十二月中，與彭祖等四人供殺牛，已校
　　　　　　　　　　　　　　計，不負彭祖錢。彭祖徙署白石部，移書
　　　　　　　　　　　　　　責厶

　　　　　　　　　　　羽　　　錢二百九十三。厶爰書自證，不當償彭祖錢。
　　　　　　　　　　　　　　已決絶，彭祖免歸氐池，"毋詣官"至今積四
　　　　　　　　　　　　　　歲。"彭☐☐妻"君佚今復責厶錢。厶自證爰
　　　　　　　　　　　　　　書在殄北候官。

　　　　　　　　　　　　　　　　　　　（EPS4T2.52）

　　　　因文字難以讀懂，故附加句讀。下劃線部分
是不同的筆跡，或者也許是負責驗問者的署名。
其上部大寫的原籍與姓名，明示了本案件的起訴
人，因此也是與"自言"簡具有共同特徵的簡。又，
引號内的則是寫在欄外的追記，已在上面的釋文
中插入本文的相應之處。文中的"厶"即"某"，若
理解爲被驗問者李勝之的自稱，則全文可以通讀
如下：

　　　　113. ☐居里女子石君佚，要求候長李勝之返還
欠款二百九十三錢。謹驗問了勝之，他陳述説："原
來與君佚之夫彭祖，曾經都是殄北塞外候的☐。五
年十二月中，與彭祖等四人一起屠殺了牛，但是各
人應付的費用已計算完畢，沒有向彭祖借錢。自彭
祖調到白石部後，曾寄過函件，要求我返還二百九
十三錢。我已經通過爰書證明不必還錢給彭祖。
彭祖與妻離婚後，卸任回到氐池縣，至今已四年，其
間未曾前往候官（控告）。彭（祖的前）妻君佚現在

圖4
第四燧出土木簡
（EPS4T2.52）

又來要求我還錢，而我的自證爰書在珍北候官那裏。”

這是一枚非常珍貴的簡，其内容大意是：爲了證明自己没有債務，而製作並提出了爰書；還有，爰書好像是由候官保管的，等等。

如果這樣考慮，那麼我覺得或許可以推定，即使關於《候粟君册書》的自證爰書，也與上簡有完全一樣的功能。關於成爲册書之背景的事案，在第三章第二節與本章第二節中已進行分析，但是其中所包括的兩份爰書，即 A“乙卯文書”與 B“戊辰文書”，都是寇恩不服粟君之“責”（債權請求）而製作並提出的。文書的往復關係可以説是複雜的，但在兩點上與 113 簡是一樣的，即：一是證明自己没有債務，二是爰書由候官來保管。通過驗問之前告知“證不言情律”、三日後進行再次陳述的程序，這樣的爰書就被賦予了效力。换言之，負責官吏經該程序所製作的自證爰書，一定可以被認定爲是具有公共證明力的證書。本章擬暫且稱這樣的證書爲“公證文書”。

那麼，自證爰書的功能已如上所述，其他種類爰書的功能又是怎樣的呢？以下試着討論一下這個問題。

首先，關於 Ⅱ 吏卒相牽證任爰書。已如第三節所指出的，在這類的本文中亦可見“證不言情律”。由此可以認爲，吏卒相牽證任爰書的功能也與自證爰書的一樣，是若干人在連帶責任中作證的“公證文書”。從以下這枚報告書，就可領會到這樣的情況：

215

114. □采捕驗亡人所依倚匿処必得得詣如書毋有令吏民相牽證任爰書以言謹雜與候史廉騂北亭長歐等八人戍卒孟陽等十人搜索部界中□亡人所依匿処爰書相牽

(A33 /255. 27 /勞圖 93)

（來自上級的文書）説：採捕。找到逃亡者所隱匿的地方，一定要去逮捕。若已經逮捕，則按照文書的指示押送該犯。寫“没有”時，負有連帶責任的吏民根據爰書進行證明，以文書報告。謹與候史廉、騂北亭長歐等八人、戍卒孟陽等十人，共同搜索了部之管轄區內，找到了逃亡者所隱匿之處。根據爰書，負有連帶責任。

所謂“雜”，就是“主管不同事務的兩個以上的職官，共同承擔一項工作時所使用的文字”。①上述該簡是指，文書的發信者（大概是候長）與“候史廉、騂北亭長歐等八人”，以及“戍卒孟陽等十人”，已共同搜索部內。其中，前者是“吏”，後者之“卒”相當於“民”，因此，所謂“吏民相牽證任”即可理解爲：共同搜索的吏卒負有連帶責任，並要保證其結果。同樣的例子，也可在敦煌漢簡中找到：

　　115. 燧長常賢・充世・綰・禎等雜庾索部界中間戍卒王韋等十八人皆相證　　　　　　（T.vi.b.l. 206/Ch157）

“庾索”即搜索。這是四位燧長一起搜索了部（可能是四個燧所屬的部）之管轄區內，進而也詢問了十八個戍卒，並“相證”了其結果的文書。可能仍是有關吏民相牽證任爰書的簡——或者可能是爰書本身的一部分。

在與吏民相牽證任爰書的關聯方面，應該注意的是 68 簡。如前所述，該簡在由若干人證明這一形式上，可以歸類於吏民相牽證任爰書；而在不貰賣財物這一內容方面，則可以歸入貰賣爰書類。若然，則Ⅶ貰賣爰書的功能也可以理解爲記錄了圍繞貰賣的公證文書。不但如此，68 簡還有兩個不能忽視的特徵。以下，再引用其全文，並附加標點：

　　68. 五鳳二年四月癸未朔丁未，平望士吏安世敢言之。爰書。戍卒南陽郡山都西平里莊彊友等四人，守候中部司馬

_____

① 大庭脩《漢王朝の支配機構》，收入氏著《秦漢法制史の研究》，創文社 1982 年，48 頁。

丞仁、史丞德,前得毋貰賣財物敦煌吏。證財物不以實律辨
告,廼爰書彊友等,皆對曰:不貰賣財物敦煌吏民所。皆相牽
證任,它如爰書。敢言之。

第一個特徵是,應該證明的内容是以"毋貰賣財物"、"不貰賣財
物"這樣的否定表達記載的。同樣,37 簡也可見到"毋貰"、38 簡也
可見到"不貰賣爰書"。由目前所見漢簡可知,貰賣行爲是日常所進
行的,並不值得違法。[1]若然,則作爲貰賣爰書證明對象的就是不法
貰賣,可能是貰賣所發給的官有物之行爲。如將以下所列舉的一枚
語 68 簡對照,就一定可以自然而然地理解這種爰書的背景。

116. 二月戊寅,張掖太守福、庫丞承憙兼行丞事,敢告張
掖農都尉、護田校尉、府卒人:謂縣,律曰:蔵它物非錢者,以十
月平賈計。案:戍田卒受官袍衣物,貪利貴賈貰予貧困民。吏
不禁止,浸益多,又不以時驗問。　　　(A8/4.1/勞圖 380)

二月戊寅,張掖太守福與兼任丞的庫丞承憙,通告張掖農
都尉、護田校尉、府卒人:轉告縣,[2]律曰:"非法取得他人財物
時,除錢之外的東西,要以十月的標準價格評估(其價值)。"經

---

① 角谷常子《居延漢簡にみえる売買関係簡についての一考察》,《東洋史研究》
第 52 卷第 4 號,1994 年。
② 大庭脩認爲,該簡所見"告甲謂乙"之類使用"告"與"謂"的語法,是同一文書
的受領者有上下級關係時的表達,即:對上級官府用"告",對下級則用"謂"(大庭脩《漢
簡にみえる不道犯の事例》,收入氏著《秦漢法制史の研究》創文社 1982 年,155—159
頁)。竺沙雅章批評該見解說,若是在後世下行文書的情況下,則所謂"告甲謂乙""一
般是表示從甲到乙的傳達順序",在漢簡中也是一樣的,應該理解爲通過甲傳達給乙
(竺沙雅章《居延漢簡中の社文書》,冨谷至編《辺境出土木簡の研究》,朋友書店 2003
年,344 頁)。同樣的問題是,雖然也可以就"告甲謂乙"的語法進行指摘,但是從里耶秦
簡的用例判斷,我認爲"通過甲告訴乙"的竺沙之說是妥當的(參見本書附錄一)。即使
116 簡,可能也是張掖太守指示首先告訴"張掖農都尉、護田校尉、府卒人",從那裏再下
達到縣。"告"的具體對象是"張掖農都尉、護田校尉、府卒人"——自不待言,"府卒人"
是都尉府——另一方面,"謂"的對象衹記錄了縣,不是基於縣是間接的下達對象嗎?

　　　調查得知，戌卒、田卒一領取官府發給的衣服與物品，就高價
　　賣給貧困之民以貪圖利益。若吏不禁止，則其數量可能越來
　　越多，而且若又不即時驗問……

從其所引用的律文推測，可以認爲違法貰賣適用臟物罪。在驗問
其有無貰賣時，可能就要求使用貰賣爰書（或者不貰賣文書）來證
明其否認之事。

　　第二個特徵是，前後兩次反覆説否定行爲的話即"毋貰賣財物
敦煌吏"、"不貰賣財物敦煌吏民所"。拙見以爲，這個現象意味着
68 簡是由兩份爰書構成的。即，從開頭的"爰書"到"毋貰賣財物
敦煌吏"是最初的爰書，從"證財物不以實律弁告"到結尾的"它如
爰書"則相當於第二份爰書。如果這樣考慮的話，在此就可領會到
與三日後再次證明最初之爰書内容的自證爰書是同樣的程序。第
四節作爲彙集爰書本文線索的用語之中，開頭的"爰書"與結尾的
"它如爰書"，當然各自屬於最初的爰書與第二份爰書。

　　重複同一句話的現象，也可在被劃分Ⅴ死馬爰書類的簡中看
到。例如，看一下死馬爰書之一的 67 簡的簡文：

　　　67. 建昭元年八月丙寅朔戊辰，縣〔懸〕泉廐佐欣敢言之。
　爰書。傳馬一匹，騂駮〔駁〕，牡，左剽，齒九歲，高五尺九寸，名
　曰騂鴻，病中肺欬涕出罜，飲食不盡度，即與嗇夫遂成、建雜
　診，馬病中肺欬涕出罜審，證之。它如爰書。敢言之。

　　　建昭元年（前 38）八月丙寅朔戊辰（3 日），懸泉廐佐欣報
　告。爰書。傳馬一匹，是花斑的牡馬，左側有印，九歲，高五尺
　九寸，名曰騂鴻，患肺病，從鼻子流出的濃汁出現腫塊，已不能
　好好吃東西了。嗇夫遂成與建馬上共同進行了診斷，得知：馬
　得了肺病，從鼻子流出的濃汁裏有疙瘩，證明情況屬實。其他
　的如爰書。以上謹此報告。

　　其内容大意是：接到報告説配備給懸泉置的一匹驛馬病了，
廄佐與其他人共同進行了診斷。這裏也和前揭68簡一樣，重複
出現帶着"即"字的"馬病中肺欬涕出罨"這一表達。這不是再次
確認了前半部分的爰書所述内容的佐證嗎？即，從開頭的"爰
書"到"飲食不盡度"可能是最初的爰書的内容，從"即"到結尾的
"它如爰書"則可能是第二份爰書的内容。當然，這兩份爰書在
此也仍然起到了公證的作用。同樣的情況，在58簡中也可以指
出。這裏的"以□行"之前是記載駱駝死去的最初的爰書，"謹
案"以下則可能是爲了確認的爰書。後半部分所見"毋刀刃木索
跡"這句話，意味着已證實前半部分所報告的"僵臥草中"這一駱
駝的異常情況不是人爲造成的。但是，在58與67類似事態的
情況下，三日後再查驗那樣慢騰騰的事情是不可能發生的。無
論在任何情況下，事件發生後，立即製作並傳送第二份爰書，恐
怕都會被視爲是自然而然的。若由此進一步類推，則可以認爲
Ⅵ病死（病診）爰書的功能也是同樣的。

　　關於死馬爰書，在敦煌懸泉置漢簡之中，可以見到如下意味深
長的文書。雖没有圖版，換行之處不明，但原簡一定是兩行的上行
文書。

　　　117. ……驌、乘、齒十八歲，送渠犁軍司馬令史勛，承明
到遮要、病柳張，立死。賣骨肉臨樂里孫安所，賈〔價〕千四
百，時嗇夫忠服治爰書，誤脱千，以爲四百。謁他爰書，敢
言之。①

　　　……黑粟毛、乘駕用、十八歲（的馬），送渠犁軍司馬令史
勛，黎明時來到遮要置，得了柳張病，死在那裏。將其骨肉賣
給臨樂里的孫安，賣價是一千四百錢，但是此時嗇夫忠服負責

219

---

① 胡平生、張德芳《敦煌懸泉漢簡釋粹》，上海古籍出版社2001年，112—113頁。

　　寫爰書，因誤脫千字，就變成爲四百錢。要求另寫爰書。以
上，謹此報告。（正面）代理嗇夫富昌。（背面）

所謂"遮要"是位於懸泉置西之"置"的名稱，①"柳張"是"瘤張"的
假借，可能是一種出現腫創的病。其大致內容是：關於猝死在遮要
置的驛馬，置之嗇夫作成了死馬爰書，但是因其記載有誤，故要求
再送達正確的爰書。背面所記"守嗇夫富昌"之名是懸泉置丞，作
爲發信人亦可見於別的文書中。②如果是這樣，117 簡也一定是懸
泉置所發的信。收信人不就是統領遮要、懸泉兩置的敦煌郡嗎？
從這一枚簡可知，不僅驛馬之死，而且即使賣掉骨肉的目的地與賣
價，也有記載於爰書的情況。

　　那麼，本文相關的簡最多的 III 秋射爰書的功能是怎樣的
呢？這類爰書的特徵在於有"常以令秋射"、"皆應令"這樣的文
字用語。例如，這裏所説的"令"無疑是指下簡所見的"功令第
卌五"：

　　118.·功令第卌五候長士吏皆試射＝去墩帶弩力如發弩
發十二矢中帶矢六程過六矢賜勞十五日

（A8/45.23/勞圖 131）

　　功令第卌五。候長、士吏都課以射擊考試。射擊時離開
墩帶（插在土墩中的靶子）的距離、弩之力，均如同發弩。射十
二發矢，以命中靶子六發爲標準。命中六發以上時，每一發賞
賜工作天數十五日。

220

────────────────

　　①　例如，敦煌懸泉置漢簡可見有如下的記載（胡平生、張德芳《敦煌懸泉置漢簡
釋粹》，上海古籍出版社 2001 年，67 頁）：
　　　神爵四年四月丙戌太守守丞領縣〔懸〕泉置移遮要置　　　（Ⅰ0309③：37）
　　②　張德芳《從懸泉置漢簡看兩漢西域屯田及其意義》，《敦煌研究》2001 年第 3
期，114 頁。

　　雖然上簡衹記載"賜勞（貼補工作天數）"的規定，但是命中數在六發以下的反之則要收到"奪勞（消減工作天數）"的處分。①如果是這樣，那麼首先或許可以下這樣的定義：所謂秋射爰書，就是證明根據功令的規定秋射已公正進行的文書。基於這一認識，擬試着再次審視一下 56 簡：

　　　　56. 甘露二年八月戊午朔丙戌，甲渠令史齊敢言之。第十九隧長敞自言，當以令秋射，署功勞。即石力發弩，矢□弩臂皆應令。甲渠候漢彊、守令史齊，署發中矢數於牒。它如爰書。敢言之。

若與 74 簡所見的"皆應令，即射。行候事塞尉□"對照，則可以這樣來理解：從"第十九隧長敞自言"到"矢□弩臂皆應令"是傳達進行秋射的最初的爰書，"甲渠候漢彊"以下到"它如爰書"是來自候與守令史的證明即第二份爰書。74 與 77 簡雖爲斷簡，但從中亦可見到接在"敢言之"之後的開頭部分的"爰書"二字。

　　如 56 簡所説"署發中矢數於牒"，秋射的成績被記錄於簡册上，並與爰書一起上報。19、20 簡等所見"射爰書名籍"，可能就是這種和爰書一起上報的個人成績單。然後根據其結果，決定賜勞或者奪勞。這樣，因爲直接關係到官吏工作的評定，所以可能就要求在舉行秋射時特別期於公正。在此意義上，可以説秋射爰書也起到了公證文書的作用。②同樣，即使暫稱爲"斥免爰書"的若干簡，也可以由此指出其爲公證書。若看前面所譯的 60 簡，則可以認爲：前半部分所記"不知讀蓬火，兵弩不繫持"的譴責內容，在後

221

---

①　大庭脩《九〇年代の漢簡研究（二）》，《書道研究》第 52 號，1992 年。

②　關於記有秋射成績的"秋射名籍"，李均明説："秋射時須多名較高等級的官吏在場公證，故秋射名籍具有公證書的意義。"（李均明《居延新簡的法制史料》，收入氏著《初學集》，蘭臺出版社 1991 年，253 頁）雖然這是與本章同一方向的見解，但是拙見以爲，名籍本身是沒有公證力的，具有該作用的還是秋射文書。

半部的缺損部分得以證明。

　　所謂爰書是公證文書，其證明力，是隔一段時間後，或者由不同的負責官吏，通過再次確認事實被賦予的。擬以以上的論證來回答"爰書是什麼"这一問題。

小　　結

　　敦煌、居延漢簡所見爰書的種類，其名稱明了的有七種，若包括不明了的在内則幾乎有大約十種。其在格式上的共同特徵是，開頭冠以"爰書"二字，末尾以"它如爰書"結束。但缺少開頭的"爰書"之例亦可見。但是，這種開頭與結尾無疑是爰書固有的文字用語。若以此作爲標準，則將來也可以很容易地從新發掘的漢簡之中找出爰書簡。

　　根據本章所得出的認識，具備開頭之"爰書"與結尾之"它如爰書"的簡，不外乎是最初的爰書和第二份爰書的復合文書，可以説這是作爲公文書呈報的完整的形式。如果可以這樣認爲，那麼祇有"它如爰書"的簡是第二份爰書，僅具備開頭之"爰書"的簡就是最初的爰書。但是，實際上漢簡所見的例子，大部分不過是整個爰書之前後已經缺損的斷簡。其例外是《候粟君所責寇恩事册書》所包含的兩份册書，儘管其形狀完整、没有缺損，但是不見有開頭的"爰書"二字。這就意味着那兩份爰書是爲了證實最初之證言的第二份爰書。第二份爰書有兩份，如第二章所論述的，這是因爲縣廷退回證言並命令"更詳驗問治決"。

　　如果以上的看法没有大問題的話，那麼睡虎地秦簡《封診式》所記載的，從開頭有"爰書"二字這點看，就是最初所作成之爰書的格式。但是，其内容遠比漢簡的豐富多樣，這種爰書是在怎樣的情況下、以什麼爲目的所作成的呢？是以原來的第二份爰書爲前提的文書嗎？——根據現有的史料難以作出令人滿意的説明。在解釋這點時，恐怕祗能期待里耶秦簡那類秦代行政文書的内容。[①]

　　祗要從漢簡歸納就可知道，所謂爰書具有作爲公證文書的功能，換言之，由負責官吏所作成的、爲了進行公證的文書，即爰書。經證明的事實就可以成爲訴訟之際的書證（例如自證爰書），另一方面，也有與訴訟完全無關的情況（例如秋射爰書）。因此，根據張晏之注將爰書限定在和訴訟相關之文書的劉海年與初師賓、蕭亢達以及高敏等之説，失之狹窄。[②]主張在這點上不限定於有關審判之文書的大庭脩之説，也許可以説是較爲妥當的。[③]但是，另一方面，大庭所下的"將私人的事項控告到官府之書"的定義太含糊，很難看到爰書的情形。歸根到底，在以往的學説中，認爲所謂爰書"一是自辯書，二是證書"的陳槃之説，[④]作爲研究方向就成爲最正

---

　　① 張家山漢簡《奏讞書》也可見僅此一例的爰書。即原簡號碼爲 75—98（pp. 219—221）的文書。其開頭始於如下一段文字：

　　• 淮陽守行縣掾新郪獄。七月乙酉新郪信爰書。求盗甲告曰：從獄史武備盗賊，武以六月壬午出行公粱亭，至今不來，不智〔知〕在所，求弗得，公粱亭校長丙坐以頌毄〔繫〕，毋毄〔繫〕牒，弗窮訊。

關於"掾"的字義，由池田雄一等譯注的一説即"行縣並順便去新郪之獄"，不是近於正確解釋的嗎？（池田雄一編《奏讞書——中国古代的裁判記録》，刀水書房 2002 年，107頁）由已懷疑爰書在被提出的二十日之間都未曾有人進行過調查的郡太守，提出尋找兇手與企圖隱瞞事實者並將其逮捕、審判之"劾"。結果，其真相大白：是信教唆舍人蒼去殺人。在此所寫的爰書，其内容、格式都類似於《封診式》，並且没有伴隨證明部分的痕跡。

　　② 劉海年《秦漢訴訟中的"爰書"》，《法學研究》1980 年第 1 期。初師賓、蕭亢達《居延新簡〈責寇恩事〉的幾個問題》，《考古與文物》1981 年第 3 期。高敏《釋〈爰書〉——讀秦、漢簡牘劄記》，收入氏著《秦漢史探討》，中州古籍出版社 1998 年。

　　③ 大庭脩《爰書考》，收入氏著《秦漢法制史的研究》，創文社 1982 年。

　　④ 陳槃《漢晉遺簡偶述》，收入氏著《漢晉遺簡識小七種》，"中央研究院"歷史語言研究所 1975 年。

確的了。①但是，陳槃的見解也有其局限性：是史料限於舊居延漢簡時代的劄記，而且也未能進入到討論爰書功能的範圍内就終223　結了。

　　最後，返回到本章開頭所述的“張湯審鼠”，則關於其中所記載的爰書，也許可以提出如下的看法。首先，“傳爰書”這一程序出現在“掠治”之後，這是因爲張湯忠實地遵守了第二章“訊獄”之項所見“拷問時必須讓人將其概括記録在爰書中”的規定。那麼，説到爲什麼這裏以爰書作爲必要的條件，其目的不就是要證明這不是參雜私情的拷問嗎？通過拷問所獲得的口供的真實性仍有值得懷疑的餘地。因此，張湯將“掠治”的結果記録在爰書中並傳送之，以便請其他的官吏確認其所“訊”。作爲反覆訊問以期於慎重認定罪狀的文書，張晏與韋昭之注，當然是攻其要害，一語中的。不用説，在有關張湯的傳説中，當然是一個人操作了現實中應該由若干官吏負責履行的程序。在爲了確認的訊問中，必須要押解被告到場。若這樣考慮，則解釋“傳”即“謂傳囚也”的蘇林之注，與主張“傳考證驗”的張晏之説，未必就是應該予以否定的。可以説韋昭的注釋224　也一同證明在三國時期漢制仍然在發揮着作用嗎？

---

　　①　作爲類似的見解，有薛英群之説：“一切文字證明材料，凡爲法律所承認其合法性，在一定條件下，都可稱爲爰書。”（薛英群《居延漢簡通論》，甘肅教育出版社 1991年，186 頁）李振宏也説：“似乎一切帶有證明性質的文書都可以稱爲‘爰書’。”（李振宏《居延漢簡於漢代社會》，中華書局 2003 年，46 頁）雖然是值得傾聽的見解，但這樣的總括性定義，不是很有可能變成墓券與地券甚至買賣文書等都是爰書的結論嗎？

第五章

秦漢刑罰史的研究現狀
——以圍繞刑期的爭論爲中心

序　言

　　本章嘗試以睡虎地秦簡出土所造成的影響爲中心，梳理有關秦漢刑罰史研究的學説，並展望其未來。具體而言，其中心就是勞役刑（强制勞動刑）有無刑期的問題，和對漢文帝斷然實行之刑制改革的評價。筆者在撰寫睡虎地秦簡研究指南之際，[①]曾舉出若干相關文獻略述了該問題，但是由於當時之篇幅所限，並未能夠就此展開充分的評論。後來雖有機會發表了成爲本章初稿的論文，但從那時起又經過了十年，學術界的狀況也發生了不少的變化。特別是此間所公開發表的張家山漢簡的内容，導致最終要對舊稿的論點進行部分修訂。當然，相關的研究成果至今也已增加了不少。因此，此次想在舊稿的基礎上，從新的視角梳理該研究領域目前的研究水準與課題，即通過相互間的對話

---

　　① 籾山明《雲夢睡虎地秦簡》，滋賀秀三編《中国法制史——基本資料の研究》，東京大学出版会 1993 年。

與批評，探索其整體的狀況，爲此揭示這樣的實例恐怕也是很有必要的。

　　但是，本章並不衹是展望學術界，而是作爲自己刑罰史研究的一個環節來執筆的。因此，在以下的論述中，想特別注意兩點：第一，評析先行研究之際，一定要揭示出史料上的根據；第二，始終没有第三者評論的，就明確提出自己的結論。如果預先提出本章的結論，那麼可以概括爲如下三點：

　　① 從戰國秦到漢初的勞役刑，没有固定的刑期；除通過贖身或者恩赦之外，没有其他获得釋放的途徑。

　　② 對各種勞役刑設定刑期的，是文帝十三年（前 167）的改革，而有關這一改革的記載見於《漢書·刑法志》之中。

　　③ 規定刑期的罰勞動，自文帝改革以前就已經存在，因而其改革的意義就在於將這種形式擴大到所有的勞役刑。

　　立於這樣的結論之上，在本章的末尾，擬闡述關於刑罰根源性狀態的一個認識。竊以爲，公元前 167 年的文帝改革，不僅在刑罰制度上而且即使在社會史方面也有着不可忽視的意義。其原因在於，將肉刑從刑罰中廢除，也就意味着和與身體有着密不可分關係之古老刑罰觀的訣别。

一、基本史料的提出

　　在睡虎地秦簡出土以前，占據秦漢刑罰史研究之基本史料地位的，是東漢時代所編纂的兩個文獻，即班固的《漢書·刑法志》與衛宏的《漢舊儀》。眾所周知，在《漢書·刑法志》中，論述漢文帝刑制改革（以下簡稱爲"文帝改制"）的那一段記載，出現了各種刑名。另一方面，《漢舊儀》是很早就已散佚的文獻，卻集中記述了各種勞役刑之名稱與刑期，而這由其輯本可以窺見一斑。爲了以下討論的方便，本節先從這兩個文獻中將需要的相關文字挑出來，抄録如下。

首先，將《漢書·刑法志》的相關記載，劃分成如下的段落：

A 天子憐悲其意，遂下令曰：制詔御史：……其除肉刑，有以易之。及令罪人各以輕重，不亡逃，有年而免。具爲令。

B 丞相張蒼、御史大夫馮敬奏言。……臣謹議，請定律，曰：

Ⅰ 諸當完者，完爲城旦舂。當黥者，髡鉗爲城旦舂。當劓者，笞三百。當斬左止者，笞五百。當斬右止，及殺人先自告，及吏坐受賕枉法，守縣官財物而即盜之，已論命複有笞罪者，皆棄市。

Ⅱ 罪人獄已決，完爲城旦舂滿三歲，爲鬼薪白粲；鬼薪白粲一歲，爲隸臣妾；隸臣妾一歲，免爲庶人。隸臣妾滿二歲，爲司寇；司寇一歲，及作如司寇二歲，皆免爲庶人。其亡逃及有罪耐以上，不用此令。前令之刑城旦舂，歲而非禁錮者，如完爲城旦舂，歲數以免。

臣昧死請。

C 制曰：可。

文帝改制原本發端於這一事件：齊太倉令淳于公犯罪，在被傳喚至長安之獄時，其小女兒緹縈上書提出：願意以其身沒官，替父贖罪。被其訴苦所感動的文帝，下詔命令將此法制化（A），答覆此命的臣下奏上擬定的具體草案（B），文帝對此的答覆是給予制可（C）。這一形式可以説是根據制詔立法之過程的典型。[①]A之詔令所命令的包括兩事：其一，"其除肉刑，有以易之"；其二，

---

① 大庭脩《漢代制詔の形態》，收入氏著《秦漢法制史の研究》，創文社 1982 年。

“及令罪人各以輕重，不亡逃，有年而免”。與此相對應，B之奏對
也由Ⅰ、Ⅱ兩部分組成。其中，Ⅰ規定以其他刑罰來代替黥、斬趾
等肉刑，無疑即所謂“廢除肉刑之改革”。另一方面，關於Ⅱ，確實
是對於勞役刑的改革，但是關於其內容，如後所詳述的，諸家的理
解大爲不同。

　　其次，據孫星衍輯校《平津館叢書》本，引用《漢舊儀》的相關記
載如下：

　　　　凡有罪，男髡鉗爲城旦。城旦者，治城也。女爲舂。舂
　　者，治米也。皆作五歲。完四歲。鬼薪三歲。鬼薪者，男當爲
　　祠祀鬼神，伐山之薪蒸也。女爲白粲者，以爲祠祀擇米也。皆
　　作三歲。罪爲司寇。司寇，男備守，女爲作如司寇。皆作二
　　歲。男爲戍罰作，女爲復作。皆一歲到三月。

233　　孫星衍在其末尾所加案語曰：“案此下疑有脫訛。”這是因爲考慮
到以“皆一歲”爲句，而“到三月”與下文連讀。但是，此處應該讀
作“皆一歲到三月”，以作爲表示刑期幅度的表達可能更好。若
此想法可行，則可以就此處所記載的各種勞役刑及其刑期，歸納
如下：

　　　　　髡鉗城旦舂　　　　5年
　　　　　完城旦舂　　　　　4年
　　　　　鬼薪白粲　　　　　3年
　　　　　司寇、作如司寇　　2年
　　　　　戍罰作、復作　　　1年～3個月

　　另外，關於該《漢舊儀》的記載，傳統的解釋認爲是傳下來的
“秦制”，即秦代的制度。

　　以這兩個基本史料爲經，以散見於史書的相關記載爲緯，勾勒
出漢代身體刑與勞役刑總體狀況者，是濱口重國曾經進行的系列

研究。①濱口最重要的功勞在於，基於史料的涉獵與精心的解讀，解釋清楚了各種勞役的刑役内容。在其所得出的見識之中，曾推定刑名與刑役内容在西漢以來有逐漸分離的傾向，武帝以前存在着的隷臣妾刑可能是刑期三年的雜役刑，進而看破《漢舊儀》之記載並非秦制，等等。即使在今天，也可以説其中應該遵從的認識仍有不少。

　　尤其引人注目的是，將《刑法志》Ⅱ所見的内容，解釋爲來自文帝的一種恩赦。②濱口將這部分整體理解爲：伴隨着如Ⅰ那樣的廢除肉刑之改革，"規定對於現在使之服完城旦舂以下刑罰的刑徒，應當下達這樣的恩赦"。於是其"恩赦"的内容，就是進一步地向着輕刑過渡。即，Ⅱ之開頭的一節，或可讀爲 a："現在所受刑罰是完城旦舂且服役滿三年者，將剩餘的刑罰改爲鬼薪白粲。"或者解讀爲 b："判爲完城旦舂刑服刑已滿三年者，在剩餘的刑期中，最初的一年爲鬼薪白粲，次一年爲隷臣妾，然後被免爲庶人。"總之，根據濱口的理解，文帝改制之Ⅰ部分，是面向未來的改革——儘管對於已受肉刑者不能代之以其他刑罰，但Ⅱ之對象，卻被限定爲現正在服刑中的刑徒。

　　另一方面，濱口也指出其存在幾個矛盾。例如，據《漢舊儀》所云，完城旦舂的刑期是四年，所以在按照 b 之讀法時，祗有將"完爲城旦舂滿三歲"之"三歲"作爲"二歲"之訛誤，纔切合恩赦之旨趣。又，在給與恩典之際，因爲"没有男子寬而女子反倒嚴的道理"，所以"如司寇二歲"之"二"定是"一"之誤。再者，雖然此處如淳注云

234

---

　　①　濱口重國《漢の將作大匠と其の役徒》、《漢代における強制労働刑その他》、《漢代の笞刑について》、《漢代の鈦趾刑と曹魏の刑名》，均收入氏著《秦漢隋唐史の研究》（上卷），東京大学出版会 1966 年。
　　②　濱口重國《漢代における強制労働刑その他》，收入氏著《秦漢隋唐史の研究》（上卷），東京大学出版会 1966 年，639—642 頁。

“罪降爲司寇,故一歲正司寇,故二歲也”,但是“難以理解後半部分是什麼意思”。這是濱口附帶了幾個保留意見的解釋。然而即使有這樣的保留,也可以説作爲切合於《刑法志》原文的讀法,濱口的解釋恐怕是最爲自然的。祇要没有出現新的史料,就很難對該解釋提出異議。濱口以後的研究,較之視爲附帶恩宥的Ⅱ部分,更注重規定廢除肉刑的Ⅰ部分,這也是理所當然的。[①]這樣評價的比重,卻因睡虎地秦簡的出土而發生較大的變化。

二、圍繞刑期的争論
——以隸臣妾所處的地位爲中心

1. 無期説的提出

　　睡虎地秦簡發現之後,學術界最有争議性的問題,就是如何理解其中屢見的隸臣妾及其身份。在前揭《漢書‧刑法志》之中,隸臣妾是作爲一種刑徒出現的。但是記載“秦制”的《漢舊儀》卻不見其名,因而也出現了該刑罰秦無而至漢所作的推定。[②]可是,在睡虎地秦簡之中,言及隸臣妾的史料實際上也有 57 條,[③]而且表現的方式也不一樣。圍繞隸臣妾性質的討論,在此呈現十分活躍的狀態。
　　一看便知,“隸臣妾”這個名稱讓人聯想到奴隸、奴婢。因此,圍繞隸臣妾的討論,首先在對階級關係敏感的中國學術界以與奴隸制論密切相關的形式展開,這是自然而然的。其典型是將“奴隸

---

　　① 作爲代表性的論考,可以舉出西田太一郎的《肉刑論から見た刑罰思想》,該文概觀了文帝廢止肉刑及其復活。詳見西田太一郎《中国刑法史研究》,岩波書店 1974 年。
　　② 沈家本《歷代刑法分考》十一。
　　③ 黄展嶽《雲夢秦律簡論》,《考古學報》1980 年第 1 期。

制殘餘"之語包含在標題中的高敏（以下稱爲高敏 A 論文）的論著。①如果用一句話概括其論文的結論，那就是"官府奴隸"隸臣妾與"私家奴隸"臣妾都是"奴隸制殘餘"，在封建制生產關係的基礎上作爲封建性掠奪制度的補充發揮着作用。即按照高敏的論說，在封建制社會的戰國秦存在隸臣妾那樣的奴隸身份，這是從奴隸制向封建制過渡時期特有的現象。

236

高恒的著名論考（以下稱爲高恒 A 論文），②也是在這樣問題狀況下的產物。該論文所關心的也與高敏的一樣，即將隸臣妾置於這樣的地位：作爲補充封建性掠奪關係的奴隸制殘餘之實例。作爲其論證的一個環節，嘗試從以下三點證明秦隸臣妾是刑徒之一種，同時也帶有奴隸的性質。

第一是刑期問題。據睡虎地秦簡，雖然隸臣妾是作爲犯罪的結果而產生刑徒身份的，但是卻不見有刑期的規定。即，這不正意味着秦隸臣妾是沒有刑期而終身服役的奴隸身份嗎？又，在終身服役這點上，隸臣妾之外的其他刑徒也是同樣的。

第二是來源問題。睡虎地秦簡所見隸臣妾的來源，除本人犯罪以外，也有因親屬犯罪而被籍没與敵人投降這兩個途徑。這與春秋戰國時代收孥和投降者的奴隸化等習慣做法是一致的，證明了隸臣妾的奴隸性質。

第三是法律上的地位。睡虎地秦簡《法律答問》規定，捕得投書者，"購臣妾二人"（法律答問 53、54，p. 106）。由此可知，隸臣妾是被作爲賞賜品。這就證明隸臣妾同樣被視爲財物，是無所謂人格存在的。

---

① 高敏《從出土〈秦律〉看秦的奴隸制殘餘》，收入氏著《睡虎地秦簡初探》，萬卷樓圖書有限公司 2000 年。

② 高恒《秦律中"隸臣妾"問題的探討》，收入氏著《秦漢法制論考》，廈門大學出版社 1994 年。

　　以上是高恒 A 論文"隸臣妾＝官有奴隸"説的根據。似乎一讀就可察覺到,第二、三點作爲證據是薄弱的,特別是第三點,是建立於混同臣妾與隸臣妾這一錯誤之上的。另外,關於第一點,刑期的規定在史料中未見,然而這並不能成爲無期的證明。但是,雖然有這樣的缺陷,高恒 A 論文對於此後的秦漢法制史研究來説,仍具有先驅性的意義。其事實在於,第一點即"秦勞役刑無刑期,刑徒都是終身服役"這一學説(以下稱之爲"無期説"),最早是在此處被提出來的。而且更應該注意的恐怕是,對作爲其旁證的文帝之刑制改革進行了新的解釋。文帝詔令所説的"有年而免"是設定刑期的指示,在此之前終身服役的勞役刑被改爲有期刑。因此,文帝改制的Ⅱ部分,按高恒的主張可以解讀爲"規定出各種刑徒的刑期和對原已服役者的減免辦法"。在以往被理解爲"廢除肉刑之改革"的文帝改制中,認定了設定刑期的意義。原被定位於隨着廢除肉刑而產生之恩宥的《刑法志》之Ⅱ部分,於此則再評價爲設定刑期的記載。在這一點上,高恒 A 論文具有學説史上的意義。這樣的圍繞隸臣妾的討論,與奴隸制論相比,開闢了秦漢史研究的新天地。

　　高恒 A 論文之後,秦漢勞役刑的研究潮流,以刑期之有無與文帝改制之評價爲標準,大致可以分爲三大類。第一是無期説,與高恒之説一樣,認爲秦勞役刑没有刑期,文帝改制的意義就在於設定了刑期或者開闢了設定刑期之路。第二是部分有期説,雖然在將隸臣妾理解爲終身奴隸這點上繼承了高恒之説,但是卻認爲城旦舂等其他勞役刑均是有期的。第三是全面有期説,因爲進一步將第二説徹底化,所以隸臣妾除了無期的官有奴隸之外,也包括有期的刑徒,秦勞役刑具有包括刑徒隸臣妾在内的等級式刑期的體系。若根據第二、三説,則文帝改制就不是以設定刑期爲主要目的。另外,在持無期説的論者之中,既有强調隸臣妾作爲官有奴隸之性質者,也包括認爲是純粹刑徒者。然而無刑期的刑徒與官有

奴隸不但在實際狀態上很難判別,而且"奴隸"之語所蘊涵的意義 238
也因論者而異。除了奴隸制殘餘云云這種探討外,反而缺少尋求
區別的意義。與其這樣,倒不如稱爲"犯罪奴隸"更合適。

　　下面,從上述三説中選擇有代表性的論著加以介紹,並嘗試分
析其立論的根據。近年來,也有學者提出了將視野擴大至睡虎地
秦簡以外的、應稱爲"新有期説"的學説。但由於此説的文脈與其
他諸説不同,所以擬在第三節末尾專立一目予以論述。

2. 對有期説的評析

　　爲了便於論述,首先從第二説即部分有期説開始分析。此説首
先要列舉的,就是高敏的論文(以下稱爲高敏 B 論文)。[①]與此前高
敏 A 論文一樣,本論文的着眼點仍在於論證隸臣妾的奴隸性質。
作爲隸臣妾的來源,其所設想的不祇限於犯罪者。如果這樣認爲的
話,那麼這樣的身份與其視爲純粹的刑徒,莫如規定爲官有奴隸更
爲合適。在這點上,與高恒 A 論文没有什麼本質上的不同。

　　但是,在城旦舂以下的勞役刑有刑期這一點上,高敏 B 論文
的見解與高恒的有很大的差别。那麼,以何爲根據能夠判斷是有
期的呢?據高敏所論,其有如下四點:①《法律答問》所謂"又繫城
旦舂六歲"一語,不正反映出城旦刑的刑期是六年嗎?②《秦律十
八種・司空律》規定:司寇的人數不夠時,"免城旦勞三歲以上者,
以爲城旦司寇"(145—146,p. 53),這不是意味着城旦刑的刑期比
司寇的刑期長三年嗎?③《徭律》規定,徵發徒使之築垣牆,一年後
倒塌者,命同一徒修復,此間的勞役日數"勿計爲徭"(115—124,

　　①　高敏《關於秦律中的"隸臣妾"質疑——讀睡虎地秦簡劄記兼與高恒商榷》,收
入氏著《睡虎地秦簡初探》,萬卷樓圖書有限公司 2000 年。

239　　pp. 47—48)，因爲該"徒"是指刑徒，所以"勿計爲徭"不就是刑徒有刑期的佐證嗎？④《法律答問》有"隸臣妾繫城旦舂"逃亡而被捕，加笞五十之後再"備繫日"，即令其"勞作於剩餘的期間"（132，p. 124），這條史料不是"隸臣妾繫城旦舂"有刑期的證據嗎？

　　如此，高敏 B 論文主張，睡虎地秦簡的勞役刑特別是城旦舂是有刑期的。但是另一方面，由於不能確認作爲官有奴隸的隸臣妾有刑期，其結果是，涉及文帝改制的評價時，多少有必要略作解釋。若據高敏之見，則認爲文帝詔令之"有年而免"，雖然確實就是指示設定刑期，但是其對象限於隸臣妾。爲什麼説是指示設定隸臣妾的刑期呢？這是因爲其改革本來就是發端於想成爲官奴婢而替父贖罪的緹縈之上書。這是有點難以理解的邏輯，而高敏 B 論文的理解可能是這樣的：文帝着手進行改革的名義，不在於救父淳于公而在於救其女兒緹縈。

　　關於有期説的根據將在後面論述，但如果眼下分析有關文帝改制的理解，我認爲高敏的解釋是勉強的。從文帝詔令所説的"令罪人各以輕重，不亡逃，有年而免"的指示，看不出衹特別針對隸臣妾的意圖。不得不説的是，高敏爲了認定文帝設定刑期，在史料的解釋上反倒變得不自然了。

　　黃展嶽的論考，①在很大程度上沿襲了高敏 B 論文，但在文帝改制的理解上卻批判高敏之説，並代之以如下的解釋。即，文帝"有年而免"之語所蘊涵的意圖，在於看到並反省"有年不免"（這是240　黃展嶽創造的新詞）這一弊端，即刑期規定在運用時未必被官吏重視，即使過了服役年限也不釋放刑徒，故再次嚴令遵守刑期。與此同時，迄今是終身奴隸身份的隸臣妾，因適用刑期而變爲有期刑徒。因此，若根據黃展嶽的觀點，則作爲"奴隸制殘餘"的隸臣妾成

──────────

　　①　黃展嶽《雲夢秦律簡論》，《考古學報》1980 年第 1 期。

爲純粹的刑徒，在這一點上文帝改制具有劃時代的意義，但這卻不是改制的主要目的，或許就成了所謂的次要目的。

　　現轉入第三説即全面有期説。代表此説的是劉海年的兩篇論文（以下稱爲劉海年 A、B 論文），①最鮮明地主張有期説。其論據可歸納爲以下五點：①衛宏、如淳認爲是有期的（A、B 論文）。②“又繫城旦六歲”之語表示城旦刑的刑期（A、B 論文）。③“日未備”、“備繫日”之語，是以刑期的存在爲前提的（B 論文）。④“免城旦勞三歲以上者，以爲城旦司寇”的規定，是以刑期的存在爲前提的（A、B 論文）。⑤贖身適用於刑徒，這是勞役有期限的佐證（B 論文）。另外，關於隸臣妾，則提出這樣的看法：⑥包括官有奴隸隸臣妾與刑徒隸臣妾兩種，前者衹能通過贖身成爲庶民，是終身身份（B 論文）。

　　其中之①，應該通過睡虎地秦簡這樣同時代的史料來驗證，作爲論據是不合適的。又，⑤之“因爲可以贖身所以有期”這樣的論述方式，是基於贖本身是所科勞動量的理解，但這卻與⑥“衹有通過贖身纔能免爲庶人的終身身份”這一理解產生自我矛盾。“因爲可以贖身所以有期”的主張，也可見於後揭若江賢三之論文。但是，既然與刑期無緣的官奴婢也有贖身的規定，則其想法之根本就存在不合理之處。剩下②～④論據之不當，因爲已經爲高敏和黃展嶽所指出，所以最終除去⑥之外，看不出其與第二説有很大的不同。總之，可以説，在是否認同有期隸臣妾這點上，其與部分有期説有別。②

　　因爲有這一不同點，所以對文帝改制的評價較部分有期説不

---

　　①　劉海年 A《秦律刑罰考析》，中華書局編輯部編《雲夢秦簡研究》，中華書局 1981 年；B《關於中國歲刑的起源——兼談秦刑徒的刑期和隸臣妾的身分》，《法學研究》1985 年第 5 期。

　　②　王占通、栗勁認爲，官奴隸與隸臣妾之間存在嚴格的區別，因而視隸臣妾具有官有奴隸性質之説是不正確的（王占通、栗勁《隸臣妾分爲官奴隸與刑徒兩部分”説值得商榷》，《法學研究》1986 年第 1 期）。不過，使用“官奴隸”之語的論者，恐怕也没有認識到其與官奴婢的不同吧。

得不變得更爲消極些。劉海年也與黃展嶽一樣，認爲文帝詔令所說的"有年而免"，是針對當時刑事行政中"有年不免"的風氣，强烈要求按照期限釋放刑徒之語。即，文帝改制的着眼點，在於要求堅決遵守規則並貫徹到底。如果揣度劉海年的論證邏輯，應是由於當時已經存在有期的隸臣妾，故所設定的新刑期就限於官奴隸隸臣妾。因此，没有理由爲救濟那些已被限定的存在而發出詔令，其着眼點應該在於有别於設定刑期之處。

　　如此概觀部分、全面這兩種有期説，或許便可知道，認爲秦勞役刑有刑期之説的論據畢竟祇有以下四點。即：①"又繫城旦六歲"之語，②"日未備"、"備繫日"之詞，③"免城旦勞三歲以上者，以爲城旦司寇"的規定，④"勿計爲徭"之詞。在轉而介紹無期説之前，這些論據果真能否成爲有期説的證據，下面試作分析。

　　首先，④是高敏 B 論文舉出的證據，但很清楚這是基於誤解。"勿計爲徭"之詞，的確是表示"徒"有勞役期限，然而含有此語的一節是被包含在《徭律》即有關徭役之律中，故所謂"徒"無非是被徵發服徭役的農民。這一點根據同一律文的後半部分可以明確。其律文説"欲令城旦舂益爲公舍官府及補繕之"，即關於刑徒的勞動另有規定。

　　其次，關於③的考慮。劉海年認爲，此表述正好證明《漢舊儀》的記載是正確的。這是因爲"已服三歲以上刑的城旦與司寇的二歲刑相加，大體上合城旦的總刑期——五至六歲"（劉海年 A、B 論文）。但是，這是一種奇怪的邏輯。爲了計算出城旦本來的刑期爲五至六年，將司寇的刑期定爲二年，且必須將"三年以上"的表述讀爲"三年或四年"。就是説，該解釋是以司寇的刑期爲二年，城旦刑也不超過五年這一《漢舊儀》的記載爲前提的，在這點上陷入了循环的邏輯思考方式。如果"三年以上"也包括五年、十年，那麼劉文的討論恐怕也就全無意義了。從城旦補充司寇時爲何限於"三年以上"呢？僅從這條律文來推動空想，並没有什麽實際意義。

那麽，關於①又怎樣呢？關於以此文字爲基礎來論證城旦刑刑期之誤，正好曾在拙稿中論及，[①]其結論是，"又繫城旦六歲"是作爲附加刑罰勞動的表述，並不意味着城旦舂這一正刑是六歲刑。張家山漢簡中也見有其明證：

> 隸臣妾、收人亡，盈卒歲，毄〔繫〕城旦舂六歲。不盈卒歲，毄〔繫〕三歲。自出殹〔也〕，□□。其去毄〔繫〕三歲亡，毄〔繫〕六歲。去毄〔繫〕六歲亡，完爲城旦舂。（二年律令165，p. 155）

> 隸臣妾、收人逃亡，若（逃亡期間）爲一年以上，則繫城旦舂六歲。若未滿一年，則繫三年。若自出……若繫三年時逃亡，則繫六年。若繫六年時逃亡，則完爲城旦舂。

"被繫城旦舂者"再次逃亡時，加重處刑爲"完城旦舂"，這不是"繫城旦舂"與正刑"城旦舂"不同的佐證嗎？如果是這樣的話，那麽論據②所説的"隸臣妾繫城旦舂者"之"備繫日"，無疑就是這種附有期限的罰勞動。同樣的情況也適用於"日未備"之詞。該詞見於《秦律十八種·司空律》（141—142，pp. 52—53），從人奴妾（私奴婢）繫城旦舂者"日未備"而死這一文脈來看，仍可以説是與正規城旦舂刑不同系統的罰勞動之有關規定。

另一方面，從不同於中國學者諸研究的視點出發，嘗試證明隸臣妾是有期刑的，有若江賢三的系列論文。[②]其想法的基點與前揭劉海年論文一樣，是因可以贖身而有期的邏輯。如前所述，該想法

243

---

①　籾山明《秦の隸屬身分とその起源——隸臣妾問題に寄せて》，《史林》第65卷第6號，1982年。

②　若江賢三《秦漢時代の勞役刑——ことに隸臣妾の刑期について》，《東洋史論》第1號，1980年；《秦律における贖刑制度——秦律の体系的把握への試論》（上）、（下），《愛媛大学法文学部論集》文学科篇第18、19號，1985、1986年；《秦律における勞役刑の刑期再論》（上）、（下），《愛媛大学法文学部論集》文学科篇第25、27號，1992、1994年。

是有缺陷的,若江論文的特點在於,將各種史料綜合在一起計算出刑期。例如,①若根據《秦律十八種》之"欲歸爵二級以免親父母爲隸臣妾者一人……許之"的規定,則隸臣妾與爵二級是同等價值的。②若根據《商君書·境内篇》"能得甲首者,賞爵一級"的記載,則爵一級相當於一甲。③從秦律諸規定判斷,在秦的罰金刑中,一甲等於二盾的關係是成立的。④從《法律答問》"貲盾没錢五千"可知,一盾等於五千錢。⑤又,從《漢書·食貨志》所引李悝的話判斷,農民的平均年收入大約是五千錢。根據以上①~⑤,"隸臣妾=爵二級=二甲=四盾=二萬錢=農民四年的收入"這一等式是成立的,並推定隸臣妾刑可以被確定爲四年刑。[①]

不能認爲這樣的論證是可以成立的。如果此思考方式可行的話,那麼恐怕依據這兩條史料,即《史記》卷六《秦始皇本紀》"百姓内粟千石,拜爵一級"與《睡虎地秦簡·司空律》"繫城旦舂,公食當貲者,石卅錢",也可以計算出:爵二級=粟二千石=六萬錢,因此隸臣妾的刑期是十二年。其餘每條史料的解釋,因有堀敏一得其要領的批駁,[②]故此不贅述。在此祇談一個初步的疑問:在①中允許以爵二級替換赦免的隸臣妾,是指剩餘刑期祇有四年者嗎? 因爲該律的規定如下:

> 欲歸爵二級以免親父母爲隸臣妾者一人,及隸臣斬首爲公士,謁歸公士而免故妻隸妾一人者,許之,免以爲庶人。
>
> （秦律十八种·軍爵律 155—156,p. 55）
>
> 打算歸還爵二級,用來赦免現爲隸臣妾之親生父母一人

---

①　若江賢三《秦漢時代の労役刑——ことに隷臣妾の刑期について》,《東洋史論》第 1 號,1980 年。

②　堀敏一《雲夢秦簡にみぇる奴隷身分》,收入氏著《中国古代の身分制——良と賤》,汲古書院 1987 年。

> 者,以及隸臣斬首成爲公士,因而請求歸還公士爵,用來赦免
> 現爲妻隸之妻一人者,同意其請求,赦免并使之爲庶人。

其中,指僅剩四年者的文字及其必然性,均未被發現。但是,如果剩餘的刑期也包括三年以下者,那麼上述的等式不就從基礎上崩潰了嗎? 對於這樣的批駁,若江主張説:"説起來以爵免刑本身就是恩惠,所以長短略有差異恐怕是不成其爲問題的。"[1]如果是這樣,那麼引用軍爵律規定之本身,就不能相應地作爲計算刑期的根據。

　　通過以上分析可以明確,有期説的論證都是難以成立的。不過,它最終還衹是説"没有可認定爲有期的有力證據",並没有直接證實無期説的正確。或許有必要從另外的途徑來論證秦勞役刑是没有刑期的主張。

245

3. 無期説的展開

　　以高恒 A 論文爲嚆矢的無期説,此後爲李裕民、錢大群、栗勁、霍存福、張金光所繼承、發展。[2]而高恒又以新作强化自己的觀點,並批駁有期説(以下稱爲高恒 B 論文)。[3]由於不存在原本就是明言無期的條文,因此無期説的論證是所謂的悖理法,即重點指出在假定勞役刑的一部分或者全部有期的情況下産生的矛盾。試將

---

　　① 若江賢三《秦律における隸臣妾の特質とそ刑期》,《古代文化》第 49 卷第 6 號,1997 年,211 頁。

　　② 李裕民《從雲夢秦簡看秦代的奴隸制》,《中國考古第一次年會論文集》,文物出版社 1980 年。錢大群《談"隸臣妾"與秦代的刑罰制度》、《再談"隸臣妾"與秦代的刑罰制度》,收入氏著《中國法律史論考》,南京師範大學出版社 2001 年。栗勁、霍存福:《試論秦的刑徒是無期刑——兼論漢初有期徒刑的改革》,《中國政法大學學報》1984 年第 3 期。張金光《刑徒制度》,收入氏著《秦制研究》,上海古籍出版社 2004 年。

　　③ 高恒《秦律中的刑徒及其刑期問題》,收入氏著《秦漢法制論考》,廈門大學出版社 1994 年。

其主要論點歸納如下:

首先,按照部分有期説,就會産生隸臣妾無期而其他勞役刑有期的矛盾。

(a)《法律答問》説:捕捉貲罪犯人之際,在故意以劍及武器刺殺的情況下,"殺之,完爲城旦;傷之,耐爲隸臣"(124,p. 122)。此種場合,若根據部分有期説,則會對較重的殺害科以有期的城旦刑,而對較輕的傷害則科以無期的隸臣妾。[①]

(b)《法律答問》有以"贓值百一十,耐隸臣;過六百六十,黥爲城旦"這一原則爲前提的問答(33—34,p. 101)。在這種情況下,如果根據部分有期説,則對贓值多的處以有期城旦,而對贓值少的卻科以無期的隸臣刑。[②]

爲了没有矛盾地解釋(a)、(b),能否如無期説那樣認爲,隸臣妾與其他勞役刑都是無期的(刑罰的輕重與勞役内容的輕重相應)? 還是如全面有期説,除推定從城旦舂經隸臣妾至候的等級性刑期外別無他途。但是,如果按照後者認同勞役刑有刑期,在此就會産生如下的矛盾。

246

(c)《法律答問》可見這樣的律文:"隸臣將城旦,亡之,完爲城旦,收其外妻子(具有自由身份的妻與子)"(116,p. 121)。在這種情況下,若根據全面有期説,則緣坐之妻子成爲終身的官有奴隸,而本人服滿所定的刑期就會被釋放。[③]

---

① 錢大群《談"隸臣妾"與秦代的刑罰制度》,收入氏著《中國法律史論考》,南京師範大學出版社 2001 年。栗勁、霍存福《試論秦的刑徒是無期刑——兼論漢初有期徒刑的改革》,《中國政法大學學報》1984 年第 3 期。

② 栗勁、霍存福《試論秦的刑徒是無期刑——兼論漢初有期徒刑的改革》,《中國政法大學學報》1984 年第 3 期。

③ 錢大群《談"隸臣妾"與秦代的刑罰制度》,收入氏著《中國法律史論考》,南京師範大學出版社 2001 年。张金光《刑徒制度》,收入氏著《秦制研究》,上海古籍出版社 2004 年。

(d)《封診式·告臣》可見這樣一段文字：要求將驕悍而不聽命的男奴"賣公，斬以爲城旦"（37—41，p. 154—155）。此時，若據全面有期說，則已被賣於公（國家）的男奴，就必然會在五至六年後被釋放。①

(e)《法律答問》："當耐爲隸臣者以司寇誣人，則耐爲隸臣，又繫城旦六歲"，又："當耐司寇而以耐隸臣誣人，耐爲隸臣"（117，p. 121）。此時，若據全面有期說，在前者，則要在原來的刑罰隸臣妾上附加六年的罰勞動；而在後者，則代替原來的刑罰耐司寇，祇科以刑期長一年的耐隸臣即可。②

(f)《秦律十八種·倉律》可見這樣的規定：不從事勞役的"小隸臣妾"也分配給食物（49—52，p. 32—33）。具體說，其相當於身高未滿五尺二寸的小孩。但是，若據全面有期說，則即使服刑也會在數年內被釋放掉。因爲對這樣的勞動力有所期待，所以會供養不勞動的孩子。③

諸家論文還就其他方面舉出了若干的矛盾所在，但是在史料解釋上作爲並不勉強的反證，上述幾點可能是最爲妥當的。爲了回避這種種矛盾，就祇有假定包括隸臣妾在内的所有勞役刑都是無期的，即主張無期說。

因此若根據無期說，則文帝改制就會被置於"設定刑期之改革"的地位。關於此點，引人注目的是，在《漢書》卷四九《晁錯傳》所見 247

<hr>

① 李裕民《從雲夢秦簡看秦代的奴隸制》，《中國考古第一次年會論文集》，文物出版社 1980 年。高恒《秦律中的刑徒及其刑期問題》，收入氏著《秦漢法制論考》，廈門大學出版社 1994 年。張金光《刑徒制度》，收入氏著《秦制研究》，上海古籍出版社 2004 年。

② 高恒《秦律中的刑徒及其刑期問題》，收入氏著《秦漢法制論考》，廈門大學出版社 1994 年。

③ 李裕民《從雲夢秦簡看秦代的奴隸制》，《中國考古第一次年會論文集》，文物出版社 1980 年。

稱讚文帝政績之對策中,有所謂"罪人有期".①再有,高恒 B 論文中的如下認識也不能忽視。即,高恒認爲,以"具爲令"結尾的文帝詔令,不可能像有期說論者所主張的那樣,是命令"遵守刑期"。這是因爲"具爲令"這段文字,如顏師古注云"使更爲條制"一樣,是命令制定新法時的固定表達。這一指出是重要的。正如大庭脩已明確的那樣,"具爲令"之語,是"體現前述之意並制定令"的命令之辭,已接受此令的臣下之復奏經皇帝制可而被增加爲法令。②若此,以這種文字結尾的文帝詔令之意圖,就很難認爲是制止"有年不免"的臨時性政令。應該認爲,文帝恐怕仍然是命令進行永久性的立法。接受詔令的丞相、御史大夫的提案(那是"請定律"的开始)具有經細致周到推敲的内容,也可令人意識到文帝令意圖之所在。

不過,對上述矛盾點的指摘,並非没有基於有期說立場的反駁。例如,前揭若江的論文對於前述(c)的指摘,主張此時"若犯罪者本人的刑期已終了,則其家屬也同時被免爲庶人,這種看法是很自然的",無期說以因緣坐而被没官的妻子成爲終身官有奴隸爲前提的看法是不成立的。③然而如本書第二章第三節"乞鞫"之例所見,與刑徒釋放相關的恢復家屬的措施,決不是簡單的。在被處以城旦刑的同時,刑徒的資産被賣掉了,即使妻子也相當有可能在没官後被轉賣。④因此,由於"家屬也同時被免爲庶人",國家有必要

---

①　于豪亮《西漢對法律的改革》,收入氏著《于豪亮學術文存》,中華書局 1985 年。籾山明:《秦の隸屬身分とその起源——隸臣妾問題に寄せて》,《史林》第 65 卷第 6 號,1982 年。

②　大庭脩《漢代制詔の形態》,收入氏著《秦漢法制史の研究》,創文社 1982 年。

③　若江賢三《秦律における労役刑の刑期再論》(上),《愛媛大学法文学部論集》文学科篇第 25 號,1992 年,82 頁。

④　例如,參見睡虎地秦簡如下的史料:

隸臣將城旦,亡之,完爲城旦,收其外妻、子。子小未可别,令從母爲收。·可〔何〕謂"從母爲收"。人固買〔賣〕,子小不可别,弗買〔賣〕子母謂殹〔也〕。

(法律答問 116,p. 121)

由此規定可以窺見,如果子長大,也會發生母被賣的情況。

實施以下干預:重新買回身體或者給予與被賣掉資産相抵的補償　　248
等等。持有期説的論者,果真認爲在城旦刑徒刑滿而成爲庶人之
際,爲了"回到社會"而會採取這樣的措施嗎?

　　以上以較長的篇幅分析了諸説,作爲其結果可以説的是,認爲
秦勞役刑是没有刑期的無期説,限於現有史料恐怕是最爲妥當的。
其理由可以歸結爲如下三點:

　　① 有期説的論據均難以成立。

　　② 在認爲有期刑的情況下,法規相互間産生矛盾。

　　③ 文帝詔令可以理解爲要求新的立法。

　　如果僅限於"有期或無期"這點,可以説在這個階段暫且就可
以得出結論。不過其中尚有重要的保留,擬在下節敘述。

　　另外,爲了不産生誤解,附帶要説一下的是,此處所言"無期"並
不意味着"無期徒刑"。如冨谷至早已指出的,[1]若認爲有根據赦令
釋放之事,則在"没有確定的刑期"這一意義上,稱之爲"不定期刑",
也許是更爲妥當的。但是,既然先行學説——特別是中國學者的學
説,多以"無期"一語立論,按照原樣使用這個詞,則可以避免造成混
亂。[2]因此,以下所用"無期"之語,將包括"不定期"的含義在内。　　249

三、對文帝改制的評價
——以《漢書·刑法志》的解釋爲中心

1. 刑期設定説與臨時規定説

　　上節論證了無期説的應有論據,當然問題並没有都得以解決。

---

　　① 　冨谷至《秦漢刑罰制度の研究》,同朋舍 1998 年,165—166 頁。

　　② 　例如,高恒將秦勞役刑稱爲"終身服役制",有强調其爲無期徒刑的傾向。詳見高恒《秦律中的刑徒及其刑期問題》,收入氏著《秦漢法制論考》,厦門大學出版社 1994 年。

秦勞役刑沒有刑期，如果是由文帝改制開始設定刑期的，那麼文帝及其智囊團是從何處得到刑期這一想法的？刑期的設定具體又是通過怎樣的程序來完成的？這樣的問題仍有待進一步解釋清楚。本節擬先介紹有關後者的諸説，同時闡述拙見。

最早提出這一問題的，應該是由栗勁、霍存福聯名的論文。①如前所述，該論文的意義在於力圖抓住有期説的矛盾以補充無期説。與此同時，關於文帝改制，也提出了如下應該引起注意的解釋。

文帝在詔令中要求兩點：第一，廢除肉刑；第二，規定勞役刑（徒刑）的刑期。其中關於後者，以如下的方向進行改革。即：（1）建立面向未來的固定制度，（2）對於已決刑徒的措施。前者是見於《刑法志》Ⅰ的“諸當髡②者，完爲城旦舂”、“當黥者，髡鉗爲城旦舂”這一部分，其意圖是緩和此前所繼承的秦制。相當於（2）的部分，是《刑法志》Ⅱ部分所敘述的設定刑期的措施，這是按照“依次遞減的過渡形式”來實施刑役。此處所説的“過渡形式”，是指在成爲庶人之前，要經由鬼薪白粲、隸臣妾、司寇等。應該引人注目的是對《刑法志》Ⅱ的解釋：規定釋放已決犯的結果，也就是設定刑期。如此所設定的刑期包括三種：完城旦舂五年，隸臣妾三年或四年，刑城旦舂六年。

該具體刑期的推算，無疑是基於對《刑法志》Ⅱ部分的忠實解讀。這是因爲，若以“免爲庶人”之語斷句來解讀《刑法志》的文字，再對照Ⅱ部分末尾所説“前令之刑城旦舂，歲而非禁錮者，如完爲城旦舂，歲數以免”的規定，則刑徒的釋放規定可以按照如下圖示來理解（箭形符號一個爲一年，豎線則表示改制法令施行之時）。

---

① 栗勁、霍存福《試論秦的刑徒是無期刑——兼論漢初有期徒刑的改革》，《中國政法大學學報》1984 年第 3 期。
② 栗勁、霍存福從《漢書》臣瓚注，改原文“完”字爲“髡”字。

完城旦舂→━━→｜鬼薪白粲→隸臣妾→庶人　　　完城旦舂＝刑期五年

隸臣妾→━━→｜司寇→庶人　　　　　　　　隸臣＝刑期三年

｜作如司寇→━━→庶人　　　　　隸臣＝刑期四年

刑城旦舂→　｜髡鉗城旦舂（以下，同完城旦舂）髡鉗城旦舂＝刑期六年

　　但是，這裏確實沒有規定服鬼薪白粲、司寇者刑期的形跡。其名稱雖然可見，但是處於到達庶人的過程中即所謂的"過渡刑"，與正規勞役刑有所不同。因此栗勁等認爲，在文帝十三年這個階段，首先規定的是佔據刑罰主流的城旦舂與隸臣妾的刑期，而鬼薪白粲、司寇的刑期尚未規定。就是説，《刑法志》所載文帝改制，仍是改革的開端。我想，祇要虛心地讀一下《刑法志》的原文，這或許應該是最自然的理解。

　　儘管如此，栗勁、霍存福的論文也存在問題。例如，文帝改制之際所制定的完城旦舂刑期如上圖所示爲五年，但是這與《漢舊儀》所説的"完四歲"即完城旦舂的刑期四年相矛盾。又，若據《刑法志》記載，則隸臣妾二年之後，男子經司寇一年即三年就被釋放，女子經二年作如司寇至被釋放則需要四年。再者，服鬼薪白粲、司寇的刑徒——暫且不論多少，在現實中應當是存在的，對於他們祇是先採取延長的措施，這是不可理解的。

　　冨谷至的論考，雖然基本上立於無期説（不定期刑説），但是對文帝改制的意義卻採取了不同的解釋，嘗試整體性地説明這樣的矛盾。[1]冨谷所提起的論點涉及到多個方面，如果祇談《刑法志》Ⅱ部分，則有這樣的特點：認爲該記載不是設定刑期的規定，祇是以現在服役中的已決犯爲對象的臨時規定。冨谷認爲，刑期設定説不能説明如下幾點：①設定新刑期的規定，爲什麼"寫得很複雜，表達方法有失整齊"？　②在新制定的勞役刑體系之

251

———————————

① 冨谷至《秦漢刑罰制度の研究》，同朋舎 1998 年。

中，爲什麼存在過渡刑？③爲什麼"新發生變化的漢勞役刑的整體，没有與其刑期一起列出"？既然有這樣的問題，將該記載"視爲僅限於根據舊法所判處的已決犯的過渡性的臨時措施，這一想法是相當清楚明白的"。再加上，在栗勁、霍存福論文中未曾解釋的與《漢舊儀》的刑期分歧，也可以以此通順地解釋清楚。冨谷之所以如此解釋，原因在於他推定規定刑期的法令是與該記載分開存在的。

252　　　　以上①、②、③的特徵，無疑是爲了處理已決犯的目的而産生的。但是，恐怕不必因此而否定刑期設定的意義。與栗勁等一樣，將該部分理解爲雙重規定的滋賀秀三認爲，Ⅱ部分"開頭的'罪人獄已決'一句，包括'今後凡被判決者'及'凡已決犯自被判決之時起計算'的雙重意義在内"。①如果祇是規定"完城旦舂今後若滿四年則免爲庶人"，那麼對現役刑徒也没有什麼恩典。從已被判決之時起計算，且已經過所定年數的已決犯——當然其中也包括經過所定以上年數者，在法令實施之際被轉服一段時間的輕刑，再經一年後被釋放。如果是這樣的規定，則成爲對已決犯的恩惠性的臨時措施（在法令實施時産生寬刑效果）。②毋寧説因爲過渡刑是針對已決犯的恩惠性措施，所以新法並不適用於刑徒。

　　　　另一方面，關於③的疑問，即使建立在臨時規定説之上，問題也得不到解決。因爲如前所述，對於實際應該存在的鬼薪白粲、司寇的臨時規定，在這裏並未被記載。在秦律中，關於鬼薪白粲刑所處的地位，如有的論者所指出的，與其説是在城旦舂與隸臣妾中間的刑罰，不如説是爲防止有爵者的身份淪落而占有特殊的

---

　　①　滋賀秀三《前漢文帝の刑法改革とその展開の再檢討》，收入氏著《中国法制史論集——法典と刑罰》，創文社 2003 年，562 頁。
　　②　但是，爲什麼採用經由過渡刑這一"複雜的"方法呢？關於其原因也没有完全搞清楚。關於各刑徒的勞役内容、待遇等等，恐怕有必要進一步探討。

地位。①但是，即使根據這樣的理解，也不能改變鬼薪白粲刑徒實際存在的事實，未列出其名的事實仍是遺留下來的疑問。

2. 文本的混亂

嘗試通過修訂《刑法志》原文，以突破如上所述之困境的，是滋賀秀三的論考。②滋賀首先表明贊成高恒以來無期説的立場，並評價在無期説中富谷至的研究成果"最富有説服力"。但是，另一方面，卻不同意將《刑法志》Ⅱ視爲臨時規定之説，主張最終應該作爲設定刑期的記載來理解。他的解釋是：既然Ⅰ部分面向將來規定廢止肉刑，Ⅱ部分在根本意義上也是面向將來確定各種刑徒之刑役的規定，"同時其恩惠也及於目前服役中的刑徒"，因爲這是符合《刑法志》文脈的自然結果。

基於這一認識，滋賀論文通過在《刑法志》的原文中補充最低限度的字句，來嘗試解決各種疑問。若轉載其結論，則具體如下（［　］內是其所推定的脱文）：

（一）罪人獄已決，①完爲城旦舂滿三歲，爲鬼薪白粲。鬼薪白粲一歲，［免爲庶人。②鬼薪白粲滿二歲］，爲隸臣妾。隸臣妾一歲，免爲庶人。③隸臣妾滿二歲，爲司寇。司寇一歲，④及［司寇］作如司寇二歲，皆免爲庶人。（二）其亡逃及有罪耐以上，不用此令。（三）前令之刑城旦舂，歲而非禁錮者，如完爲城旦舂，歲數以免。

由（一）部分所讀取的刑期是，①完城旦舂四年，②鬼薪白粲三

253

年,③隸臣妾三年,④司寇、作如司寇二年。再者(三)所謂"前令之刑城旦舂",就是説,根據Ⅰ部分的規定,則新法的髡鉗城旦舂成爲五年刑即完城旦舂四年 ＋ 一年。依照前例,則可以圖示如下。

完城旦舂━━━→｜鬼薪白粲→庶人　　　　完城旦舂＝刑期四年

鬼薪白粲━━━→｜隸臣妾→庶人　　　　　鬼薪白粲＝刑期三年

隸臣妾━━━→｜司寇→庶人　　　　　　隸臣＝刑期三年

司寇、作如司寇━━━→｜庶人　　　　　　作如司寇＝刑期二年

刑城旦舂━━━→　｜髡鉗城旦舂(以下,同完城旦舂)　髡鉗城旦舂＝刑期五年

　　這樣所得出的各種刑期,與《漢舊儀》的刑期是一致的。換言之,《漢舊儀》所傳下來的各種勞役刑刑期,就是由文帝此次改制所制定的。

　　如滋賀本人所述,該脱文的補充在其性質上"未經舉出可靠證據來證明的程序"。[1]但在《刑法志》Ⅱ部分的原文中有所錯誤這一可能性上,打開了思路,可以説仍是具有很大功績的。滋賀提起的這一問題,後來就確實爲張建國所繼承發展。

　　張建國的論考與滋賀的一樣,雖然認爲《刑法志》Ⅱ是有錯誤的,但是並没有使用插入脱文的手段,而是嘗試通過從文本内部補充文字的辦法,來復原本文。[2]以下,再次引用有問題的部分及其注:

　　　　罪人獄已決,完爲城旦舂滿三歲,爲鬼薪白粲。鬼薪白粲一歲,爲隸臣妾。隸臣妾一歲,免爲庶人。師古曰:男子爲隸臣,女子爲隸妾。鬼薪白粲滿三歲,爲隸臣。隸臣一歲,免爲庶人。隸妾亦然也。隸臣妾滿二歲,爲司寇。司寇一歲,及作如司寇二歲,皆免爲庶人。如淳曰:罪降爲司寇,故一歲。正司寇,故二歲也。

────────

　　① 滋賀秀三《前漢文帝の刑法改革とその展開の再檢討》,收入氏著《中国法制史論集──法典と刑罰》,創文社 2003 年,536 頁。
　　② 張建國《西漢刑制改革新探》,收入氏著《中国法系的形成與發達》,北京大學出版社 1997 年。

　　張文的第一個而且也是重要的論點是，指出今本《漢書》師古注的一部分即下劃線部分，有可能原來是正文。的確，該部分的内容、句法較之注都更近於正文。像這種正文竄入注中的現象，也可見於《漢書・地理志》。又，將注的一部分恢復爲正文的結果，就是在"隸妾亦然也"之處失去了"師古曰"之文，然而欠缺注釋者之名的注文在《漢書》中並不少見。①這樣的正文一經復活，鬼薪白粲的刑期就陡然出現在其中。

　　第二個論點是，司寇的刑名爲"作如司寇"，且男女同名。這樣考慮是受到如淳注的啟發。曾經是濱口重國説"難以理解是什麼意思"的這段文字，若按張建國的看法，則該注可以解讀爲"司寇"是從隸臣妾被"罪降"時的稱呼，並指出"作如司寇"爲"正司寇"，即作爲本刑而判決爲司寇。②在那種情況下，成爲問題的是《漢舊儀》的記載。張建國認爲，因爲衛宏並沒有全面地關注漢制的記載，所以也不必於此有所拘泥。這樣，司寇（即作如司寇）的刑期於此出現。若以圖示以上的結果，則爲如下情況：

完城旦春━━→│鬼薪白粲→隸臣妾→庶人　　完城旦春＝刑期五年

鬼薪白粲━━→│隸臣妾→庶人　　　　　　鬼薪白粲＝刑期四年

隸臣妾━━→│司寇→庶人　　　　　　　　隸臣＝刑期三年

----

　　①　張建國當初假定"師古曰"的文字已脱落（張建國《西漢刑制改革新探》，收入氏著《中國法系的形成與發達》，北京大學出版社1997年），但在其後的論文闡述説，對於在抄寫過程中注釋者名變得不清的注文，可以暫且稱以"無名氏曰"爲妥（張建國《漢文帝改革相關問題點試詮》，收入氏著《帝制時代的中國法》，法律出版社1998年，224—225頁）。

　　②　張建國沒有明言，但是"正司寇"之"正"並非"正式"的意義，而是"定刑"之意。《三國志》卷十二《魏書・鮑勛傳》曰：

　　　　詔曰：勛指鹿作馬，收付廷尉。廷尉法議：正刑五歲。三官駁：依律罰金二斤。

　　　　帝大怒曰：勛無活分，而汝等敢縱之。收三官已下付刺奸，當令十鼠同穴。

"正刑五歲"，是説"定爲刑五歲"，即"判決爲刑期五年的勞役刑"。又，亦可參見本書第三章128頁。

　　作如司寇━━▶｜庶人　　　　　　　　　　　作如司寇＝刑期二年

　　　刑城旦舂━━▶｜髡鉗城旦舂（以下，同完城旦舂）髡鉗城旦舂＝刑期六年

與滋賀説比較，其難點是除司寇之外，刑期與《漢舊儀》不一致。這是由於漢武帝時代崇尚"數五"的思潮，因此實行了刑期的改定。

　　張建國的這篇論文，暢快地解決了多年來圍繞《刑法志》記載的疑問，具有里程碑性質的意義。以脱文之假説而引發出張建國論文的滋賀秀三説："脱文假説已起到了拋磚引玉即引子的作用，故可撤回，可以認爲原文問題因此已得以解決。"①

　　在問題的性質上，祇要没有出現什麽直接的證據，例如《漢書》古抄本之類，也許就可以判斷不會找到超乎其上的合理解釋了。我也在贊同張建國説爲最有力假説的基礎上，考慮轉向其他没有解決的問題，這對於學術界來説是有推動作用的。不過相關聯的祇有一個，即希望對能夠旁證竄入假説的史料引起注意。

　　這一史料就是杜佑《通典》這一最常見的書籍。據宫内廳書陵部所藏北宋本，其卷一六三《刑法典》有關文帝改制的記載如下（圖5）：

　　　　罪人獄已決，完爲城旦舂滿三歲，爲鬼薪白粲。鬼薪白粲
　　　　一歲，爲隸臣妾，一歲免爲庶人。男子爲隸臣，女子爲隸妾。
　　　　<u>鬼薪白粲滿三歲，爲隸臣妾</u>。隸臣妾滿二歲，爲司寇。司寇一
　　　　歲，及作如司寇二歲，皆免爲庶人。罪降爲司寇，故一歲。正
　　　　司寇，故二歲。

　　若與《刑法志》的文字對照，則很清楚：混入師古注的劃線部分，在此處是作爲正文而且没有必要區分隸臣與隸妾來記載的。若從這兩處夾注是顏師古與如淳之注來推測，則師古注《漢書》爲底本恐怕是明顯的。顏師古注在貞觀十五年（641）剛一完成，就作

---

　　①　滋賀秀三《論文批評　張建國著〈前漢文帝刑法改革とその展開の再檢討〉》，見《中国法制史論集——法典と刑罰》，創文社 2003 年，570 頁。

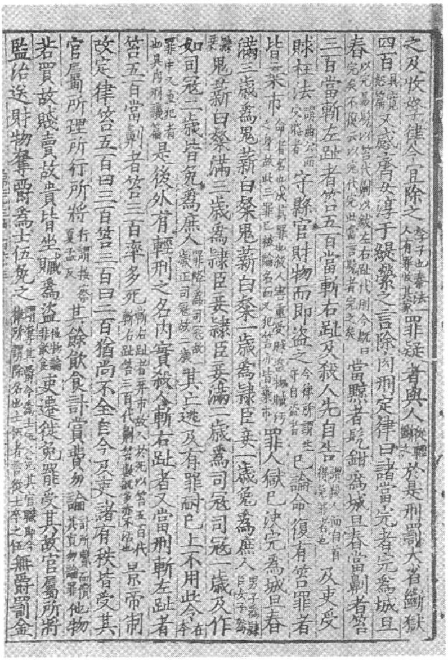
之及收孥律令宜除之罪疑者與人於是刑罰大省斷獄
四百又感齊女淳于緹縈之言除肉刑定律曰諸當完者完爲城旦
春當黥者髡鉗爲城旦舂當劓者笞
三百當斬左趾者笞五百當斬右趾及殺人先自告及吏受
賕枉法守縣官財物而即盜之已論命復有笞罪者
皆棄市罪人獄已決完爲城旦舂
滿三歲爲鬼薪白粲鬼薪白粲一歲爲隸臣妾隸臣妾一歲免爲庶人
鬼薪白粲滿三歲爲隸臣妾隸臣妾滿二歲爲司寇司寇一歲及作
如司寇二歲皆免爲庶人其亡逃及有罪耐以上不用此令
是後外有輕刑之名內實殺人斬右趾者又當死斬左趾者
笞五百當劓者笞三百率多死景帝制
改定律笞五百曰三百笞三百曰二百猶尚不全自今及吏諸有秩皆受其
官屬所理所行所將其餘飲食計賞費勿論
若買故賤賣故貴皆坐臧爲盜吏遷徙免罷受其故官屬所將
監治送財物奪爵爲士伍免之無爵罰金

圖 5　宫内廳書陵部藏北宋版《通典》

（卷一六三《刑法一》）

爲《漢書》注的最高權威廣爲流傳。[①]《通典》成書於此後的約 150 年即貞元十七年(801)。[②]若認爲從《通典》讀到的各種刑期，是最早所見“作爲過渡刑的隸臣妾一年爲庶人”的規定，而這一規定也適用於“鬼薪白粲滿三歲，爲隸臣”之處，則與前述的張建國之説一致。 257

當然，也不能完全否定杜佑或者《通典》的翻刻者都有修訂原文的可能性。例如，在《大唐六典》卷六《尚書刑部》卷中，有問題的地方也與《通典》同文。但是，對此考訂者近衛家熙的案語説：“自鬼薪

① 吉川忠夫《顔師古の〈漢書〉注》，收入氏著《六朝精神史研究》，同朋舍 1984 年。

② 玉井是博《大唐六典及び通典の宋刊本に就いて》，收入氏著《支那社会經濟史研究》，岩波書店 1942 年。

至臣妾十一字非《漢書》正文，蓋取師古注文加之”（圖 6）。從《六典》到《通典》都是同文，或許暗示着這樣一種可能性：兩者所據的《漢書・刑法志》的原文與現行本有別，更接近於張文所推定的形式。

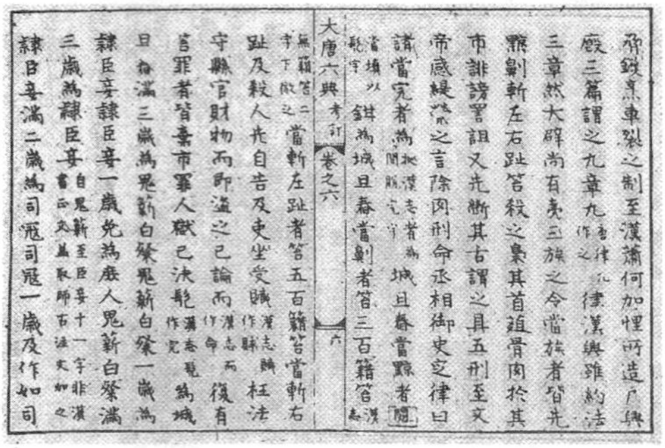
大唐六典　考訂　卷之六　六

鑊亨車裂之制至漢蕭何加悝所造戶興廄三篇謂之九章（書律作之）律漢興雖約法三章然大辟尚有夷三族之令當族者皆先黥劓斬左右趾笞殺之梟其首菹骨肉於其市誹謗詈詛又先斷其舌謂之具五刑至文帝感緹縈之言除肉刑命丞相御史定律曰諸當完者為（漢志者為下有）城旦舂當黥者髡鉗為城旦舂當劓者笞三百籍笞（漢志無籍笞二字下倣之）當斬左趾者笞五百籍笞當斬右趾及殺人先自告及吏坐受賕（漢志）枉法守縣官財物而即盜之已論而（漢志）復有笞罪者皆棄市罪人獄已決髡（漢志）為城旦舂滿三歲為鬼薪白粲鬼薪白粲一歲為隸臣妾隸臣妾一歲免為庶人鬼薪白粲滿三歲為隸臣妾（自鬼薪至臣妾十一字非漢書正文蓋取師古注文加之）隸臣妾滿二歲為司寇司寇一歲及作如司

258　圖 6　近衛家熙考訂《大唐六典》

（卷之六《尚書刑部》）

順便説一下，在廣爲流傳的浙江書局翻刻的《通典》（底本爲乾隆十二年校刻武英殿本）中，劃線部分均被收入夾注。應該説是依據《漢書》的錯誤（正確的稱法應該是錯誤本《漢書》?）而致誤的修正結果。若通過《通典》的版本追蹤探尋該“修正”是何時進行的，則也
259 許可以就《刑法志》原文産生錯誤的年代進行某種程度的推測。

3. 新有期説

前文已述的一個課題，就是擬分析一下關於刑期這一想法的由來。在此要提出的是，根據張家山漢簡內容來立論的邢義田的論文。[①]該論文的目的在於，證明在文帝改制以前有期刑的存在。

① 邢義田《從張家山漢簡〈二年律令〉論秦漢的刑期問題》，《臺大歷史學報》第 31 期，2003 年。

具體而言,邢文所舉出的刑期存在的論據有三條史料:①張家山漢簡之"繫城旦六歲"、"償日作縣官罪",②《周禮・秋官・司圜》的記載,③銀雀山漢簡《守法守令等十三篇》之"罰爲公人"。如果先述其結論,那就是以上論據可以認定爲證實刑期存在的史料。因此,在文帝改制以前,刑罰均爲不定期的命題——那曾是舊稿所強調的論點,恐怕就有訂正的必要了。在此,想選擇成爲其最重要的論據①,以若干篇幅進行分析。①

出現"繫城旦六歲"、"償日作縣官罪"之句的史料,是張家山漢簡《二年律令》如下的條文:

> 鞫〔鞠〕獄故縱、不直,及診、報辟故弗窮審者,死罪,斬左止〔趾〕爲城旦,它各以其罪論之。其當繫〔繫〕城旦舂,作官府償日者,罰歲金八兩;不盈歲者,罰金四兩。□□□□兩,購、沒入、負償,各以其直〔值〕數負之。其受賕者,駕〔加〕其罪二等。所予臧〔贓〕罪重,以重者論之,亦駕〔加〕二等。其非故也,而失不□□以其贖論之。爵戍四歲及繫〔繫〕城旦舂六歲以上罪,罰金四兩。贖死、贖城旦舂、鬼薪白粲、贖斬宮、贖劓黥、戍不盈四歲,繫〔繫〕不盈六歲,及罰金一斤以上罪,罰金二

260

---

① 關於②、③,引用的是如下表示有期刑存在的記載。《周禮・秋官・司圜》:
司圜掌收教罷民。凡害人者,弗使冠飾而加明刑焉,任之以事而收教之。能改者,上罪三年而舍,中罪二年而舍,下罪一年而舍。其不能改而出圜土者,殺。雖出,三年不齒。(鄭司農云:罷民,謂惡人不從化,爲百姓所患苦,而未入五刑者也。故曰凡害人者。不使冠飾,任之以事,若今時罰作矣。)
《守法守令等十三篇》:
辛歲田入少於五十關者,□之。辛歲少入百關者,罰爲公人一歲。辛歲少入二百關者,罰爲公人二歲。出之之歲[□□□□□]□者,以爲公人終身。辛歲少入三百關者,黥刑以爲公人。(941—942,p. 146)
司圜所記載的制度是一種有期勞役刑,這從"任之以事"的表達來看是很清楚的。又,《守法守令等十三篇》所謂"公人",如《銀雀山漢墓竹簡》所指出的,是"指被罰爲公家服役的人"。

兩。轂〔繫〕不盈三歲，贖耐、贖遷（遷）、及不盈一斤以下罪，
購、沒入、負償、償日作縣官罪，罰金一兩。

（二年律令 93—98，pp. 147—148）

　　在確定罪狀之際，故意判定無罪或量刑失衡；或者在勘
驗、判斷刑罰之際，想回避罪而不充分調查時，若（所負責的案
件）是死刑，則斬左趾爲城旦；若是其他的刑罰則按照各自的
罪處以相應的刑罰。如果是繫城旦舂、"作官府償日"的情況，
就一年罰金八兩。若是未滿一年的刑罰，則罰金四兩。
□□□□兩，若是購、沒入、賠償，則使之負擔其各自相當的數
額。在已接受賄賂的情況下，以二等罪加重處罰；若收賄罪一
方（比負責案件的罪）重，則根據重的一方量刑，再加罪二等。
非故意，而失刑□□之時，則以贖刑定罪。若是爵戍四年及繫
城旦舂六年以上的罪，則罰金四兩。若是贖死、贖城旦舂、鬼
薪白粲、贖斬宮、贖劓黥、戍不滿四年，繫不滿六年，及罰金一
斤以上的罪，則罰金二兩。若是系不滿三年，贖耐、贖遷、及不
滿一斤以下的罪，相當於購、沒入、賠償、償日作縣官的罪，則
罰金一兩。

"爵戍"也許是"奪爵令戍"（奏讞書 147，p. 224）的省略形式？[1]如
《二年律令譯注稿（一）》所指出的，"不盈歲者，罰金四兩"之下的簡
是空白的，到此爲止是一個條文的可能性很大。但是，以下的文章
在內容上也有密切的關係。問題所在是規定對故意違法審判之處
罰的前半部分，即"其當轂〔繫〕城旦舂，作官府償日者，罰歲金八
兩"。而在規定對非故意而失刑之處罰的後半部分，也可相應見到
"不盈一斤以下罪，購、沒入、負償、償日作縣官罪，罰金一兩"。這
裏所謂的"作官府償日"與"償日作縣官"，實質上是一樣的，大概意

────────────

① 張伯元《"爵戍"考》，收入氏著《出土法律文獻研究》，商務印書館 2004 年。

味着在官府裏從事較輕的勞動,這是無疑的。①而且如邢義田所指出,它們都不是附加刑,與條文中的"戍四歲"、"繋城旦舂六歲"同爲單獨的"本刑"。如果這樣考慮,那麼在第二節所引用的《二年律令》律文曰:

> 隸臣妾、收人亡,盈卒歲,戠〔繋〕城旦舂六歲。不盈卒歲,戠〔繋〕三歲。自出殴〔也〕,□□。其去戠〔繋〕三歲亡,戠〔繋〕六歲。去戠〔繋〕六歲亡,完爲城旦舂。

"繋城旦舂六歲"、"繋三歲",都不表示城旦舂刑本身的刑期,但是可以理解爲另外的、附帶單獨期限的罰勞動。②在刑徒隸臣妾的情況下,"繋城旦舂"成爲附加刑;但對於收人即身體被官府沒收的身份而言,那不外乎是"本刑"。

如此看來,睡虎地秦簡所見"又繋城旦舂六歲"是附加刑,這不是因爲"又"字嗎? 如果按照前引張家山漢簡律文所見,就可以推定:"繋城旦舂六歲"作爲單獨的有期勞動刑是存在的,將與此同等的勞役作爲附加刑科處,就是"又繋城旦舂六歲"。勿庸置疑,還有另一種可能性,例如睡虎地秦簡的附加刑到張家山漢簡時代已向單獨刑進化,這一推測也是可能的。但是,根據現有史料卻都不能作出判斷。不過可以確言的是,至少在漢初之時,不帶有肉刑的有期罰勞動,存在於從城旦舂到司寇的勞役刑之外。如水間大輔所

---

① 石岡浩認爲,睡虎地秦簡所見"官府","不是官衙的總稱,而是縣所屬的一個機關","作官府"即"在官府中的輕勞動",是對高爵位所有者所科的代替築城等過苦勞動的一種減免刑罰的措施(石岡浩《秦時代の刑罰減免をめくって——睡虎地秦簡に見える"居官府"の分析から》,《史滴》第 20 號,1998 年)。這一認識也適用於張家山漢簡的"作官府"。

② 這樣的有期"繋城旦"刑當然也是勞役刑的一種,但是使用"勞役刑"之語容易與歷來所認識的勞役刑混淆,其結果令人擔心會產生所謂"勞役刑仍是有期的"這一杜撰的結論。由於它明顯是與黥城旦舂以下的勞役刑不同系列的輕勞役刑,所以本書暫且稱之爲"罰勞動"。

指出的，在張家山漢簡中成爲刑罰體系主軸的，是各種不定期勞役刑與罰金刑，①"繫城旦舂"與"戍邊"、"作官府"等等的罰勞動，與贖刑一起處於補充性的地位。②

262

圖 7
鳳凰山 168 號
漢墓出土天秤

實際上揭示這種有期勞動的史料，在張家山漢簡出土以前亦爲人所知。這就是如下與張家山同處江陵縣（現荆州市）的鳳凰山 168 號漢墓所出的、寫在天秤上的律文（圖 7）：

正爲市陽戶人嬰家稱錢衡。以錢爲累，劾〔刻〕曰四朱、兩，疏第

十。敢擇輕重衡，及弗用劾〔刻〕，論罰縣里家十日。

□黄律

雖然字面難讀，但是參考諸家的解説，③我個人的想法是，前半部分可解釋爲："正（里正）爲市陽里居民嬰家製作並授予稱錢衡（計量銅錢的天秤）。計量之際，將錢堆起來，要使用'四朱'、'兩'的文字與方孔兩側刻有'第'、'十'文字的砝碼。"

由此可知，在計量銅錢時，要使用作成錢形的砝碼，即所謂"砝碼錢"（圖 8）；而市陽里所用的砝碼，編號爲"第十"。相對於此，後半部分説"計量時若選錢，不用具有所定刻文的砝碼，作爲懲罰，要在里的

---

① 水間大輔《張家山漢簡〈二年律令〉刑法雜考──睡虎地秦簡出土以降の秦漢刑法研究の再檢討》，《中国出土資料研究》第 6 號，2002 年。

② 關於作爲特殊財産刑的贖刑在秦至漢初的刑罰體系中所佔據的地位，張建國有專論。參見張建國《論西漢初期的贖》，《政法論壇》2002 年第 5 期。

③ 華泉、鍾志誠《關於鳳凰山一六八號漢墓天秤衡杆文字的釋讀問題》，《文物》1977 年第 1 期。晁華山：《西漢稱錢天秤與法馬》，《文物》1977 年第 11 期。

機構裏勞動十日"。所以作爲前半部
分指示根據的法規,大概就是天秤側
面所寫的"□黄律"的條文。如果該解
釋沒有大誤,那麼這也可以被認爲是
表示有期罰勞動存在的史料。附帶説
一下,關於168號墓的年代,由同出竹
牘的紀年可以推定爲漢文帝十三年,
即正好是刑制改革的這一年。①

圖8　西安市徵集法錢砝碼錢

　　如果根據以上的事實,刑期這一想法的由來恐怕就很清楚了。
在文帝改制的階段,除了沒有規定刑期的勞役刑之外,還存在着一
系列的有期罰勞動。此即成爲全面有期化之際的雛形。如果要展
開推論的話,那麼是否可做這樣的理解:肉刑被廢除,從髡鉗城旦
舂到司寇的勞役刑朝着有期刑的方向轉變,以往的有期罰勞動大
半被吸收到其中了。不能吸收的一年以下的罰勞動——其存在從
"不盈歲者"這樣的字句可窺其一斑,被總括爲《漢舊儀》所説的"戍
罰作、復作"刑。刑期這一制度,並非一朝一夕出現的。若借用邢
義田的表達,則刑期是"從偶然、局部和非常態演變成爲一種原則,
逐步走向常態、全面和系統化"。②

263

264

---

① 湖北省文物考古所《江陵鳳凰山一六八號漢墓》,《文物》1993年第4期。
② 李均明將張家山漢簡《二年律令》所見"復城旦舂"一語,解釋爲"再次服城旦
舂刑",並認爲是城旦舂曾存在刑期的證據。但是,如以下規定所明了的:"城旦舂亡,
黥。復城旦舂。鬼薪白粲也,皆笞百。"(二年律令164,p.155)所謂"復城旦舂"恐怕正
如徐世虹所指出的,指城旦舂刑徒犯了逃亡罪受肉刑後,"依舊服城旦舂刑",與刑期之
有無並没有必然聯繫。參見李均明《張家山漢簡所見刑罰等序及相關問題》,饒宗頤主
編《華學》第六輯,紫禁城出版社2003年,128—129頁。徐世虹《"三環之"、"刑復城旦
舂"、"繫城旦舂某歲"解——讀〈二年律令〉劄記》,《出土文獻研究》第六輯,上海古籍出
版社2004年,82—83頁。

四、廢除肉刑的意義

　　最後,再返回到文帝改制,擬嘗試從廢除肉刑這一方面來考慮改革的意義。在考察之前首先要確認的,是睡虎地秦簡所出現的刑徒特有的外觀。秦代刑徒所具有的外在屬性,根據其發生的原因大致可分爲三大類:①因肉刑、耐刑等身體受到損毀者,②因穿赤衣、戴頭巾等衣着者,③因佩戴手枷、足枷者。其中,①可細分爲黥、劓、斬趾等永久性的毀壞肉體與髡、耐等暫時性的損毀。也將"完"視同髡刑、耐刑的見解,[①]但根據秦律的含義,不對身體進行任何損毀的解釋是比較妥當的。[②]現將以上所述整理爲下表(表1)。當然,在實際的運用過程中,如黥與赤衣、赤衣與枸櫝欙杕所示,多種特徵是可以重疊的。

表 1

身體的損毀	黥、劓、斬趾	外表永久性的變形
	耐、(髡)	外表暫時性的變形
特異的衣服	赤衣、赤幘	
刑具	枸櫝欙杕	

265　　　　其中,身體的暫時損毀在文帝改制後繼續存在,這由"髡鉗城旦舂"之刑名可以得到證明。另外,根據《漢書》卷九〇《酷吏傳》孟康注所引律文,無疑赭衣即赤衣也還繼續存在。

---

　　① 劉海年《秦律刑罰考析》,中華書局編輯部編《雲夢秦簡研究》,中華書局 1981年。楊廣偉:《"完刑"即"髡刑"述》,《復旦學報》(社會科學版)1986 年第 2 期。韓樹峰《秦漢律令中的完刑》,《中國史研究》2003 年第 4 期。
　　② 栗勁《秦律通論》,山東人民出版社 1985 年。王森《秦漢律的髡、耐、完的辨析》,《法學研究》1986 年第 1 期。

　　　　律，諸囚徒私解脱桎梏鉗赭，加罪一等。爲人解脱，與
同罪。

　　　　律規定，若諸囚徒私自解脱桎梏鉗赭，則加罪一等。若爲
人解脱，則與同罪。

這是有關隨意解開桎梏（手枷、足枷）、鉗（首枷）、赭（赤衣）的規定。
若考慮這樣的事實，則文帝之改制，歸根結底就是在與常人不同的
刑徒的特徵之中，廢除永久性的身體變形，祇留下暫時性的變形。
換言之，文帝廢除肉刑改革的一個側面，就是“特徵的挑選”。

　　近年來，對文帝改制進行再研討的瀨川敬也主張，無論是暫時
性的還是永久性的，凡是在刑徒的“身體上直接加記號”的行爲，均
可名爲“身體刑”。既然如此，文帝並没有廢止所有的身體刑，因此
改制之後“仍可推定爲是以身體刑爲中心的刑罰體系”。[1]但是，在
因髡鉗、赭衣等暫時性的外在異化，與令身體永久性變形的肉刑之
間，對於給受刑者帶來的深刻影響而言，不正是有難以超越的差别
嗎？例如，“坐事爲城旦”的齊國之相喬玄，“刑竟，徵，再遷上谷太
守，又爲漢陽太守”。[2]若將這一事例，與本書第二章所引張家山漢
簡“毛誣講盜牛案”中通過乞鞫而被釋放的“講”的境遇比較，則上
述主張可能有一多半是想像的吧。在後者，雖然恢復了家庭，但是
没能恢復到原來的樂人身份，而是被置以“隱官”這一特别的
身份。[3]

_____

　　①　瀨川敬也《秦漢時代の身体刑と労役刑——文帝刑制改革をはさんで》，《中
国出土資料研究》第7號，2003年。
　　②　《後漢書》列傳第四一。
　　③　關於隱官的處境，參見本書第二章98頁注①及補論。正如有關文帝改制的議
論所見，即使在漢代人的認識中，黥、斬趾等“肉刑”與髡、耐等暫時性的身體毀傷，也屬
於大不相同的範疇。通過“身體刑”這一範疇將兩者歸併在一起，豈不是正與漢代人自
身的意識相反嗎？

　　如滋賀秀三很早就論述的，施加肉刑無非是使之成爲奴隸，其可能性也許在於：“從驅逐出社會的角度來理解，死刑、肉刑、流放，都是一元化的。”[①]毀傷犯罪者的身體，雖然可以理解爲將帶有危險性的人物排除在社會之外——滋賀論文引用威爾納‧佛吉爾所說的“無害化（Unschädlichmachung）”，但是支持這種驅逐的，畢竟如滋賀所指出的，可推定是出於對身體虧損的忌諱感。因此，即使從勞役中被釋放出來，衹要身體上刻的記號沒有消失，就仍然會被社會驅逐與疏遠。“講”這個人變爲隱官，無疑是其身上帶有記號即被施以黥刑的結果。

　　如果這樣考慮的話，就會發覺文帝改革的意義恐怕不僅限於“特徵的挑選”。廢除肉刑即身體永久性變形的意義，不正在於最終消除因異形化而被人類社會驅逐這一自原始時期就有的刑罰屬性嗎？[②]當然，髡鉗、赭衣等還繼續存在，但那是外在的暫時性的變形，若使用法律用語，則不過是具有“解脫”可能的標識，不能與永久性的記號肉刑同日而語。在此意義上，文帝十三年的改革不僅是“從秦制中蛻皮”，[③]也是從自古以來的刑罰觀中蛻皮。

小　　結

　　在結束本章之際，想直接提出幾個今後應該進一步探究的課題。

---

　　①　滋賀秀三《中国上代の刑罰についての一考察——誓と盟を手がかりとして》，收入氏著《中国法制史論集——法典と刑罰》，創文社 2003 年，547 頁。
　　②　但是在肉刑中，惟有宮刑是作爲死刑的代替刑而繼續存在的。若將《漢書》卷四九《晁錯傳》對策中的“除去陰刑（張晏曰：‘宮刑也。’）”一句，與卷五《景帝紀》“中四年秋”之條“赦徒作陽陵者，死罪欲腐者，許之（如淳曰：‘腐，宮刑也。’）”的記載合在一起，則可以得出這樣的認識，宮刑在文帝時代曾被暫時廢止，而景帝時代又被復活了。
　　③　冨谷至《秦漢刑罰制度の研究》，同朋舍 1998 年。

　　第一,是文帝改制的原因。根據《漢書‧刑法志》所説,此次改革發端於緹縈這一女子的上書,但是不能認爲當時的政治會天真到因一介庶人之申訴而斷然對國家制度進行大幅度的修訂。即使有上書的事實,它最終也不過是個契機而已。改革的根本原因,要從當時國家所進行的固有任務中來探求。如上所述,關於文帝斷然實行的各項改革,在《漢書》卷四九《晁錯傳》之對策中,以"絕秦之跡,除其亂法"進行了網羅式的列舉。將其與罪人亡帑(廢止收孥制)、非謗不治(停止誹謗妖言令)、鑄錢者除(停止鑄錢律)、通關去塞(撤銷津關)這一系列寬政放在一起考慮時,或許從中能看到什麼吧?①

　　第二,是東方六國的法律制度。前面言及的銀雀山漢簡《守法守令等十三篇》,據認爲是記載了戰國時期齊國的法制,②因其中已可見等級性的有期刑,所以也有學者推測文帝改制是受到齊國制度的影響。③如本章所述,由文帝改制所設定的刑期當初最長是六年,這一事實暗示着,其直接的模型在於有期罰勞動的"繫城旦六歲"。但是,正如從銀雀山漢簡可見一斑的,戰國時代的六國制度無疑已被傳至漢代。若此,則可以設想漢制之中尚有秦制以外的制度源流,這在當時也是很有必要的。當然,爲了探究該課題,與六國有關的史料的出土則爲人所期待。

　　第三,是身體毀傷者社會地位的變遷。據《史記》卷六五《孫子吳起列傳》,因龐涓之奸計而遭受刖刑被斷去兩足的孫臏,在應齊

---

　　①　關於文帝改制的必然性,近年石岡浩的考證展開了具有説服力的討論:其原因是由於高祖時代濫發爵位與文帝初年廢止收制,因而刑罰體系出現了破綻。參見石岡浩《収制度の廃止にみる前漢文帝刑法改革の発端——爵制の混乱から刑罰の破綻へ》,《歷史学研究》第 805 號,2005 年。

　　②　吳九龍《銀雀山漢簡齊國法律考析》,《史學集刊》1984 年第 4 期。

　　③　陳乃華《論齊國法制對漢制的影響》,《中國史研究》1997 年第 2 期。

威王要求就任將軍時辭謝説："刑餘之人，不可。"於是成爲田忌將
軍之師，"居輜車中，坐爲計謀"。睡虎地秦簡與張家山漢簡所見的
"隱官"制度，無疑是與忌避於這種"刑餘之人"相通的。然而再追
溯到更早的時代，在西周至春秋時代的青銅器中，有一例是在模擬
城門之門扉上裝飾着已被斷足的刖者之像。在門扉這一最引人注
目的空間配上"刑餘之人"，其感覺不能不説與在"輜車中"出謀劃
策的孫臏的形象迥然不同。雖然不出原來想像的範圍，但是對於
268　異形身體的感覺，在從春秋到戰國的發展期間，恐怕並没有發生什
麼變化。對身體毀傷爲什麼要附帶特殊的勞動？解答這個難題的
269　線索，也許就在於這樣的上古時代之身體觀。①

---

　　① 解釋身體毀傷與勞役關係的關鍵之一，不正是要從圍繞障礙者的保護及相關
舉措中來尋求嗎？ 即這一關係是：對因身體障礙而靠自己收入生活困難的人，在共同
體保障生活的同時，置以隸屬性的身份使之從事特殊的勞動。1979 年調查涼山彝族的
民族考古學者汪寧生的報告説，他們的奴隸有三分之一是"殘疾者"（汪寧生《西南訪古
卅五》，山東畫報出版社 1997 年，34 頁）。但是，涼山的奴隸是由汪寧生稱爲"奴隸養育
院"的設施所收容的。若僅從這點來看，毋寧説也許更近於"隱官"的身份。

結語
司法經驗的再分配

　　在結束本論之際,擬再次回到有關史料之性質的問題上。本書的主要目的是,以出土文字史料爲基礎,儘可能地重新構建訴訟制度。到此爲止,制度的復原暫且告一段落了,現在想從全局的角度宏觀地審視一下在其制度之中史料所應具有的地位。這樣一來,也一定可以更爲全方位地理解訴訟程序的各個环节。在此所提出的問題是,本書屢屢引用的兩種史料,即睡虎地秦簡《法律答問》與張家山漢簡《奏讞書》,是記載樣式有相當大差異的竹簡群。

　　如第二章所論述的,刑事訴訟原則上是在發現地的縣廷進行審判。屬於縣的下級官吏,祇有具體被稱爲獄吏(獄史)的書記官,纔是處於最末端的負責司法的主體。儘管他們是秩百石以下的小吏,但是從訊問嫌疑犯到確定罪狀、決定相應的刑罰這一系列程序的運行,原則上都是由這些獄吏在履行其職務。但是,關於難以判斷的疑罪,則設置了請求上級機關裁判的上讞制度,以保障公正審判。

　　暫稱爲《法律答問》的這一組竹簡,是與這樣的獄吏之司法實務密切相關的書籍。這已在序論中指出。從本論所引用的史料就可以看得很清楚,其中所記載的那些文字,一方面有具體而實用的內容,另一方面圍繞犯罪之樣態,兼顧邏輯上的分析態度與法令相互間的平衡等等,具備着亦可稱爲法學上的思考。那麼,該書究竟是在怎樣的背景下完成的呢? 爲了討論這個問題,首先引用如下兩條問答:

> 司寇盜百一十錢,先自告,可〔何〕論? 當耐爲隸臣,或曰貲二甲。　　　　　　　　　　　　　　　　（法律答問 8,p. 95）

> 服司寇之刑者盜竊一百一十錢,如在被發現之前自告,如何論處? 應當耐爲隸臣妾。一説貲二甲。

> 女子爲隸臣妻,有子焉,今隸臣死,女子北其子,以爲非隸臣子毆〔也〕。問女子論可〔何〕殹〔也〕? 或黥顏頯爲隸妾,或曰完,完之當殹〔也〕。　　　　　　　　　　（法律答問 174,p. 134）

> 女子成爲隸臣之妻,已經生子,但現在隸臣死了,女子將其子從家中帶出來,認爲不是隸臣之子。問:女子如何定罪? 可以黥顏頯並爲隸妾,也有人主張不黥爲隸妾,認爲不黥的看法比較妥當。

在前一例問答中,出示了兩個答覆。這樣兩種並存的意見,作爲審判實務時的指南,是容易混淆的。同樣,後一例也是二説並存。雖然此時顯示"完較爲妥當"暫時是"正確的解釋",但是如果那樣的話,特意記載"另外的解釋"不就是畫蛇添足之舉了嗎?

應該再指出一例,即在答覆之前冠以"議"與"廷行事"的文字:

> 或鬭,嚙斷人鼻若耳若指若唇,論各可〔何〕殹〔也〕? 議皆當耐。　　　　　　　　　　　　　　　　（法律答問 83,p. 113）

> 某人鬭毆,咬斷了他人的鼻子或耳朵或手指或嘴唇。各自應處以怎樣的刑罰? 若根據"議",則都應處以耐。

> 盜封嗇夫可〔何〕論? 廷行事以僞寫印。

> 　　　　　　　　　　　　　　　　（法律答問 56,p. 106）

偷偷用嗇夫之印封緘，應處以怎樣的刑罰？廷行事認爲構成僞造官印罪。

這些例子中所出現的所謂“議”與“或曰”、“廷行事”是什麼？若先述其結論，則這就是表示《法律答問》之來源的類似生物學所説的退化器官那樣的東西。拙見以爲，睡虎地秦簡《法律答問》的原型，要到張家山漢簡《奏讞書》之類的上讞案例中去尋找。在此試着從《奏讞書》的記載形式來予以證明。

如本論所看到的，構成《奏讞書》主體的是有關各種各樣疑罪的上讞，即請示上級機關的案例。因此，在很多情況下是以對案件的裁斷而告終的。以下所引即其典型。該例有關如下的事件：大夫“明”的隸屬民即名叫“符”的女人，隱瞞其爲逃亡者的身份而成爲隱官“解”之妻，就如何定“解”之罪，上讞請求裁斷。文中所説“取〔娶〕亡人爲妻”，是指“取〔娶〕亡人妻及亡人以爲妻……黥爲城旦”之律（二年律令168—169，p. 156）。

> 疑解罪，毄〔繫〕。它縣論。敢瀻〔讞〕之。·吏議：符有〔名〕數明所，明嫁爲解妻，解不智〔知〕其亡，不當論。·或曰：符雖已詐〔詐〕書名數，實亡人也。解雖不智〔知〕其請〔情〕，當以取〔娶〕亡人爲妻論，斬左止〔趾〕爲城旦。·廷報曰：取〔娶〕亡人爲妻論之，律白，不當瀻〔讞〕。
>
> （奏讞書32—35，pp. 215—216）

275

解被懷疑有罪，已被拘留。其他的人在縣裏論處。[①]以上

---

① 在上奏處分藏匿了“種”這個沒有户籍之成年男子的獄吏的《奏讞書》之中，可見“種縣論”一句（63—68，pp. 218—219）。因爲很清楚這是指“關於種在縣論處”，所以如果是那樣則“它縣論”這一定型句或許就可以理解爲“關於其他的人在縣論處”的意思。学習院大学漢簡研究会譯作“其他的案件（關於符的）已在縣論罪”，這是近於正確的解釋（学習院大学漢簡研究会《漢初婚姻事件——江陵張家山漢簡〈奏讞書〉を読む》，《学習院史学》第40號，2002年，113頁）。

爲上讞。

　　•吏之議説：符在明那裏有户籍，明讓她出嫁成爲解之妻，因爲解從不知道她是逃亡者，所以不應適用刑罰。

　　•有人説：符雖謊稱已經登録户籍，但實際上是逃亡者。解雖不知此事，但應以"娶亡人爲妻"罪定刑，斬左趾爲城旦。

　　•廷下判斷説：以"娶亡人爲妻"罪定刑，是律明確規定的。（類似這樣的案件）不應上讞。

　　圍繞所上讞案件的處斷，經若干官吏討論之後，下達了最終的裁决。即，對於認爲"解"這個人"不知"而認定其無罪的看法，其他的吏則主張：既然律是明文化的，就應認定其有罪。[1]然而收下兩方的討論意見後，其結論"廷報"是按照律的規定處理。這裏説的"廷"是指什麽？暫且擱置不論，眼下想關注的是，討論的過程是通過"吏議"、"或曰"、"廷報"這樣的詞語來表示的。其分别與《法律答問》的"議"、"或曰"、"廷行事"相對應，這恐怕是很清楚的。所謂"議皆當耐"可以解釋爲"在吏討論的過程中，未曾就應處耐刑的意見提出過異議"，所謂"或曰貲二甲"可以解釋爲"對耐爲隸臣的意見有貲二甲的異議"，[2]所謂"或黥顔頯爲隸妾，或曰完，完之當也"可以解釋爲"黥隸妾與完隸妾兩説對立，但是歸結起來完是比較合適的"，而所謂"廷行事以僞寫印"可以解釋爲"討論的結果，廷下了僞造官印的裁决"。確定無疑的是，《法律答問》這本書素材的一部分就在於圍繞這樣的疑罪進行討論。同時，這不是意味着《奏讞書》也是與《法律答問》類似性質的書籍嗎？

---

　　①　將律的規定"黥爲城旦"表現爲"斬左趾爲城旦"的判斷，是由於解是已受黥劓的隱官（学習院大学漢簡研究会《漢初婚姻事件——江陵張家山漢簡〈奏讞書〉を読む》，《学習院史学》第 40 號，2002 年，117 頁）。關於"隱官"，參見本書第二章 98 頁注①及補論。

　　②　關於該問答的法理，參見本書第二章第一節。

關於《奏讞書》的史料性質，李學勤和彭浩早就有解説。①在日本，也發表了不少相關的論文。②目前，雖然在此没有多餘的篇幅來研究整個《奏讞書》，但是若注意到其與《法律答問》的類緣性，則可知作爲書籍的目的就在於指導疑罪的判斷。這點大概是没有什麽錯誤的。關於《奏讞書》所收各種案例繁簡不一的現象，池田雄一解釋説：是"因爲《奏讞書》的編者作爲治獄或者製作讞的指南，以其認爲有參考價值的公文書爲基礎，加以編輯而成的"。③編輯公文書的推定是正確的，但若是"製作讞的指南"則不必大篇幅地著録上讞之後的討論。其目的毋寧説就是爲了"治獄"的參考，即其目的不是在於熟悉上級機關對疑罪下怎樣的裁斷嗎？《奏讞書》的一半是與上讞没有直接關係的文字，其内容是再審與"議"的記録等等，這都可以在司法實務的關聯中得以理解。《奏讞書》的性質與其説是《封診式》那樣的範文集，還不如説與《法律答問》那樣的案例集是一致的。④圍繞疑罪的判斷，通過近於比較原型的公文書來表現之的書籍是《奏讞書》，而以問答體編輯其疑問點的書籍則是《法律答問》。這樣的考慮大概

①　李學勤《〈奏讞書〉解説》（上）、（下），《文物》1993 年第 8 期、1995 年第 3 期。彭浩《談〈奏讞書〉中的西漢案例》，《文物》1993 年第 8 期；《談〈奏讞書〉中秦代和東周時期的案例》，《文物》1995 年第 3 期。

②　飯尾秀幸《張家山漢簡〈奏讞書〉をめぐって》，《專修人文論集》第 56 號，1995 年。池田雄一《漢代の讞制について——江陵張家山〈奏讞書〉の出土によせて》，《中央大学文学部紀要》史学科第 40 號，1995 年；《江陵張家山〈奏讞書〉について》，《堀敏一先生古稀記念　中国古代の国家と民衆》，汲古書院 1995 年。小嶋茂稔《読江陵張家山出土〈奏讞書〉劄記》，《アジア・アフリカ歴史社会研究》第 2 號，1998 年。

③　池田雄一《江陵張家山〈奏讞書〉について》，《堀敏一先生古稀記念　中国古代の国家と民衆》，汲古書院 1995 年，122 頁。

④　宮宅潔早就指出，爲了理解《奏讞書》的性質，《法律答問》那種"問答形式的法律運用注釋書之傳統的系譜也必須被納入視野"（宮宅潔《漢代請讞考——理念・制度・現実》，《東洋史研究》第 55 卷第 1 號，1996 年，30 頁）。

是没有什麼大問題的。

　　如果是那樣,那麼將其中所呈現的裁決視爲反映了中央機關
之判斷的看法也許是較爲妥當的。這是因爲,一般認爲,在針對疑
罪的措施中,關鍵的問題是不失其裁判的統一性與均衡性。而在
地方機關的水準中,則很難兼顧到那樣的整體。不管是《法律答
問》還是《奏讞書》,可能都是在廷尉的周圍被整理、編纂之後,再頒
佈到負責司法的基層機關。傳達上級機關之裁決的文書被包括在
《奏讞書》中的理由,可以用這樣的想法理所當然地予以解釋。① 如
果站在中央機關之判斷的視角來看,《法律答問》所具有的特徵,即
基於具體的、實用的事實與法學的思考来作出判斷,不就是可以理
解的嗎?

　　如前所述,縣之獄吏是在制度之最末端擔任訴訟工作的主體。
第一個(而且最頻繁地)面對種種疑難問題(難以理解的法律條文
的解釋與對律無規定之罪狀適用刑罰等等)的,一定就是他們。這
樣的疑問一個一個被上讞給二千石官並得以審議,最終請求中央
的廷尉作出指示後下達適當的裁決。在這樣的制度中,由司法實
務所產生的種種疑問、疑案,其裁決的過程與結果都會被積累在中
央的廷尉之下,這是必然的結果。於是,這些東西隨時可能會被整
理爲編纂物,爲了提供給獄吏的實務參考而向全國頒布。《法律答
問》、《奏讞書》等書籍,就是有這樣之由來的教科書。地方機關的

---

　　①　宮宅潔就《奏讞書》所見"廷"一語,闡述説:"與其認爲是指'廷尉'等特定機
關,毋寧視爲意味着'法廷'即亦爲審判場所的官衙之'中庭'更好些吧。"(宮宅潔《秦漢
時代の裁判制度——張家山漢簡〈奏讞書〉より見た》,《史林》第81卷第2號,59頁)但
是,若考慮到與《法律答問》之"廷行事"的關聯性,則《奏讞書》之"廷"指廷尉這一特定
機關的可能性不是更大嗎? 如山田勝芳所指出的,正因爲是"在解釋法、運用法方面處
於追求合理性、公平性頂點之"廷尉的判斷(山田勝芳《張家山第二四七號漢墓竹簡〈二
年律令〉と秦漢史研究》,《日本秦漢史学会会報》第3號,2002年,53頁),纔應該能夠
具有"行事"即作爲判例的規范性。

司法實務經驗，經二千石之手而彙總到中央得以整理，然後就被再分配到地方。

　　一個個獄吏的經驗，就爲這樣的全體獄吏所共有。若根據一般的看法，則可以説那是一種判例法、是未經立法程序的法規嗎？雖然外觀有很大的區別，但是從中領會到與清朝之刑案遥相呼應的性質，也是很有可能的。[1]如中村茂夫所指出的，"因爲對於人類社會的糾紛，依靠國家機關之手進行審判時，將其結果作爲事例彙集起來是很自然的現象"，所以像刑案那樣的判例集"在任何時代都應該是可以看得到的"。[2]

　　發掘者已指出，關於出土張家山漢簡之二四七號墓的年代，根據其中所出土的器物，可認定爲不晚於景帝的西漢初年，與被比定爲文帝十三年的江陵鳳凰山一六八號漢墓有共通性。[3]如果是那樣，大概與睡虎地十一號秦墓的年代之差就祇有約五十年。[4]中國現存於世最古老的律之一，在將一個個獄吏的經驗還原到全體獄吏的架構之中被運用着。這是可以大書特書的現象。可以認爲，這種應該稱爲"司法經驗再分配"的架構，大概就是中國廣闊的領域能夠得以控制的條件之一。也許可以説，誠如馬克·布洛赫

278

---

　　[1]　所謂刑案，"是以中央政府的審判機關即刑部的檔案爲素材，進行取捨節略、分類匯編，以供從事司法實務者參考之用爲目的之出版物"（滋賀秀三《清代時代の刑事裁判——その行政性格。若干の沿革の考察を含めて》，收入氏著《清代中国の法と裁判》，創文社 1984 年，95 頁）。

　　[2]　中村茂夫《清代の刑案——〈刑案匯覽〉を主として》，滋賀秀三編《中国法制史——基本資料の研究》，東京大学出版會 1993 年，715 頁。

　　[3]　荆州地區博物館《江陵張家山三座漢墓出土大批竹簡》，《文物》1985 年第 1 期。湖北省文物考古研究所《江陵鳳凰山一六八號漢墓》，《考古學報》1993 年第 4 期。

　　[4]　關於張家山二四七號漢墓的墓主，張家山漢墓竹簡整理小組，以所出土歷譜之惠帝元年（前 194）條曰"病免"，以及所持有的《二年律令》即吕后二年（前 186）的法令等爲理由，推測可能是"專精法律的學者"（張家山漢墓竹簡整理小組《江陵張家山漢簡概述》，《文物》1985 年第 1 期）。

(Marc Bloch)所指出的那樣,①人會受到怎樣的審判？這個問題
279　是了解一個社會制度最好的試金石。

附錄一

湖南龍山里耶秦簡概述

序　言

　　里耶秦簡,是 2002 年 6 月出土於湖南省龍山縣里耶古城遺址
一個古井的秦代簡牘史料。據報告,推定從編號爲 J1 的一口井出
土了三萬六千枚簡牘。2005 年 4 月,正式報告所公佈的是刊載於
《文物》雜誌上的 35 枚簡牘,其保存狀況良好,簡牘的彩色圖版也
鮮明。與當初所報道的"發現秦代的竹簡"相反,所發表的史料大
部分是寫在木牘上的文書。

　　這是目前所見最早的秦公文書的實物。既然是公文書,特有
的用語與句法可以說是相當繁瑣的,與已知的簡牘史料也有很多
的共同點,大部分的簡牘——雖然遺留下一些細節性的課題——
解讀幾乎沒有問題。當然此次公佈的部分不過祇是全部的
0.1％,儘管如此不少部分仍可修正有關睡虎地秦簡與張家山漢簡
等以往史料之認識。作爲序論部分所述出土史料的補遺,在此專
設附錄一章,擬記錄下拙見。

　　本文以下指史料之整體時稱"里耶秦簡",對一個個文書的形
態而言則分別稱之爲木牘、檢等等。史料的號碼從《里耶簡報》,A

281

是正面,B是背面。另外,關於本史料,除了李學勤所寫的史料解説之外,①還有沈頌金所彙總整理的截止到 2003 年的中國的研究動向。②又,關於《文物》雜誌所發表的部分,除湖南省研究者的注釋外,也有日本語的詳細譯注(《里耶訳注》)。

一、文 書 的 用 語

里耶秦簡中頻繁出現敦煌、居延漢簡中司空見慣的文書用語。即使試着列舉一下僅寫在文末的用語,從上行文書特有的"敢言之"開始,還有在下行文書中的命令貫徹執行指示内容的"它如律令"、"以律令從事"、"聽書從事",以及要求報告、回答的"書到言"、"謁報"等等,均可以根據漢簡的指示進行解釋。作爲稍微特殊的用語,"劾移"二字受到關注。這是"送劾(告發罪狀的文書)"的意思,類似的用法在居延漢簡中則有"甲渠令史劾移居延獄"(甲渠候官之令史送劾到居延縣之獄)(EPT86. 14. 15)。因此,J1⑯5A. 6A 簡文之一節曰:

> 興黔首可省少,弗省少而多興者,輒劾移縣,縣丞以律令
> 具論。

其大意是説:在運送物資時,"可以最小限度地征發黔首,如果不這樣而多徵發,就馬上送劾給縣,縣按照律令定罪",這可以解讀爲處罰相關負責人的規定。

關於傳送文書的用語,與漢簡共同的例子不少。JI⑧152B 簡文有:

---

① 李學勤《初讀里耶秦簡》,《文物》2003 年第 1 期。
② 沈頌金《湘西里耶秦簡的價值及其研究》,收入氏著《二十世紀簡帛學研究》,學苑出版社 2003 年。

　　　四月甲寅日中佐處以來

　　　欣發

　　　在四月甲寅的那天中，佐處以來/欣發

這是將收信的日期與發送人以及拆封人名字記下來的簡文。這樣的例子在居延漢簡中不多見，但是仍可找到，如：

　　　居延□候　　　　　　　行事候長吉

　　　六月辛卯第八卒同以來　發

（EPT51. 195B）

　　　在六月辛卯，第八燧之戌卒同以來。兼任候長吉拆信

在文書的背面記有發信人與拆信人的名字。J1⑨1～12 末尾的"以洞庭司馬印行事"一文，是以"洞庭司馬"之印來封緘洞庭郡代理尉所發之命令的意思。在居延漢簡中，類似的則有"肩水候房以私印行事""（10.35A），即封緘公文書時使用私印。J1⑥2 之檢所記錄的"遷陵以郵行/洞庭"的文字，是"將郵件傳送給遷陵縣/發出者是洞庭郡"的意思。居延漢簡之檢也有如"居延甲渠候官以郵行"（EPT56.48）的"以郵行"這一表達。

283

　　　另外，附帶要説的是，J1⑧134A.157B 的釋文有"卻"字，恐怕應該釋爲"卻"字，指退回報告的内容。如本書第三章所指出的，即居延漢簡《候粟君所責寇恩事册書》所見"廷卻書"之"卻"。即使祇看一下僅發表的部分，就有應該刮目相看的，與敦煌、居延漢簡類似之處。這恐怕正意味着支撐漢代之文書行政的諸要素已經出齊了。

　　　另一方面，里耶秦簡也有可以修正迄今爲止之簡牘史料的解釋的用例。以下指出其中重要的三個。

　　　第一，是 J1⑯5B 所見如下的文字：

　　　　　尉別都鄉、司空，司空傳倉，都鄉別啟陵、貳春，皆勿留脱。

　　　　　尉別都鄉與司空，司空傳倉，都鄉別啟陵、貳春，均不得

留脱。

同樣的文字亦見於 J1⑯6B。"別",從文意看爲"別書",即一定
是將同一内容的文書傳達給不同的若干對象。睡虎地秦簡《語
書》的末尾所見"別書江陵布,以郵行"(8,p. 13)之語,可能也是
"以郵將同一内容的文書由江陵縣傳送,佈告於各方面"的指示。
如果是這樣的話,那麽上面的通告説:"由尉傳達給都鄉與司空,
司空再傳達給倉主,都鄉再分別傳達給啟陵、貳春",就變成指示
經由尉的傳達路線。如果該解釋是正確的,那麽 J1⑯5B 的開
頭説:

> 遷陵丞歐敢告尉,告鄉司空倉主。

這是"遷陵縣丞歐命令縣尉:通知鄉、司空、倉主"的意思,不可能是
"通知尉,並通告鄉、司空、倉主"。將居延漢簡之"敢告某某謂某
某"的表達,讀作"告訴某某,對某某説"的通説是否妥當,可能要再
次提出質疑。①

第二,是 J1⑨1B、7B 等可見到"當騰_"這一用語:

> 卅五年四月己未朔乙丑,洞庭叚〔假〕尉觸謂遷陵丞。陽
> 陵卒署遷陵,其以律令從事,報之,當騰_。

如本書第二章所指出的,此用語在睡虎地秦簡《封診式》中也以"當
騰_皆爲報"的形式出現。既然後面寫着"報"字,就是有關什麽回
信的表達。這是無疑的。但是,以往的斷句是:"當騰,騰皆爲報",
並譯爲"確實寫録,將所録全部回報"。自然就將"騰"字讀作
"謄"。②但是,這一表達是與里耶秦簡的"報之,當騰_"相對應的,
這是很清楚的。如果是這樣,將《封診式》的這一句斷爲"當騰_,

---

① 關於這個問題的討論,也可參見本書第四章 193 頁注②。
② 《睡虎地秦墓竹簡》,第 149 頁。

皆爲報”，可能也是妥當的。那麼，“騰＝”是指什麼呢？不是“騰馬”的合文嗎？睡虎地秦簡《秦律雜抄》有“鶩＝五尺八寸以上”的文字，《睡虎地釋文注釋》將“鶩＝”作爲“鶩馬”的合文。[①]若以同樣的原理將“騰＝”釋爲“騰馬”的合文，則欠缺合文符號之“當騰”這種情況也可得以解釋。如同“刺史王陵，騰〔孫〕布書，請兵馬迎之”[②]一樣，單獨使用的“騰”字也有以快馬送文書的意思。因此，無論是“當騰馬”還是“當騰”，都成爲“以快馬急送”回信的意思。

　　第三，是 J1⑧156 與 J1⑨1～12 之“署金布發”、“署主責發”。這兩個用語見於“報署主責發，敢言之”、“寫上，謁報，報署金布發”的文脈之中。同樣的用語，在張家山漢簡《奏讞書》中，則以“署獄史曹發”、“署如廥發”、“署獄如廥發”（7、15、47 簡）的形式出現，《張家山釋文注釋》：“發，拆封”，即“發爲拆開信封的意思”。除此之外，没有出現值得一提的解釋。應該注意，無論里耶秦簡還是奏讞書，這個用語都被置於要求回信的“報”、“謁報”之後的文末，且在“署”、“發”之間插入官職名或人名。如果是這樣，“署○○發”就不可以讀作“題寫‘○○拆開’”，並解釋爲是回信時要求指定拆開信封者的用語嗎？記載“廷主户發”的檢（J1⑧155），可能成爲其旁證。居延漢簡也有指定拆封者之檢的例子，如“甲渠候官候發”（EPT51.440）。如同《釋名·釋書契》所說的那樣：“書文書檢曰署。署，予也。題所予者官號也”，署有將收信人的官名寫在檢上的意思。雖然所謂“金布”、“主責”是未見有類似例子的官名，但是從木牘的內容推測，可以認爲是“在縣廷之外另設的、直屬縣廷的出納部門”，[③]以及“管理索錢的吏員”。[④]

285

286

---

① 《睡虎地秦墓竹簡》，簡 9—10，第 81—82 頁。

② 《三國志》卷二六《魏書·滿寵傳》。

③ 《里耶訳注》。

④ 李學勤《初讀里耶秦簡》，《文物》2003 年第 1 期。

二、文書的樣式

　　試着將目光轉到文書的形態與記載樣式。當初一眼瞥見里耶秦簡時,腦海裏首先浮現出的是,李學勤也指出過的湖北省荆州高臺十八號漢墓出土的木牘(圖 10)。①其形式爲:寬幅的板上正反兩面都寫着字,被認爲是書記之署名的"某手"二字添在文末。這可以説與里耶秦簡(圖 9)基本上是一致的。高臺的木牘雖然是向"冥土"("安都")報告死者身份的埋葬文書(所謂"告地策"),但是

圖 9　里耶秦簡 J1⑨9　　　　圖 10　荆臺 18 號漢墓出土木牘

①　湖北省荆州博物館:《荆州高臺秦漢墓》,科學出版社 2000 年。

卻忠實地再現着現實社會行政文書的形態。而依據出土的里耶秦簡，這已是很明朗的。即使關於以西漢前期之墓爲中心所出土的其他告地策，恐怕也可以同樣來理解。里耶秦簡所具有的一個意義是，引起人們對木牘之文書形態的注意。

問題是不能祇限於形態。很多木牘正反面所開列的是若干機關所發出的指示與委託，且一枚中的筆跡也不一樣。這是因爲，在一枚木牘的文書上，若干機關將其委託與指示接連寫下去。這是後世的紙質文書中廣爲人知的一個現象。試着將 J1⑨1～12 的十二枚並列起來看，則所有的文書都是由四個部分組成的：a 由陽陵縣的司空委託給縣廷，b 由負責轉達之的陽陵縣委託給洞庭郡，c 從陽陵縣發給洞庭郡的催促函，d 由洞庭郡代理尉通告給遷陵縣。其中，a、b 的日期接近，而 b、c 間的經過了一年多。又，a～c 部分每一木牘上的日期與發信人都是不一樣的，但 d 無例外的是日期爲“卅五年四月己未朔乙丑（七日）”，“洞庭假尉觿”爲發信人。筆跡也是a～c 與 d 大爲不同。若對照文書的內容，則可以推定這樣的區別是由於如下的事情。即，a 由縣司空提出的要求是，希望委託郡尉弄清楚出身於陽陵縣且一直在洞庭郡内從事戍役者其配屬的部門，並催收剩餘的債務（“貲餘錢”），b 陽陵縣向洞庭郡轉達並請求回信（“謁報”）。可是，因爲經過一年多也不見回信，所以 c 再送給郡催促函（“謁追”）。即使就其他人而言，同樣的事情也是反反復復的，結果在洞庭郡催促函就積壓起來。郡將之彙總起來，d 三五年四月乙丑（七日）附上郡代理尉的命令，一起送往服役目的地遷陵縣，要求遷陵縣按照要求處理之後馬上復函彙報結果（“報之，當騰馬”）——以上的經過就被依次記録在一枚木簡的正反兩面。嚴格說來，關於筆跡與署名（“某手”），仍然存在應該進一步研究的問題。但是，不管怎樣，因爲一連串通告的終點是遷陵縣，所以推定出土木牘的里耶古城遺址爲遷陵縣城。可以說，這不是沒有道理的推論。

這種記載樣式的出土文書，以管見所及，在秦漢時代並無先例。可以這樣評定：里耶秦簡的出現，將會促使我們重新考慮對以册書爲中心所構建的簡牘文書的認識。[①]離開圖版來理解文書是不可能的。從上例可知，這恐怕是很明了的。

小　　結

歸根到底，里耶秦簡是什麼性質的史料呢？以迄今所公佈的區區簡牘資料來勾畫其總體的圖像，這未免會被認爲是操之過急的。但不能忽視的是，雖説衹是整體的一部分，然而公文書類是彙集在一起出土的。如同今天政府的業務所見，若公文書不需要了，則彙集在一起大量地被廢棄掉。因此，未發表部分的主體也是與遷陵縣有關之公文書的可能性是相當大的。出土簡牘的古井，不就是一旦水乾涸之後被用作官府廢棄物之投棄坑的嗎？[②]

如果是這樣，其總體圖像可能就是和出土於敦煌與居延軍事設施的簡牘類具有相似内容的公文書。秦代公文書之海，就從里耶古井中露出了其真面目。半個世紀以前，向敦煌、居延漢簡開戰的學界前輩首先着手的就是，徹底以歸納法來確定用語的意思，並正確解讀文書。即使就新的秦文書而言，同樣踏踏實實的工作也一定是不可或缺的。在此提出的這些淺見，不過是作爲以蠡測海之嘗試。

---

　　① 　但是，在公文書的形態上，並非曾存在册書與木版兩個系統。里耶木牘的記載形式是以册書爲前提的。這一點已在《里耶訳注》中指出過。
　　② 　對照古井中的出土層位與木牘的紀年，二六年的紀年簡既出土於中層之第八層，也出土於接近底層之第十六層。該事實暗示簡牘的投棄是在較短的時間内進行的。《里耶簡報》根據從層位所出土的植物遺體分析，推定廢棄的時間不超過自夏至秋的三個月。

書評:何四維《秦律遺文》①

一

移居到瑞士之後,好容易可以有時間坐在書桌前時,我就着手已耽擱很長時間早就預定要做的工作,即執笔撰寫二十年前已刊行的《漢律遺文》(*Remnants of Han Law*)的第二部。但是,在 1976 年夏天,當秦代的律與公文書被公佈時,我放下第二部的撰寫工作,着手研究這一新資料。歸根結底,漢承秦法,因此通過研究秦法,我也就是在繼續進行研究漢律的工作吧。(p. vii)

已故萊頓大學名譽教授何四維所著《秦律遺文》一書,是其用六年時間完成的有關睡虎地秦簡之詳細的英文譯注。其副標題是"1975 年湖北省雲夢縣出土公元前三世紀秦法律文書譯注"。是作爲《萊頓漢學叢書》(*Sinica Leidensia*)之第十七冊刊行的。其内容如下:

291

---

① 何四維《秦律遺文》,Leiden:E. J. Brill,1985,viii+242pp.

前言

序論

　附論一　秦刑罰體系概要

　附論二　秦漢的度量衡

翻譯

　A類　秦律十八種

　B類　效律

　C類　秦律雜抄

　D類　法律答問

　E類　封診式

　F類　魏律

　G類　秦田律

292　秦律名一覽

文獻目録

通假字索引

與平裝本頁數之對照表

補記、訂正

　　如書名所示，其譯注對象是睡虎地秦簡與法律相關的部分——除了《編年記》、《語書》、《日書》與《爲吏之道》的本文——和出土於四川省青川縣秦墓的田律(所謂木牘田律)。除了 G 類之外，各類的排列均據最初發表釋文的《文物》雜誌，同時還記有該書出版之前就已經出版的三種版本睡虎地秦簡的相應頁數與簡號：

　　　　睡虎地秦墓竹簡整理小組《睡虎地秦墓竹簡》，文物出版社 1977 年。(以下簡稱"線裝本")

　　　　睡虎地秦墓竹簡整理小組《睡虎地秦墓竹簡》，文物出版社 1978 年。(以下簡稱"平裝本")

雲夢睡虎地秦墓編寫組《雲夢睡虎地秦墓》，文物出版社
1981 年。

又，本論之前的序論與兩篇附論，衹不過是提供基礎知識與相
關問題的概觀，不是像舊著《漢律遺文》(*Remnants of Han Law*，
以下簡稱 *RHL*)之"研究介紹(introductory studies)"那樣意圖論
述法律制度的根本規則。作爲睡虎地秦簡之英文注釋，我們已知
的是由李奥德(Katrina C. D. McLeod)和葉山(Robin D. S. Yates)
聯名完成的《〈封診式〉譯注》(《秦律的形式》)。但是，與法制有關
的秦簡之全文最完備的譯注，當然始於何四維的這本書。可以説，
今後在使用睡虎地秦簡之際，即使非英語圈的研究者，也必定會參
考其研究成果。

以下，指出本書的特長與有疑問之處，進行系統性的介紹當然
是不可能的，因此不得不選擇本人所關心的問題作爲論點。所引用
簡文的出處均以本書使用的簡寫符號來表示，爲了便於參考，同時
列出何氏該書刊行後所出版的《睡虎地釋文注釋》的相應頁數。括
號中所標示的是《睡虎地釋文注釋》的相應頁碼，不是何氏該書的頁
碼。因爲《睡虎地釋文注釋》的注釋與譯文和前揭平裝本是同樣的，
所以對於平裝本的批評也適用於《睡虎地釋文注釋》。另外，關於該
書，李學勤早就有短評，[1]葉山也有長篇的書評論文。[2]

二

首先，擬關注的是該書作者對於平裝本的批評。不用説，平裝

<hr>

[1]　李學勤《何四維〈秦律遺文〉評介》，《中國史研究》1985 年第 4 期。
[2]　Yates, R. D. S"Some Notes on Ch'in Law: A Review Article of Remnants of Ch'in Law,"by A. F. P. Hulsewé, *Early China*, part11—12, 1987.

本是在中國所進行的譯注工作的一個標準本，不少條文、語句因此
得以貫通文意。但是，因爲是在短時間内完成的，所以何氏認爲並
非完全没有"過於輕率且簡單地滿足於按照辭書的解釋"（p.5）之
處，另外需要進一步研究的説法也有不少。在這點上，何氏該書所
提出的以下幾點意見，很值得傾聽。

　　第一，對於平裝本所採用的通假文字，何氏屢屢提出異議，指
出其并"未被證明"。或許有要求根據高本漢的判斷標準來復原上
古音的批評，而何氏所提出的替換平裝本所有的通假讀音的意見
並没有得到首肯。但另一方面，何氏認爲平裝本也有"荔，疑讀爲
甲"這樣不合理的通假之例，也有不必通假就可以直接理解其意思
的文字。例如，何氏對《封診式》所見"騰"字的解釋等（E4 n.10，
pp.148—149），較之平裝本通假爲"謄"字，其按照原字譯爲"傳馬
（post-horses）"思路似乎是更近於正確的解釋。笔者已經在本書
附録一之中，根據近年的出土史料，對該字作了進一步的解釋。

　　第二，何氏没有放過平裝本中不夠細心的注釋。例如，關於
"可謂逢卒"這句話（D178，p.141），平裝本在引用《漢書·辛慶忌
傳》之注"謂暴也"後注釋："逢卒，從字面上疑指在大道上發生的暴
行。"但是，如作者正確合理指出的那樣，《漢書》師古注的全文爲：
"卒，讀爲猝，謂暴也。"這裏所説的"暴"不外乎是"突然（suddenly）"
的意思。或許應該説，平裝本此注是忽略了師古注之前半部分的
疏忽大意的解釋。又，平裝本將"當除弟子籍不得"一句注爲"除
籍，自簿籍上除名"，卻將始於該句之"除弟子律"的律名完全相反
地解釋爲"關於任用弟子的法律"（C4，pp.80—81）。這可能是
"籍"字之有無所導致的結果，但這明顯是不合理的。這句話恐怕
應遵從該書作者何氏的意見讀作"當除弟子，籍不得"，譯爲"弟子
被同意任用，卻不被授予弟子籍"。還有，關於律文中出現的"讞"
字，平裝本解釋爲"請也"即報告並請示（A64，pp.47—48），另

294

一方面,也解釋爲"議罪也"即定罪(D43,p. 106)。但是,如同何氏的注釋,其無疑與漢代上讞之制有關,恐怕還是應該自始至終地在"請也"的方向上進行解釋。

　　第三,關於隱藏在平裝本書背後的原簡的狀態,何氏也有很多的想法。例如,關於以"牛大牝十,其六母子"爲始的一節(C19,p. 87),平裝本解釋末尾的"牛羊課"三字爲標題,是"關於考核牛羊的畜養的法律"。但是,如何氏所指出的:寫到"牛羊課"這裏時已是簡末,因此不能否定還有後續文字的可能性。僅以這三個字爲根據就認爲存在着稱爲"課"的法源,或許應該是存疑待考的一個問題。又,平裝本將《行書律》"隸臣妾老弱及不可誠仁者勿令"一節(A96,p. 61),譯爲"隸臣妾……不要派去遞送文書";而作者認爲,因爲"勿"字後面缺少所禁止之具體行爲的内容,所以"勿"字後面原本接續有別的簡(寫到"勿"字這裏時,已到簡的末尾了),但是没有找到與"勿令"連接的簡文。或許可以指出的是,無論此説當否,在討論"隸臣妾"職務時都不能予以忽視。

　　當然,何氏該書的價值不祇體現在修正平裝本的注釋這一點上。該書引用了豐富的先行學説,並有不少的創見,恐怕也都應該作爲其特長列舉出來。例如,關於"都官・離官"(A9 n.19,pp. 24—25)與"縣嗇夫・大嗇夫"(A19 n. 5,pp. 25—27)以及"葆子"、"百姓"(A68 n. 19/37,pp. 51—52)這些成爲爭論焦點的語句,作者所持的態度是:首先介紹、評論諸説,然後展開論述自己的看法。還有,不僅是這些爭論的焦點,凡是涉及到相關論考的某個地方,不論中文、西文,都爭取儘可能地注釋出來,的確使人有"集釋"之感。[①]可以説,關於"辟〔避〕席"的表達,注釋論述椅子在中國起源的西文論考之處等(C2 n. 4),即其典型。對於此點,李學勤評

295

---

　　①　李學勤《何四維〈秦律遺文〉評介》,《中國史研究》1985 年第 4 期。

述説：“對不十分熟悉外國學者著作的中國研究者，提供了借鑒的方便。”但是，即使對於日本學者來説，該書也有助於了解未知的論文，確實功不可没。

何氏的創見則有，例如：關於同居、室人之區別的見解（A41 n. 15, pp. 39—40）。此時，臣妾那樣的非血緣者與家庭的關係成爲一個爭論的焦點，而作者根據平中苓次的研究，解釋同居不包括臣妾等但包括室人在内。拙見以爲，從出現這兩個詞的上下文看，何氏的見解是較爲妥當的。①再者，關於以下難以理解的這一條（D18, p. 98）：

　　律曰與盜同法有〔又〕曰與同罪此二物其同居典伍當坐之云與同罪云反其罪者弗當坐

何氏該書如下的譯文，可能是最具説服力之説：

　　律曰：“與盜同法”，又曰：“與同罪”。這是兩種（不同的）情況。稱同居、里典、伍人應當連坐的情況爲“與同罪”。若律云“反其罪”，則不應當連坐。

平裝本解釋爲：在“與盜同法”的情況下，同居、里典、伍人也連坐。但是，如其他律文所説（D26, p. 101），這是指對於某些犯罪行爲“適用與竊盜罪的情況相同的法律”，是與連坐完全没有關係的表達。在其舊著 RHL 中，作者在有關用語之嚴密的訓詁中舉出了很多的成果，這在何氏該書中也可窺其一斑。

三

　　以下，指出幾個有疑問之處。

---

　　① 冨谷至則通過詳細研究睡虎地秦簡，推導出這樣的解釋：所謂“室人”是將臣妾包括在家庭中並“居住在同一個家中的人”；而所謂“同居”則是“被登記在同一户籍的家屬”，不包括臣妾（冨谷至《秦漢刑罰制度の研究》，同朋舍 1998 年，226 頁）。

　　首先,作爲詞語釋義方面的問題,有對於"舍公官〔館〕,蘿火燔其舍,雖有公器,勿責"(D139,p. 130)之律文所見"蘿火"的解釋。平裝本作爲"蘿"字之或體,寫作爐,故通假爲"遺火",譯爲"失火"。而作者卻拒絕此説,認爲可以通假爲檢索《佩文韻府》所得到的"墜火"一語。但是,若看其出典——作者似乎并未察覺到——《尚書・仲虺之誥》"有夏昏德,民墜塗炭"之僞孔傳曰:"夏桀昏亂,不恤下民,民之危險,若陷泥墜火無救之者。"則"墜火"即"墜入火中",因此祇能説對上述律文來講這一通假之説完全是不合適的。平裝本這裏的注釋方向可能還算是比較妥當的。又,作者將比較難以理解的"坐隸,隸不坐户謂殹"(D19,p. 98)這一句,譯爲"隸連坐,但隸犯罪户不連坐",提出了與認爲"奴隸犯罪,主人應連坐,主人犯罪,奴隸則不連坐"的平裝本正相反的解釋("一説"采取與作者同樣的立場)。即使作者所援用的居延漢簡《甘露二年御史册》的解釋果真可以擱置不管,[①]也不可能消除類似的簡單疑問:從句型上看果然可以像該書那樣翻譯嗎?

　　即使關於法制用語的概念規定,也有一點點異議。例如,何氏在序論中説:

　　　　由云夢秦簡所載可知,在公元前三世紀——而且也許是更早的時代,因爭殺而傷人,或者因過失非故意而殺人;與故意殺人,或者有殺意而殺人,這兩者之間已經有清楚的區別。(p. 5)

　　若與始於"甲告乙盜牛若賊傷人"的問答(D35,p. 103)所附帶的譯注對照,則可知其中前者是"鬥"、後者是"賊"的解釋。在別的

---

　　①　關於居延漢簡《甘露二年御史册書》,作者另有文稿(Hulsewé, A. F. P. Royal Rebels,*Mélanges à la Ménmoire de Paul Demiéville*, Bulletin de 1'Ecole Française d'Extrême Orient 69. 1981)。

地方,將"鬬"譯爲"突發之爭(an un-premeditated fight)"、將"賊"譯爲"以殺害爲目的(with murderous intent)",可能也是基於同樣的理由。總之,"賊"與"鬬"都是根據故意之有無來區別的,這是作者一貫的理解。但是,如果按照其標準,那麼如何解釋以下的問答呢?

> 求盜追捕罪人,罪人挌〔格〕殺求盜。問殺人者爲賊殺人,且斲〔鬬〕殺? 斲〔鬬〕殺人,廷行事爲賊。

> 求盜追捕罪人,罪人格殺了求盜。問:(此時)將殺人者認定爲賊殺人呢還是認定爲鬬殺? 這是鬬殺人,但廷行事(判例法)作爲賊殺人。

答覆部分首先出示的判斷是"這是鬬殺人",這可能是因爲上述事件具備"鬬"的要件。但是,罪犯格殺了求盜(追捕官)的行爲不是因爲故意而是偶發性的,這點也許還不能斷言嗎?

亦如作者所注釋的,這樣的理解是根據 RHL 的一章"故意與過失"(Intention and Negligence)。即,在那裏是以《晉書·刑法志》所引張斐之律注爲基礎,提出了"在突發之爭中互相殺傷的爲鬬,那種場合不存在任何的故意"(p. 254)的見解。但是,"兩訟相趣,謂之鬬"這一律注之文,是也可以包括涉及互相不和的兩人在事先充分準備的基礎上進行決斗之情況的表達。因此,作者的理解不能不說是不恰當地擴大了"鬬"所具有的一個方面。"賊"與故意的關係也可以説是同樣的情況。這是因爲,例如,"不知何人賊殺人移上林(不知道誰賊殺了人并將屍體運到上林)",①即使在完全没有判明究竟有無故意等的場合,也使用"賊"字。"鬬"與"賊"的區別,也許應該看作是與故意之有無不同的另外的原理在起

---

① 《史記》卷八七《李斯列傳》。

作用。

有關"謀"的解釋，也可以指出同樣的情況。作者一貫將"謀"譯爲"to plot"或者"plotting"，並注釋 *RHL* 之一文説"重點是已經做好了計劃，不是已經實施了"（D14 n. 2）。雖然從字義上看確實如此，但是若固執於這一解釋，則不能解釋如下這一類已經着手實施的案件：

299

　　　　甲謀遣乙盜殺人，受分十錢。問乙高未盈六尺，甲可〔何〕
　　論？當磔。　　　　　　　　　　　　　　　　　　（D54，p. 109）
　　　　甲打算派乙去盜殺人，分得了十錢。問：乙身高不滿六
　　尺，甲如何何定刑？應處以磔。

因此，何氏不得不表明有這樣的困惑："我不理解該謀的真正意義。這是因爲從文脈來看很清楚殺人已被實施了。"（D54 n. 1）但是，如張斐律注所説的"二人對議"那樣，所謂"謀"本來是有關犯罪行爲中存在的密謀或策劃的概念。如果是這樣，那么像上例那樣的在犯罪行爲既遂之後"謀"，即使成爲問題也不是什么不可思議的。

何氏還將告發父擅殺子被處罰的規定（D86/87，p. 117—118），與擅殺子被認定有罪（D56，pp. 109—110），或者到官府申請處罰臣妾與子的事例（D85，p. 117；E15—18，pp. 154—156），全都作爲對立的來理解，考慮"也許應該推定 D86 與 87 是舊的規定，被後者即 D56 與 85 所取代了"（D85 n. 4）。但是，不應該拿出已過時的舊規定來答覆問答中的問題，因此作者的推想不成立。如本書第二章所指出的，兩種規定各有其應該實現的不同目的。即，不得告發子與臣妾被父母、主人擅殺、刑，是爲了維護家長權、保護家的秩序；另一方面，父母和主人擅殺、刑子與臣妾是違法的，這可能是爲了禁止行使私刑這一非國家的刑罰權。在解釋秦律那樣的法制史料時，不僅要考慮法律條文上的形式邏輯，而且有時必須從制定法

律之權力一方的視角來審視。

300　　　此外再補充兩點。關於魏户律（F1，pp. 174—175）"叚〔假〕門逆旅贅壻後父"所連稱的"假門"，作者拒絶接受平裝本通假爲"賈門"之説，對秦簡講讀會認爲"在大門内租房間的人"之説，[1]評價説"不管多少都近於真實"。的確，從字面來看這可能是比較妥當之説，但另一方面也有認爲"假門"即"監門"的吴榮曾的解釋，[2]與批評吴説的楊禾丁的論文。[3]也不能忽視這些意見的存在。[4]又，作者將青川出土的田律木牘所載"田廣一步袤八則爲畛"部分，解釋爲"關於田，制作廣一步、長八步之畛（畦道）"（p. 212）。但是，後來安徽省阜陽雙古堆西漢墓出土的漢簡所見"卅步爲則"引起胡平生的注意。[5]其結果，現在胡氏"廣一步、長八則爲一畛"的釋讀似乎成爲定説。胡平生的論文發表於何氏該書脱稿之後，但是，一般認爲這條史料成爲論述秦漢土地制度之際的重要史料，因此在此特地予以介紹。

四

　　最後，擬衹從其附論之中選一個論點進行評論。這就是有關作者何四維對勞役刑之刑期問題的立場。如本書第五章所論，筆

---

[1]　秦簡講讀會《〈湖北睡虎地秦墓竹簡〉訳注初稿》（一）～（六），《中央大学大学院論究》第 10 卷 1 號～第 15 卷 1 號，1978～1983 年。

[2]　吴榮曾《監門考》，收入氏著《先秦兩漢史研究》，中華書局 1995 年。

[3]　楊禾丁《"叚門"與"監門"》，《中華文史論叢》1983 年第 3 輯。

[4]　關於"假門"，其後，李解民與臧知非提出了爲寄居者或者游民的解釋（李解民《睡虎地秦簡所載魏律研究》，《中華文史論叢》1987 年第 1 期。臧知非《"叚門逆旅"新探》，《中國史研究》1997 年第 4 期）。兩位的見解近於作者所評價的秦簡講讀會之説，但是"門を仮りる（假門）"這種場合的"門"字，不是作爲建築物的門，而是指"家庭"。

[5]　胡平生《青川秦墓木牘〈爲田律〉所反映的田畝制度》，收入氏著《胡平生簡牘文物論集》，蘭臺出版社 2000 年。

者主張無期説,不認爲從秦至漢初的勞役刑是有刑期的。而何氏則站在有期説的立場,認爲在整个秦漢時代刑期是始终不变的。其主張是,從無期到有期的"變化不僅未被論及,而且漢王朝應該導入這種新制度的理由是什麽也没有找出來"(附論 p. 17)。當然,該書的附論没有打算正式敘述該制度。即使關於有期説,也是根據"又繫城旦六歲"暗示刑期的存在,除此之外並没有進行積極的論證,衹是説"劉海年論文與我的見解一樣"(p. 17 n. 8)。但是,如果是持有期説的話,那么不是根據劉海年論文——此問題在第五章已述,也包括何氏本人希望對文帝改制進行分析與解釋。不過,也許這是作者繼續準備着的《漢律遺文》(*Remnants of Han Law*)第二部的課題。

　　以上,筆者不揣淺陋嘗試就幾個論點提出了異議。即使認爲這些批評幸而得當,何氏該書的價值也絲毫不會因此而受損。對秦漢法制史的研究来説,何氏該書與其舊著《漢律遺文》一樣,一定是永遠的必讀文獻。

附記

　　① 本書評係 2005 年 4 月修改 1986 年所發表的舊稿而成。舊稿曾贊同何四維氏值得一聽的看法,即有關"赦童"的解釋(C20 n. 2)。但其後,又接觸到兩三條史料,由於認爲平裝本的解釋較何氏的更爲妥當,因此在本稿中删除了相關的部分。又,第四節所曾言及的有關勞役刑的刑期部分,詳細的論述也放在第五章了,因此大幅度消减了這裏的相關篇幅。

　　②舊稿末尾的結尾部分如下:

　　　　如文中所提及的,1983 年～1984 年湖北江陵縣張家山漢墓出土了記載漢律的竹簡。祝愿這一新史料將爲作者一直在準備着的第二部著作錦上添花。擬就此結束拙評。

對於拙書評,何氏在 1986 年 12 月 23 日所回覆的感謝信中寫了如下的一段文字：

　　關於您所指出的幾個問題，在原稿交付印刷以前，我未能進行討論，這是相當遺憾的。這是在《漢律遺文》（*Remnants of Han Law*）第二部的原稿——雖然可能是將來的事情——寫成之際，應該考慮彌補之事。

　　七年後，1993 年 12 月 16 日，何四維氏去世了。在許理和（Zürcher, Erik）所寫"訃告（obituary）"的末尾，可見到如下一段文字：[1]

　　　　如前所述，執筆《漢律遺文》之第二部的計劃，雖然收集了龐大的資料，但是沒有實現。其畢生的大作最終未完成的主要原因就是發生了他本人不可抗力的因素，即年復一年一直在等待 1984 張家山（湖北江陵附近）所發現的漢代法制史料的發表。而且他很清楚，不採用這一珍貴的資料，就沒有必要刊行 *RHL∥*。

303

304

---

　　① 　Zürcher, Erik. "In Memoriam Anthony Hulsewé(1910—1993),"*T'oung Pao*, vol. 80. 1994：4.

後　　記

　　本書所收的論考，大部分是從迄今爲止筆者所發表的有關法制史文章之中挑選出來，並經修訂而成的。首先將成爲各章原型的論文列舉如下：

　　序論《出土法制史料與秦漢史研究》二（2）"雲夢睡虎地秦簡概述"曾以《云夢睡虎地秦簡》（滋賀秀三編《中國法制史——基本資料の研究》，東京大学出版会 1993 年）爲題發表，其他部分是新寫的。

　　第一章《對李斯的審判》是新寫的。

　　第二章《秦漢時代的刑事訴訟》曾以《秦の裁判制度の復元》（林巳奈夫編《戰国時代出土文物の研究》，京都大学人文科学研究所 1985 年）爲題發表，補論《龍崗六號秦墓出土的乞鞫木牘》是新寫的。

　　第三章《居延出土的册書與漢代的聽訟》曾以《居延新簡〈駒罷劳病死〉冊書——漢代訴訟論のために・續》（堀敏一先生古稀記念《中国古代の国家と民衆》，汲古書院 1995 年）爲題發表。

　　第四章《爰書新探——古文書學與法制史》曾以《爰書新探——漢代訴訟論のために》（《東洋史研究》第 51 卷第 3 號，1992 年）爲題發表。

　　第五章《秦漢刑罰史的研究現狀——以刑期的争論爲中心》曾以《秦漢刑罰史研究の現状》(《中国史学》第 5 卷,1995 年)爲題發表,其中一部分又以《〈漢書〉刑法志の錯誤と唐代文獻》(《法史學研究會會報》第 9 號,2004 年)爲題發表。

　　結語《司法經驗的再分配》是新寫的。

　　附録一《湖南龍山里耶秦簡概述》曾以《秦代公文書の海へ——湖南龍山里耶出土の簡牘を読む》(《東方》第 268 號,2003 年)爲題發表。

　　附録二《書評:何四維〈秦律遺文〉》曾以《【書評】A. F. P. Hulsewé, *Remnants of Ch'in Law*》(《史林》第 69 卷第 6 號,1986 年)爲題發表。

　　除了最新的附録一,幾乎對所有的舊稿都進行了較大幅度的修改,對於像本書這樣使用出土史料書來説,這恐怕是不可欠缺的工作。當然,任何研究成果都處於從其已被發表那個時刻就開始老朽化的命運。但是,尤其在出土史料研究的領域中,可以説其發展的速度是日新月異的。既然是這樣的狀況,對似乎經得起現在研究水準考驗的舊稿進行修訂,或許也是作爲研究者的義務。

306　　　此前筆者所發表的有關法制史的論考,並不限於以上諸篇。其中也包括曾受到學界前輩評價與批評的文章,按説應該收録在這裏,從現在所到達的學術水平闡述一下拙見,這樣做是不失禮的。但是,此次不得不全部作罷了。其理由祇是基於這樣的判斷,即:根據現有的史料,在充實與精確的討論中,不可能僅修改與本書收録之各篇相稱的内容。改稿的意欲並没有放棄,擬待他日史料狀況好轉。祇有到那時,再繼續負責修訂未修改的舊稿。

　　回顧這二十餘年間,筆者所致力的研究中心是被稱爲簡牘學的領域。如果想起能受惠於海内外的良師益友,那么選擇這一領域是深感榮幸的。能夠逐漸讀懂曲折複雜、難懂的出土史料,也是由於永田英正先生和已故大庭脩先生的教導。又,通過簡牘研究結識了海外的研究者,並與中國大陸的謝桂華、胡平生、李均明、何雙全以及臺灣的邢義田諸位先生,結下了深厚的友誼,經常受到他們的鼓勵和指教。雖然本人在學術的道路上進展緩慢,但是這本報答學恩的書總算已經完成,暫且可以安下心來。

在東京都内舉辦的簡牘研究會的成員,青木俊介、片野竜太郎、鈴木直美、高村武幸、廣瀬薫雄諸位,不僅幫助校正本書,而且也就其内容提供了極其寶貴的意見。又,關於第五章,石岡浩、岡野誠兩位也提出了有益的建議。謹此致以衷心的感謝。

在本書之後,一直在等待機會修改應總稱爲"簡牘研究與邊境史"的幾篇舊稿。另一方面,想嘗試着手於遠離簡牘學之研究課題的願望也日益膨脹起來。不知是福是禍,中國古代史的研究領域充滿着具有魅力的題材。雖然剩下的時間並不是無限的,但是直至日落之前似乎仍有一段時間。就以拙著的刊行爲契機,開始準備進行新的研究吧。

京都大學的夫馬進教授,不僅將本書推薦給《東洋史研究叢刊》,作爲其中一册刊行,而且對本書的完成不斷予以勉勵。又,在出版之際,承蒙平成十七年度科學研究費補助金(研究成果公開促進費)的資助。借此機會深表謝意。 307

籾山明

2005 年立冬

 308

引用文獻一覽

日文（以姓名的五十音排序）

浅原達郎《牛不相当穀廿石》,《泉屋博古館紀要》第 15 卷,1998 年。

飯尾秀幸《張家山漢簡〈奏讞書〉をめぐって》,《専修人文論集》第 56 號,
　　1995 年。

飯島和俊《"解"字義覚え書き——江陵張家山〈奏讞書〉所出の"解"字の解釈
　　をめぐって》,池田雄一編《奏讞書——中国古代の裁判記録》,刀水書房
　　2002 年。

池田雄一《湖北雲夢睡虎地秦墓管見》,《中央大学文学部紀要》史学科第 26
　　號,1981 年。

池田雄一《漢代の讞制について——江陵張家山〈奏讞書〉の出土によせて》,
　　《中央大学文学部紀要》史学科第 40 號,1995 年。

池田雄一《江陵張家山〈奏讞書〉について》,《堀敏一先生古稀記念　中国古
　　代の国家と民衆》,汲古書院 1995 年。

池田雄一編《奏讞書——中国古代の裁判記録》,刀水書房 2002 年。

石岡浩《秦時代の刑罰減免をめぐって——睡虎地秦簡に見える"居官府"の
　　分析から》,《史滴》第 20 號,1998 年。

石岡浩《収制度の廃止にみる前漢文帝刑法改革の発端——爵制の混乱から
　　刑罰の破綻へ》,《歴史学研究》第 805 號,2005 年。

鵜飼昌男《漢代の文書についての一考察——"記"という文書の存在》,《史
　　泉》第 68 號,1988 年。

鵜飼昌男《建武初期の河西地域の政治動向——〈后漢書・竇融傳〉補遺》,

《古代文化》第 48 卷第 12 號,1996 年。

江村治樹《雲夢睡虎地出土秦律の性格をめぐって》,收入氏著《春秋戦国秦漢時代出土文字資料の研究》,汲古書院 2000 年。

王勇華《秦漢における監察制度の研究》,朋友書店 2004 年。

大庭脩《爰書考》,收入氏著《秦漢法制史の研究》,創文社 1982 年。

大庭脩《漢代制詔の形態》,收入氏著《秦漢法制史の研究》,創文社 1982 年。

大庭脩《漢王朝の支配機構》,收入氏著《秦漢法制史の研究》,創文社 1982 年。

大庭脩《雲夢出土竹書秦律の概観》,收入氏著《秦漢法制史の研究》,創文社 1982 年。

大庭脩《居延新出的《候粟君所責寇恩事》冊書——爰書考補》,收入氏著《秦漢法制史の研究》,創文社 1982 年。

大庭脩《漢簡にみえる不道犯の事例》,收入氏著《秦漢法制史の研究》,創文社 1982 年。

大庭脩《九〇年代の漢簡研究(二)》,《書道研究》第 52 號,1992 年。

学習院大学漢簡研究会《秦代盗牛・逃亡事件——江陵張家山漢簡〈奏讞書〉を読む》,《学習院史学》第 38 號,2000 年。

学習院大学漢簡研究会《漢初婚姻事件——江陵張家山漢簡〈奏讞書〉を読む》,《学習院史学》第 40 號,2002 年。

鎌田重雄《漢代官僚の自殺》,收入氏著《漢代政治制度の研究》,日本学術振興会 1962 年。

木下鉄矢《"清朝考証学"とその時代——清代の思想》,創文社 1996 年。

小嶋茂稔《読江陵張家山出土〈奏讞書〉劄記》,《アジア・アフリカ歴史社会研究》第 2 號,1998 年。

佐原康夫《居延漢簡に見える官吏の処罰》,《東洋史研究》第 56 卷第 3 號,1997 年。

滋賀秀三《清朝時代の刑事裁判——その行政的性格。若干の沿革的考察を含めて》,收入氏著《清代中国の法と裁判》,創文社 1984 年。

滋賀秀三《唐律疏議訳注篇一　名例》,東京堂出版 1979 年。

滋賀秀三《中国上代の刑罰についての一考察——誓と盟を手がかりとして》,收入氏著《中国法制史論集——法典と刑罰》,創文社 2003 年。

滋賀秀三《前漢文帝の刑制改革をめぐって——漢書刑法志脱文の疑い》,收入氏著《中国法制史論集——法典と刑罰》,創文社 2003 年。

滋賀秀三《論文批評　張建国著〈前漢文帝の刑法改革とその展開の再検討〉》,收入氏著《中国法制史論集——法典と刑罰》,創文社 2003 年。

滋賀秀三《法典編纂の歴史》,收入氏著《中国法制史論集——法典と刑罰》,創文社 2003 年。

謝桂華《〈建武三年十二月候粟君所責寇恩事〉考釈》(吉村昌之譯),《史泉》第 73 號,1991 年。

饒宗頤《出土資料から見た秦代の文学》,《東方学》第 54 輯,1977 年。

秦簡講読会《〈湖北睡虎地秦墓竹簡〉訳注初稿》(一)～(六),《中央大学大学院論究》第 10 卷第 1 號～第 15 卷第 1 號。

角谷常子《居延漢簡にみえる売買関係簡についての一考察》,《東洋史研究》第 52 卷第 4 號,1994 年。

角谷常子《秦漢時代の簡牘研究》,《東洋史研究》第 55 卷第 1 號,1996 年。

瀬川敬也《秦漢時代の身体刑と労役刑——文帝刑制改革をはさんで》,《中国出土資料研究》第 7 號,2003 年。

専修大学《二年律令》研究会《張家山漢簡〈二年律令〉訳注(三)——具律》,《専修史学》第 37 號,2004 年。

鷹取祐司《居延漢簡劾状関系冊書の復原》,《史林》第 79 卷第 5 號,1996 年。

鷹取祐司《漢代の裁判文書"爰書"——戍卒による売買を手挂かりに》,《史林》第 80 卷第 6 號,1997 年。

鷹取祐司《漢代の裁判手続き"劾"について——居延漢簡"劾状"の分析から》,《中国出土資料研究》第 7 號,2003 年。

玉井是博《大唐六典及び通典の宋刊本に就いて》,收入氏著《支那社会經濟史研究》,岩波書店 1942 年。

竺沙雅章《居延漢簡中の社文書》,冨谷至編《辺境出土木簡の研究》,朋友書店 2003 年。

冨谷至《秦漢刑罰制度の研究》,同朋舍 1998 年。

中村茂夫《清代の刑案——〈刑案匯覽〉を主として》,滋賀秀三編《中国法制史——基本資料の研究》,東京大学出版会 1993 年。

永田英正《居延漢簡の研究》,同朋舍 1989 年。

永田英正《簡牘研究事始の記》,《日本秦漢史学会会報》第 5 號,2004 年。

永田英正編《漢代石刻集成》,同朋舍 1994 年。

西田太一郎《中国刑法史研究》,岩波書店 1974 年。

濱口重国《漢の將作大匠と其の役徒》,收入氏著《秦漢隋唐史の研究》(上

　　卷)，東京大学出版会 1966 年。

濱口重国《漢代における強制労働刑その他》，收入氏著《秦漢隋唐史の研究》
　　(上卷)，東京大学出版会 1966 年。

濱口重国《漢代の笞刑について》，收入氏著《秦漢隋唐史の研究》(上卷)，東
　　京大学出版会 1966 年。

濱口重国《漢代の鈦趾刑と曹魏の刑名》，收入氏著《秦漢隋唐史の研究》(上
　　卷)，東京大学出版会 1966 年。

浜田寿美男《自白の心理学》，岩波書店 2001 年。

廣瀬薫雄《包山楚簡に見える証拠制度について》，郭店楚簡研究会編《楚地
　　出土資料と中国古代文化》，汲古書院 2002 年。

〔法〕Marc Bloch(馬克・布洛赫)：《封建社会》(堀米庸三監譯)，岩波書店
　　1995 年。

堀敏一《雲夢秦簡にみえる奴隷身分》，收入氏著《中国古代の身分制——良
　　と賤》，汲古書院 1987 年。

水間大輔《張家山漢簡〈二年律令〉刑法雑考——睡虎地秦簡出土以降の秦漢
　　刑法研究の再検討》，《中国出土資料研究》第 6 號，2002 年。

宮宅潔《漢代請讞考——理念、制度、現実》，《東洋史研究》第 55 卷第 1 號，
　　1996 年。

宮宅潔《秦漢時代の裁判制度——張家山漢簡〈奏讞書〉より見た》，《史林》第
　　81 卷第 2 號，1998 年。

宮宅潔《秦漢時代の爵と刑罰》，《東洋史研究》第 58 卷第 4 號，2000 年。

宮宅潔《"劾"小考——中国古代裁判制度の展開》，《神女大史学》第 18 號，
　　2001 年。

宮崎市定《史記李斯列伝を読む》，收入《宮崎市定全集》第 5 卷，岩波書店
　　1991 年。

宮崎市定《〈中国古代史論〉まえがき》，收入《宮崎市定全集》第 24 卷，岩波書
　　店 1994 年。

籾山明《秦の隷屬身分とその起源——隷臣妾問題に寄せて》，《史林》第 65
　　卷第 6 號，1982 年。

籾山明《雲夢睡虎地秦簡》，滋賀秀三編《中国法制史——基本資料の研究》，
　　東京大学出版会 1993 年。

籾山明《漢代エチノ＝オアシスにおける開発と防衛線の展開》，冨谷至編
　　《流沙出土の文字資料——楼蘭、尼雅文書を中心に》，京都大学学術出

版会 2001 年。

山田勝芳《張家山第二四七號漢墓竹簡"二年律令"と秦漢史研究》,《日本秦漢史学会会報》第 3 號,2002 年。

吉川忠夫《顏師古の〈漢書〉注》,收入氏著《六朝精神史研究》,同朋舍 1984 年。

吉本道雅《墨子兵技巧諸篇小考》,《東洋史研究》第 62 卷第 2 號,2003 年。

若江賢三《秦漢時代の労役刑——ことに隸臣妾の刑期について》,《東洋史論》第 1 號,1980 年。

若江賢三《秦律における贖刑制度——秦律の体系的把握への試論》(上)、(下),《愛媛大学法文学部論集》文学科篇第 18、19 號,1985、1986 年。

若江賢三《秦律における労役刑の刑期再論》(上)、(下),《愛媛大学法文学部論集》文学科篇第 25、27 號,1992、1994 年。

若江賢三《秦律における隸臣妾の特質とそ刑期》,《古代文化》第 49 卷第 6 號,1997 年。

中文(以姓名的漢語拼音排序)

晁華山《西漢稱錢天平與法馬》,《文物》1977 年第 11 期。

陳玲《試論漢代边塞刑徒的輸送及管理》,李學勤、謝桂華主編《簡帛研究二〇〇一》,廣西師范大學出版社 2001 年。

陳夢家《漢簡所見居延边塞與防衛組織》,收入氏著《漢簡綴述》,中華書局 1980 年。

陳乃華《論齊國法制對漢制的影響》,《中國史研究》1997 年第 2 期。

陳槃《漢晉遺簡偶述》,收入氏著《漢晉遺簡識小七種》,"中研院"歷史語言研究所 1975 年。

陳松長《香港中文大學文物館藏簡牘》,香港中文大學文物館 2001 年。

陳偉《〈奏讞書〉所見漢初"自占書名數"令》,武漢大學中國三至九世紀研究所編《中國前近代史理論國際學術研討會論文集》,湖北人民出版社 1997 年。

陳仲安《關於〈粟君責寇恩簡〉的一處釋文》,《文史》第七輯,1979 年。

初師賓、蕭亢達《居延新簡〈責寇恩事〉的幾個問題》,《考古與文物》1981 年第 3 期。

初師賓、蕭亢達《居延簡中所見漢代〈囚律〉佚文考——〈居延新簡"責寇恩事"

的幾个問題〉的訂補》,《考古與文物》1984 年第 2 期。

范忠信、鄭定、詹學農《情理法與中國人——中國傳統法律文化探微》,中國人民大學出版社 1992 年。

甘肅居延考古隊簡册整理小組《"建武三年粟君所責寇恩事"釋文》,《文物》1978 年第 1 期。

甘肅省文物考古研究所編《居延漢簡釋粹》,蘭州大學出版社 1988 年。

甘肅省文物考古研究所、甘肅省博物館、文化部古文獻研究室、中國社會科學院歷史研究所《居延新簡》,文物出版社 1990 年。

高恒《秦律中"隸臣妾"問題的探討》,收入氏著《秦漢法制論考》,廈門大學出版社 1994 年。

高恒《秦律中的刑徒及其刑期問題》,收入氏著《秦漢法制論考》,廈門大學出版社 1994 年。

高恒《漢簡中所見舉、劾、案驗文書輯釋》,李學勤、謝桂華主編《簡帛研究二〇〇一》,廣西師範大學出版社 2001 年。

高敏《從出土〈秦律〉看秦的奴隸制殘餘》,收入氏著《睡虎地秦簡初探》,萬卷樓圖書有限公司 2000 年。

高敏《關於秦律中的"隸臣妾"質疑——讀睡虎地秦簡劄記兼與高恒商榷》,收入氏著《睡虎地秦簡初探》,萬卷樓圖書有限公司 2000 年。

高敏《釋〈爰書〉——讀秦、漢簡牘劄記》,收入氏著《秦漢史探討》,中州古籍出版社 1998 年。

高敏《曹操與孫吳的"校事"官考略》,收入氏著《魏晉南北朝史發微》,中華書局 2005 年。

高文《漢碑集釋》(修訂本),河南大學出版社 1997 年。

韓樹峰《秦漢律令中的完刑》,《中國史研究》2003 年第 4 期。

何雙全《竇融在河西》,收入氏著《雙玉蘭堂文集》,蘭台出版社 2001 年。

胡平生《青川秦墓木牘〈爲田律〉所反映的田畝制度》,收入氏著《胡平生簡牘文物論集》,蘭台出版社 2000 年。

胡平生《匈奴日逐王歸漢新資料》,收入氏著《胡平生簡牘文物論集》,蘭台出版社 2000 年。

胡平生《長沙走馬樓三國孫吳簡牘三文書考證》,《文物》1999 年第 5 期。

胡平生、張德芳《敦煌懸泉置漢簡釋粹》,上海古籍出版社 2001 年。

湖北省博物館《1978 年雲夢秦漢墓發掘報告》,《考古學報》1986 年第 4 期。

湖北省荆州博物館《荆州高臺秦漢墓》,科學出版社 2000 年。

湖北省文物考古研究所《江陵鳳凰山一六八號漢墓》,《考古學報》1993 年第 4 期。

湖北省文物考古研究所、孝感地區博物館、雲夢縣博物館《雲夢龍崗秦漢墓地第一次發掘簡報》,《江漢考古》1990 年第 3 期。

湖北省文物考古研究所、孝感地區博物館、雲夢縣博物館《雲夢龍崗六號秦墓及出土簡牘》,《考古學集刊》第八集,1994 年。

湖南省文物考古研究所、湘西土家族苗族自治州文物處《湘西里耶秦代簡牘選釋》,《中國歷史文物》2003 年第 1 期。

華泉、鍾志誠《關於鳳凰山一六八號漢墓天秤衡杆文字的的釋讀問題》,《文物》1977 年第 1 期。

黄盛璋《邗江胡場漢墓所謂"文告牘"與告地策謎再揭》,《文博》1996 年第 5 期。

黄展嶽《雲夢秦律簡論》,《考古學報》1980 年第 1 期。

江陵張家山漢簡整理小組《江陵張家山漢簡〈奏讞書〉釋文》(一)、(二),《文物》1993 年第 8 期、1995 年第 3 期。

〔韓〕金燁《〈秦簡〉所見之"非公室告"與"家罪"》,《中國史研究》1994 年第 1 期。

荆州地區博物館《江陵張家山三座漢墓出土大批竹簡》,《文物》1985 年第 1 期。

荆州地區博物館《江陵王家臺一五號秦墓》,《文物》1995 年第 1 期。

勞榦《居延漢簡考釋　釋文之部》,商務印書館 1949 年。

李交發《中國訴訟法史》,中國檢察出版社 2002 年。

李解民《睡虎地秦簡所載魏律研究》,《中華文史論叢》1987 年第 1 期。

李均明《居延新簡的法制史料》,收入氏著《初學集》,蘭台出版社 1999 年。

李均明《簡牘文書"刺"考述》,收入氏著《初學集》,蘭台出版社 1999 年。

李均明《簡牘所反映的漢代訴訟關係》,《文史》2002 年第 3 輯。

李均明《讀〈香港中文大學文物館藏簡牘〉偶識》,《古文字研究》第 24 輯,2002 年。

李均明《張家山漢簡所見刑罰等序及相關問題》,饒宗頤主編《華學》第六輯,紫禁城出版社 2003 年。

李均明《額濟納漢簡法制史料考》,魏堅主編《額濟納漢簡》,廣西師範大學出版社 2005 年。

李學勤《何四維〈秦律遺文〉評介》,《中國史研究》1985 年第 4 期。

李學勤《〈奏讞書〉解説》（上）、（下），《文物》1993 年第 8 期、1995 年第 3 期。

李學勤《初讀里耶秦簡》，《文物》2003 年第 1 期。

李裕民《從雲夢秦簡看秦代的奴隷制》，《中國考古第一次年會論文集》，文物出版社 1980 年。

李振宏《居延漢簡與漢代社會》，中華書局 2003 年。

栗勁、霍存福《試論秦的刑徒是無期刑——兼論漢初有期徒刑的改革》，《中國政法大學學報》1984 年第 3 期。

栗勁《秦律通論》，山東人民出版社 1985 年。

連劭名《西域木簡所見〈漢律〉中的“證不言情”律》，《文物》1986 年第 11 期。

連劭名《西域木簡中的記與檄》，《文物春秋》1989 年第 1、2 期。

林聰明《敦煌文書學》，新文豐出版公司 1991 年。

劉國勝《雲夢龍崗簡牘考釋補正及其相關問題的探討》，《江漢考古》1997 年第 1 期。

劉海年《秦漢訴訟中的“爰書”》，《法學研究》1980 年第 1 期。

劉海年《秦律刑罰考析》，中華書局編輯部編《雲夢秦簡研究》，中華書局 1981 年。

劉海年《關於中國歲刑的起源——兼談秦刑徒的刑期和隷臣妾的身份》，《法學研究》1985 年第 5 期。

劉信芳《關於雲夢秦簡編年記的補書、續編和削改等問題》，《江漢考古》1991 年第 3 期。

劉信芳、梁柱《雲夢龍崗秦簡》，科學出版社 1997 年。

劉昭瑞《記兩件出土的刑獄木牘》，《古文字研究》第 24 輯，2002 年。

羅仕傑《漢代居延遺址調查與衛星遥測研究》，臺灣古籍出版有限公司 2003 年。

馬建華主編《河西簡牘》，重慶出版社 2002 年。

彭浩《談〈奏讞書〉中的西漢案例》，《文物》1993 年第 8 期。

彭浩《談〈奏讞書〉中秦代和東周時期的案例》，《文物》1995 年第 3 期。

錢大群《談“隷臣妾”與秦代的刑罰制度》，收入氏著《中國法律史論考》，南京師範大學出版社 2001 年。

錢大群《再談“隷臣妾”與秦代的刑罰制度》，收入氏著《中國法律史論考》，南京師範大學出版社 2001 年。

錢大群《秦律“三環”注文質疑與試證》，收入氏著《中國法律史論考》，南京師範大學出版社 2001 年。

裘錫圭《新發現的居延簡的幾個問題》，收入氏著《古文字論集》，中華書局
　　1992年。

裘錫圭《〈論衡〉劄記》，收入氏著《古代文史研究新探》，江蘇古籍出版社
　　1992年。

沈頌金《湘西里耶秦簡的價值及其研究》，收入氏著《二十世紀簡帛學研究》，
　　學苑出版社2003年。

宋會群、李振宏《居延甲渠候官部燧考》，收入李振宏《居延漢簡與漢代社會》，
　　中華書局2003年。

汪桂海《漢代官文書制度》，廣西教育出版社1999年。

汪寧生《西南訪古卅五年》，山東畫報出版社1997年。

王利器主編《史記注譯》，三秦出版社1988年。

王森《秦漢律的髡、耐、完的辨析》，《法學研究》1986年第1期。

王素《長沙走馬樓三國孫吳簡牘三文書新探》，《文物》1999年第9期。

王占通《秦代肉刑耐刑可作主刑辨》，《吉林大學社會科學學報》1991年第
　　3期。

王占通、栗勁《“隸臣妾分爲官奴隸與刑徒兩部分”說值得商榷》，《法學研究》
　　1987年第5期。

王子今《走馬樓許迪剛米事文牘釋讀商榷》，《鄭州大學學報》（哲學社會科學
　　版）2001年第7期。

王子今《張家山漢簡〈賊律〉“偏捕”試釋》，《中原文物》2003年第1期。

吳昌廉《秋射——兼論秋射與都試之異同》，《簡牘學報》第十一期，1985年。

吳九龍《銀雀山漢簡齊國法律考析》，《史學集刊》1984年第4期。

吳榮曾《監門考》，收入氏著《先秦兩漢史研究》，中華書局1995年。

謝桂華《新、舊居延漢簡册書復原舉隅》，《秦漢史論叢》第5輯，法律出版社
　　1992年。

邢義田《雲夢秦簡簡介——附：對〈爲吏之道〉及墓主喜職務性質的臆測》，收
　　入氏著《秦漢史論稿》，東大圖書公司1987年。

邢義田《從簡牘看漢代的行政文書範本——“式”》，《嚴耕望先生紀念論文
　　集》，稻鄉出版社1998年。

邢義田《漢代書佐、文書用語“它如某某”及“建武三年十二月候粟君所責寇恩
　　事”簡册檔案的構成》，《史語所集刊》第70本第3分，1999年9月。

邢義田《從張家山漢簡〈二年律令〉論秦漢的刑期問題》，《臺大歷史學報》第
　　31期，2003年。

徐鴻修《從古代罪人收奴制的變遷看"隸臣妾""城旦舂"的身份》,《文史哲》1984 年第 5 期。

徐蘋芳《居延考古發掘的新收獲》,《文物》1978 年第 1 期。

徐世虹《漢劾制管窺》,《簡帛研究》第二輯,法律出版社 1996 年。

徐世虹《漢代民事訴訟程序考述》,《政法論壇》2001 年第 6 期。

徐世虹《對兩件簡牘法律文書的補考》,中國政法大學法律古籍整理研究所《中國古代法律文獻研究》第二輯,中國政法大學出版社 2004 年。

徐世虹《"三環之"、"刑復城旦舂"、"繫城旦舂某歲"解——讀〈二年律令〉劄記》,《出土文獻研究》第六輯,上海古籍出版社 2004 年。

許倬雲《跋居延出土的寇恩册書》,收入氏著《求古編》,聯經出版事業公司 1982 年。

薛英群《居延漢簡通論》,甘肅教育出版社 1991 年。

揚州博物館、邗江縣圖書館《江蘇邗江胡場五號漢墓》,《文物》1981 年第 11 期。

楊廣偉《"完刑"即"髡刑"述》,《復旦學報》(社會科學版)1986 年第 2 期。

楊禾丁《"叚門"與"監門"》,《中華文史論叢》1983 年第 3 輯。

于豪亮《西漢對法律的改革》,收入氏著《于豪亮學術文存》,中華書局 1985 年。

余英時《漢代循吏與文化傳播》,收入氏著《儒家倫理與商人精神》(《余英時文集》第三卷),廣西師範大學出版社 1987 年。

俞偉超《略釋漢代獄辭文例———一份治獄材料初探》,《文物》1978 年第 1 期。

雲夢睡虎地秦墓編寫組《雲夢睡虎地秦墓》,文物出版社 1981 年。

雲夢縣文物工作組《湖北雲夢睡虎地秦墓發掘簡報》,《考古》1981 年第 1 期。

臧知非《"叚門逆旅"新探》,《中國史研究》1997 年第 4 期。

張伯元《"爵戍"考》,收入氏著《出土法律文獻研究》,商務印書館 2005 年。

張德芳《從懸泉置漢簡看兩漢西域屯田及其意義》,《敦煌研究》2001 年第 3 期。

張家山漢墓竹簡整理小組《江陵張家山漢簡概述》,《文物》1985 年第 1 期。

張建國《西漢刑制改革新探》,收入氏著《中國法系的形成與發達》,北京大學出版社 1997 年。

張建國《居延新簡"粟君債寇恩"民事訴訟個案研究》,收入氏著《帝制時代的中國法》,法律出版社 1999 年。

張建國《關於張家山漢簡〈奏讞書〉的幾點研究及其他》,收入氏著《帝制時代的中國法》,法律出版社 1999 年。

張建國《漢簡〈奏讞書〉和秦漢刑事訴訟程序初探》,收入氏著《帝制時代的中國法》,法律出版社 1999 年。

張建國《漢文帝改革相關問題點試詮》,收入氏著《帝制時代的中國法》,法律出版社 1999 年。

張建國《論西漢初期的贖》,《政法論壇》2002 年第 5 期。

張金光《刑徒制度》,收入氏著《秦制研究》,上海古籍出版社 2004 年。

張全民《"隱官"考辨》,吉林大學古籍整理研究所編《吉林大學古籍整理研究所建所十五周年紀念文集》,吉林大學出版社 1998 年。

中國文物研究所、湖北省文物考古研究所《龍崗秦簡》,中華書局 2001 年。

周曉瑜《秦代"隱宮"、"隱官"、"宮某"考辨》,《文獻》1998 年第 4 期。

西文(以姓名的字母排序)

Beck, Mansvelt B. J. The Frist Emperor's Taboo Character and the Three Day Reign of King Xiaowen: Two Moot Points Raised by the *Qin Chronicle Unearthed in Shuihudi in 1975*, T'oungPao, vol. *73*, livr. *1—3*. *1987*.

Bodde, Derk. *China's First Unifer: A Study of the Ch'in Dynasty as Seen in the Life of Li Ssŭ*, Leiden: E. J. Brill. *1938*.

Hulsewé, A. F. P. A Lawsuit of A. D. *28*, *Studia Sino-Mongolica: Festschrift für Herbert Franke*, Wiesbaden. *1979*.

Hulsewé, A.F.P. Royal Rebels, *Mélanges à la Mémoire de Paul Demiéville*, Bulletin de l'Ecole Française d'Extrême Orient *69*. *1981*.

Nienhauser Jr., William ed. *The Grand Scribe's Records*, vol. Ⅶ: *The Memoires of Pre-Han China*, Indiana University Press. 1994.

Yates, R. D. S. Some Notes on Ch'in Law: A Review Article of *Remnants of Ch'in Law*, by A. F. P. Hulsewé, *Early China*, part11—12. 1987.

Zürcher, Erik. In Memoriam Anthony Hulsewé(1910—1993), *T'oung Pao*, vol. 80. 1994.

引用簡牘史料一覽

睡虎地秦墓竹簡

原簡號碼	本書引用頁	原簡號碼	本書引用頁
編年記			
19 貳	15		
秦律十八種			
155	245	156	245
183	76		
法律答問			
8	56,274	28	23
33	78	34	78
43	60	47	59
53	61	56	275
60	79	62	57
68	56	74	274
81	24	83	275
93	77	100	61
102	64	103	62
104	62	105	62
115	80	116	269

131	58	137	66
148	24	164	23
173	76	208	23

封診式

1	85	2	88
3	88	4	88
5	88	6	67
7	67	8	73
9	73	10	73
11	73	12	73
13	68	14	68
15	111	16	111
21	194	22	194
42	70	43	70
44	70	45	70
50	67	51	67
96	71	97	71
98	71		

張家山漢簡

原簡號碼	本書引用頁	原簡號碼	本書引用頁
二年律令			
36	65	37	65
93	78,260—261	94	260—261
95	260—261	96	260—261
97	260—261	98	260—261
112	60	113	115
114	81	115	81
116	81	117	81
118	77	124	120
133	64	146	77

164	271	165	243
197	162	198	162
219	30	220	30
275	227	312	115
314	115	315	115
316	115	396	116
397	116		

奏讞書

11	68—69	12	68—69
13	68—69	14	68—69
15	68—69	17	94—95
18	94—95	19	89,94—95
20	89,94—95	21	89,94—95
22	94—95	32	275—276
33	275—276	34	275—276
35	275—276	36	187—188
37	187—188	38	187—188
39	187—188	40	187—188
41	187—188	71	114
72	114	73	114
75	228	76	228
99—123	100—104	219	91
220	91	227	30
228	30		

居延漢簡

原簡號碼	本書引用頁	原簡號碼	本書引用頁
1930—31 年簡			
3. 4	204	3. 6	204
3. 35	194	4. 1	217
6. 13	190	6. 5	179

10. 34A	177	10. 34B	178
27. 1A	190	27. 21AB	190
42. 11A	176	42. 22	204
45. 23	220	46. 12	174
46. 23	194	49. 25AB	174
52. 12	190	55. 13＋	144
224. 14＋		224. 15	
89. 10	174	96. 1	177
145. 35	176	157. 12	211
160. 3	206	175. 1	175
178. 30	202	190. 12	204
198. 9	176	206. 1	174
213. 49	204	217. 15＋217. 19	204
227. 15	190	255. 27	216
255. 40A	176	259. 1	174
261. 42	204	285. 17	174
288. 17	174	306. 12	194
326. 5	190	337. 10	178
485. 40	176	491. 11A	177
504. 11	175	506. 9AB	206
512. 27	176	523. 23	191
535. 1	177	甲附 16	194
甲附 19	176		

1973—74 年簡

EPT7. 40	174	EPT10. 7	175
EPT48. 136	177	EPT50. 199	206
EPT51. 8	204	EPT51. 25	211
EPT51. 70	204	EPT51. 194	191
EPT51. 195B	283	EPT51. 213	209
EPT51. 228	194	EPT51. 272	178
EPT51. 275	177	EPT51. 302	204
EPT51. 380	204	EPT51. 469	204
EPT51. 600	178	EPT52. 26	175

EPT52. 38AB	178	EPT52. 54	175
EPT52. 110	210	EPT52. 126	205
EPT52. 128	205	EPT52. 130+21	210
EPT52. 148	175	EPT52. 194	195
EPT52. 287	191	EPT52. 487	205
EPT53. 69	195	EPT53. 72	191
EPT53. 138	191	EPT53. 173	175
EPT53. 182	175	EPT56. 82	178
EPT56. 134	179	EPT56. 183	191
EPT56. 275	174	EPT56. 276	175
EPT56. 283AB	178	EPT57. 7	176
EPT57. 85	191	EPT57. 90	179
EPT57. 97	191	EPT58. 26	70
EPT59. 57	192	EPT59. 80	176
EPT59. 157	192	EPT59. 162	191
EPT59. 341	192	EPT59. 396	174
EPT59. 638	176	EPF22. 29	139,183
EPF22. 30	139,183	EPF22. 31	140,183
EPF22. 32	140,183	EPF22. 34	140
EPF22. 35	140	EPF22. 186	128
EPF22. 187A	128	EPF22. 187B	129
EPF22. 188	128	EPF22. 188	129
EPF22. 189	128	EPF22. 190	128
EPF22. 191	128	EPF22. 192	128
EPF22. 193	128	EPF22. 194	128
EPF22. 195	129	EPF22. 196	129
EPF22. 197	129	EPF22. 198	129
EPF22. 199	129	EPF22. 200	129
EPF22. 201	129	EPF22. 328	196
EPF22. 329	130,195	EPF22. 330	130,195
EPF22. 331	195	EPF22. 332	196
EPF22. 424	135	EPF22. 556	192
EPF22. 685	163	EPF22. 689	192

EPF22. 694	196	EPF22. 700	195
EPC39	175	EPC50	177
EPS 4 T2. 52	213		

額濟納漢簡

| 2000ES9SF3：1 | 133 |

敦煌漢簡

原簡號碼	本書引用頁
T. vi. b. i. 206	216

敦煌懸泉置漢簡

原簡號碼	本書引用頁	原簡號碼	本書引用頁
I 0112①：1	59	I 0309③：37	228
I 0309③：1	20	I 0309③：57	20
I 0134②：301	193	I 0134②：302	193
I 0114③：468AB	219—20	Ⅱ 0216③：137	193
T 103. 4A	206	D. Q. C. 12	193

里耶秦簡

原簡號碼	本書引用頁	原簡號碼	本書引用頁
J1⑧152B	283	J1⑨1B	285
J1(16)5／6	114,283—5		

龍崗六號秦墓出土木牘

本書引用頁
117ff.

鳳凰山一六八號墓出土天秤

本書引用頁
263

銀雀山漢簡

原簡號碼	本書引用頁	原簡號碼	本書引用頁
守法守令等十三篇			
941	270	942	270

走馬樓吳簡

原簡號碼	本書引用頁
J22—2540	97—98

索　引

事項索引

二千石 / 81,105,107,109,278,278

人情 / 86,87

又繫城旦舂六歲 / 239,241—243,
　262,302

三川郡 / 36,39

《三國志·吳書·韋曜傳》/ 51

《三國志·蜀書·呂乂傳》/ 111

《三國志·蜀書·後主傳》/ 226

《三國志·魏書·司馬芝傳》/ 50

《三國志·魏書·程曉傳》/ 45

《三國志·魏書·滿寵傳》/ 286

《三國志·魏書·鮑勳傳》/ 270

三審 / 64

三環 / 64,65,83

工律 / 17

士伍 / 115

土主 / 124

《大唐六典·尚書刑部》/ 259

大痍 / 23

大嗇夫 / 296

大煎都候官 / 12

上書自訟 / 120

上漢書十志疏 / 82

上讞 / 25,62,107,109,273,275,
　278

乞鞫 / 68,80,82,84,99,107—
　109,122

亡 / 58

亡自出 / 58,71

亡命自詣 / 58

小吏 / 109,110,273

小隸臣妾 / 247

王家臺十五號秦墓 / 19

木牘田律 / 293

五刑 / 40

五毒 / 99,114

五聽 / 93

不當論 / 75

不孝 / 64,83

不直 / 60,77,79,156,164

不服 / 91,212
不服爰書自證 / 212—213
不服負 / 213
不服移自證爰書 / 212
不定期刑 / 249,252
不定期勞役刑 / 262
不審 / 58
不聽 / 56,76
太守府 / 163
比 / 20
止害燧 / 131
日未備 / 241—244
日書 / 22
內史雜律 / 18
牛羊課 / 19,295
毛誣講盜牛案 / 100,106,109,110,
　119,120,122,123,266
手杽 / 265
反其罪 / 297
反辭 / 39,44,47,49
乏徭 / 24
公人 / 270
公室告 / 62,63
公證文書 / 215
勿計爲徭 / 239,240,242
六國 / 55
文帝改制 / 232,233,235,238,240,
　242,248,250ff,271
文範 / 20
戶籍 / 72,75
引牽 / 197
以律令從事 / 282
以律論 / 75

《孔叢子·刑論篇》/ 161
毋它（坐）罪 / 67,83,96
毋它解 / 90
毋狀 / 135
毋解（辭）/ 89,90,91,94,96,
　113,154
毋論 / 75,76
《玉燭寶典》/ 161
邗江胡場五號漢墓 / 124
正司寇 / 256,270
功令 / 220,221
去亡 / 70
甘露二年御史册 / 298,302
甲渠候 / 140
甲渠候官 / 12,127,130,138,146—
　148,163,180,209
甲渠候書 / 140
甲渠鄣候 / 135,138,154
田律木牘 / 301
史 / 109
《史記志疑》/ 51
《史記·李斯列傳》/ 31ff
《史記·吳王濞列傳》/ 143
《史記注補正》/ 38
《史記·秦始皇本紀》/ 46,50,244
《史記·孫子吳起列傳》/ 268
《史記·梁孝王世家》/ 39,51,52
《史記·絳侯周勃世家》/ 44,50,162
《史記·蒙恬列傳》/ 51
《史記会注考証》/ 225
《史記·酷吏列傳》/ 165
《史記·鄭世家》/ 164
囚律 / 59,60

失 / 59,60,80,108

失刑 / 78,79,84,106,108,121

失鋈足 / 80,108

斥免爰書 / 201

令史 / 15,55,65,66,109

令自當 / 124

令自尚(常) / 107,117,119,121—123

令明處 / 142

犯罪奴隸 / 239

包 / 58

半入贖 / 59

它收 / 75

它如律令 / 282

它如爰書 / 185—187,189,190,192,
193,218,221,222

它如前 / 185

它縣論 / 279

司空律 / 239,244

司寇 / 234,251—254,256,264

奴隸制殘餘 / 236

奴隸養育院 / 271

式 / 20

刑餘之人 / 268

刑具 / 265

刑城旦舂 / 251

刑徒 / 115

刑案 / 278,280

刑期 / 230,260,301

刑期設定 / 238,253

刑期設定的改革 / 248

刑德篇 / 85

地官大司徒 / 125

臣妾 / 296

吏卒相牽證任爰書 / 175,197,215,216

吏馬馳行 / 69

吏議 / 276

再審 / 79

在所 / 105

百姓 / 296

有年而免 / 238,240,242

有恐 / 87

有教 / 209

有期勞役刑 / 270

有期罰勞動 / 262—264

有期說 / 245,301,302

有鞠 / 19,67

戍边 / 262

戍罰作 / 234

列言 / 35

死刑 / 266

死馬爰書 / 177,179,199,218—220

夷三族 / 40

當 / 77

當論不當 / 76

《呂氏春秋·孟秋紀》/ 126,161

同居 / 296

肉刑 / 231,233,264—266,271

先自告 / 56,57,79,83

廷行事 / 24,274—276,280

廷卻書 / 114,284

廷尉 / 38,42,50,109,278,280

廷報 / 276

自上 / 120,123

自出 / 58,66

自告 / 56,58

自言（書）/ 202,206—209,212,

213,227

自尚（常）/ 104,120,123,124

自供 / 97

自服 / 48

自殺 / 41

自訟 / 164

自證爰書 / 173，197，202，211，
215,223

自隨 / 58

自辨書 / 167

行河西五郡大將軍事 / 162

全面的有期説 / 238,241

《全後漢文》/ 160

匈奴 / 10

名事里 / 70

爭財 / 157

州告 / 61,83

江陵鳳凰山一六八號漢墓 / 279

守法守令等十三篇 / 260,268,270

守塞尉 / 135,138,148

安陸縣 / 15

《字詁義府合按》/ 126

收 / 111,122,271

收回貸款 / 207

收孥 / 237,268

阬儒 / 46

丞 / 65

丞相 / 49

吞遠部 / 133

吞遠燧 / 130,133

走馬 / 102

赤衣 / 265

卻 / 284

更言 / 91

投書 / 61,83

求盜 / 299

見知故縱 / 155

足枷 / 265

別書 / 284

告 / 56，59，60，63，83，108，109，
112,116

告不審 / 59,83

告甲謂乙 / 228

告臣 / 247

告劾 / 59,115

私刑 / 63,300

私鑄錢 / 162

何解 / 89

作如司寇 / 234,252,254,256

作官府 / 262,270

作官府償日 / 261

身體刑 / 234,266,271

身體的損毁 / 265

身體的毁傷 / 268,269,271

坐臧〔贓〕爲盜 / 134,153,155

免老 / 64,65

没收 / 75

没官 / 122

決 / 84

完 / 265

完爲城旦舂 / 234,235,251,252,
254

《宋書·夷蠻傳》/ 114

《宋書·索虜傳》/ 114

社稷壇 / 142

附帶期限的罰勞動 / 262

長城 / 10

枉考 / 99

來誘 / 89,96

東方六國 / 268

或曰 / 275,276

毆殺爰書 / 177,200

抵 / 112

拘執束縛 / 48

非公室告 / 62—64,83,112

《尚書・仲虺之誥》/ 298

具服 / 160

具爲令 / 248

具獄 / 110,116,152,166

門下 / 45

明處 / 131,132,138,142,146,153

囹圄 / 34,35,44

知狀 / 130,138

和受質 / 24

委審 / 163

侍中 / 37,38,47

使者治所録 / 142

《佩文韻府》/ 297

阜陽雙古堆前漢墓 / 301

服 / 44,48,50,94,212

服罪 / 152

周内 / 110

《周禮・天官・小宰》/ 85

《周禮・地官・大司徒》/ 158

《周禮・秋官・士師》/ 126

《周禮・秋官・大司寇》/ 125

《周禮・秋官・小司寇》/ 82,93

《周禮・秋官・司圜》/ 260,270

《周禮・秋官・鄉士》/ 113,116

《周禮・秋官・朝士》/ 79

府 / 129

府録 / 142

府記 / 130,150

府書 / 210

卒病死爰書 / 134

劾 / 59,60,109,112,152,166

劾人不審 / 59

劾移 / 282

並坐 / 153

河西走廊 / 10

治 / 85

治問 / 38

治罪 / 35,36

治獄 / 15,19,84,85,87,88,93,99,
　126,152,277

宜秋燧 / 12

官有奴隸 / 238,239,269

官府 / 262,270

官録 / 142

官鑄錢 / 162

宛縣 / 151

肩水金關 / 12

肩水候官 / 12

肩水都尉府 / 12,130,227

肩水塞尉 / 207

居延都尉府 / 130,146

居延縣 / 147,148,155,163

居延縣廷 / 186

降（爲）漢 / 112,226

弩 / 198

亟報 / 144

奏當 / 38—40,49

奏事 / 32,50

奏記 / 151

封守 / 68,73—75,83

城旦 / 104,121,122,243

城旦舂 / 240,253

政不直 / 143

赴逮 / 114

荆州高臺十八號漢墓 / 287

故事 / 42

故罪 / 73

故獄 / 106

南郡 / 15,16

南陽郡府 / 151

查封 / 67

相坐(緣坐) / 74

相牽證任 / 197

枸檻欙杕 / 265

要領 / 135

耐 / 79,265,271

耐司寇 / 247

耐(爲)隸臣 / 57,79,246

耐隸臣妾 / 57,79

拷問 / 92,224

指示、委託文書簡 / 173

罰 / 133,134

香港中文大學文物館藏簡牘 / 134

秋射 / 228

秋射名籍 / 228

秋射爰書 / 175,179,198,220,223

科詔 / 45

鬼薪白粲 / 234,235,251—254,256

候長 / 10

候粟君所責寇恩事册書(候粟君册

書) / 127,129—131,139ff,152,
153, 156, 157, 161, 162, 168,
180ff, 196—198, 205, 215,
222,226

追逮赴對 / 171

律説 / 24,30,105

《後漢紀》桓帝建和元年 / 159

《後漢書・光武帝紀上》/ 46

《後漢書・明帝紀》/ 57,111

《後漢書・馬援傳》/ 226

《後漢書・陳禪傳》/ 114

《後漢書・崔寔傳》/ 51

《後漢書・梁統傳》/ 112

《後漢書・張禹傳》/ 143

《後漢書・馮異傳》/ 111

《後漢書・馮緄傳》/ 123

《後漢書・虞詡傳》/ 225

《後漢書・魯恭傳》/ 157

《後漢書・獨行傳》/ 227

《後漢書・黨錮列傳》/ 159

爰書 / 20,67,92,142,146,165ff

爰書自證 / 183,212

爰書是正 / 142

爰書驗問 / 153,187

爰曆篇 / 170

逃亡 / 72

負 / 219

《急就篇》/ 72,96,161

恢復家庭 / 122,248,266

送達文書簡 / 172,206

送檄 / 227

前言狀 / 132

前言解 / 132,138,141

洞庭司馬 / 283

洞庭郡 / 283,287

洞庭假尉 / 287

津關 / 268

室人 / 296,302

宮刑 / 271

軍爵律 / 245

郡太守府 / 129

除去肉刑 / 233,235,238

飛書 / 62

庫/23

秦隸 / 13

起居 / 132

都吏 / 105,106

都官 / 29

都尉府 / 10,129,130,133,135,
　138,142—144,146—149,155,
　158,162,163,186

都鄉嗇夫 / 140—142,146,149,
　164,181,186,187

桎梏 / 266

校事 / 45,52

逋事 / 24,72

砝碼錢 / 263

捕 / 65,66

恩赦 / 231,234

郵書課 / 19

特徵的挑選 / 266,267

候史 / 10

候官 / 10,144,148,215

射爰書名籍 / 221

倉律 / 17,18

託付給下級機關 / 150,158

訓告 / 159

訊 / 67,83,108,109,166

訊獄 / 19,85,88,90,94,96,97

記 / 130,151,209

效 / 18

效律 / 18

病死(病診)爰書 / 176,199,219

唐律 / 74,75

《唐律疏議·名例律》/ 74,225

部 / 10

部分有期説 / 238,239

《浮溪集》/ 225

流放 / 266

家 / 63—65,83

容隱 / 112

案治 / 34—36,38,42—44,47,58,
　84,85,94

案責 / 42

案獄 / 36

案驗 / 36,39,44

陰陽 / 113

《通典·刑法典》/ 112,257

理訟 / 126

責 / 210,215

赦 / 73

赦令 / 249

教 / 22,130,209

教勅〔勅〕/ 135

執 / 65,66

勘驗符 / 161

斬左趾 / 40

斬左趾爲城旦 / 279

斬右趾 / 40

斬趾 / 40,122,265

推辟 / 227

掠治 / 224

問 / 72

問狀 / 50

異形化 / 266,267

國家 / 162

過渡刑 / 251,269

移書 / 149,150

第一燧長 / 131

第七燧 / 209

第七燧長 / 209

第四候長 / 209

第四燧 / 12

笞掠 / 93

偪 / 114

偶語 / 32

偏捕 / 66

假門 / 300,302

得 / 58,65,66,166

得情 / 86

從跡 / 85

從驅逐出社會 / 266

欽趾刑 / 108

梟首 / 40

訟 / 126

庶人 / 115,121

《商君書・境内篇》 / 244

望後 / 113

牽引 / 197

情 / 94,109

情得 / 86

烽火品約 / 161

烽燧 / 10

清朝考證學 / 29

涼山彝族 / 271

梁國 / 39

逮捕 / 114

張家山二四七號漢墓 / 54,117,
　　279,280

張掖太守府 / 130

張景碑 / 151

張湯審鼠 / 147,152,165,224

張楚國 / 46

强制勞動刑 / 230

强質 / 24

陽陵縣 / 287

綠洲 / 10

鄉官 / 71,72,75

鄉某爰書 / 75

終身服役 / 237,238,269

博 / 114

喜 / 54

報 / 166

貰賣 / 217

貰賣爰書 / 177,200,217,218

萬歲候 / 131

葆子 / 296

焚書 / 34

雲夢睡虎地十一號秦墓 / 54

雲夢睡虎地墓群 / 15

掾史 / 42

間諜 / 96

喩解 / 159

無期說 / 238,245,246,252,253,301

無期懲役 / 249

備繫日 / 240—243

御史 / 37,38,46,52

復作 / 234

復城旦舂 / 271

復案 / 110

爲吏之道 / 21,22

爲敗 / 87

證不言情律 / 142,156,187,198,215

證所言 / 205

證書 / 167

診・診問 / 55,65,72

詔獄 / 42

就訊磔 / 92

敦煌文書 / 129,161

敦煌郡 / 220

敦煌懸泉置 / 20,59,192

廄苑律 / 30

廄律 / 18

勞役刑 / 7,230,233,234,238,250,264,270

盜自告 / 58

雇人 / 102

畫諾 / 97

發現地 / 106,273

發現地主義 / 55

發信日簿 / 173

髠 / 265,271

髠鉗 / 266,267

髠鉗城旦舂 / 234,254,264,265

鄳縣 / 15,54

楬 / 173

嗇夫 / 220

貲二甲 / 57

貲餘錢 / 289

睡虎地十一號秦墓 / 13,109,117,279

賊 / 298,299

賊死 / 134

照會 / 68

署主責發 / 286

署金布發 / 286

罪人有期 / 248

罪降 / 256

與同罪 / 297

與盜同法 / 297

辭 / 67,83

辭服 / 94

辭服負 / 212

辭牒 / 64

傳囚 / 171

傳考 / 114,171,225

傳爰書 / 152,166,170,224

傳逮 / 171

徭律 / 239,242

鉗 / 266

腰斬 / 32,39,40

解辭 / 89

詰 / 50,89

詰責 / 160

詰問 / 97,152

鄣卒 / 209

《資治通鑑・秦紀三》/ 45

《資治通鑑・晉紀四〇》/ 52

辟〔避〕/ 78

辟〔避〕席 / 296

障害者 / 271

經過規定 / 252,253

榜押 / 97,99

榜掠 / 35,44,48

監門 / 301

監臨部主 / 155

奪勞 / 221

奪爵令戍 / 261

對李斯的審判 / 31ff,58,66,70,84,
　91,94,97

罰金刑 / 262

罰爲公人 / 260

罰勞動 / 262,271

稱錢衡 / 263

鳳凰山一六八號漢墓 / 263

疑罪 / 277

獄 / 66,126

獄已斷 / 79,80

獄中上書 / 35,37,41,43

獄史 / 15,77,273

獄吏 / 6,15,37,109,155,273,278

獄吏主導型 / 109

獄官令 / 92

誣人 / 60,83

誣告 / 60,83,104

誣服 / 35,48,94,97

語書 / 16,21,22

《説文通訓定聲》壯部第一八・尚字
　/ 123

《説文解字》七篇上・晶部 / 171

《説苑・君道篇》/ 88,97

遮要置 / 220

端 / 60,78

《漢典職儀》/ 46

漢律 / 84

《漢律摭遺》/ 112

《漢書・於定國傳》/ 116

《漢書・王嘉傳》/ 52

《漢書・刑法志》/ 40,107,155,
　232,253,254,267

《漢書・朱博傳》/ 86,149,227

《漢書・何並傳》/ 224

《漢書・胡建傳》/ 78

《漢書・昭帝紀》/ 30

《漢書・食貨志下》/ 113

《漢書・哀帝紀》(應劭注) / 227

《漢書・晁錯傳》/ 248,268,271

《漢書・高帝紀下》/ 112

《漢書・張敞傳》/ 163

《漢書・景十三王傳》/ 50

《漢書・景帝紀》/ 271

《漢書補注》/ 170

《漢書疏證》/ 225

《漢書・路温舒傳》/ 15,76

《漢書・趙廣漢傳》/ 116

《漢書・酷吏傳》/ 265

《漢書・薛宣朱博傳》(論贊) / 90

《漢書・藝文志》/ 50

《漢舊儀》/ 232—236,242,243,252,
　255,256

漏脱自出 / 58

墜火 / 297

駒罷勞病死册書 / 127,128 ff,143,
　144,147—149,153—155

赭衣 / 265—267

標題、尾題簡 / 172

遷陵縣 / 287,289

賜勞 / 221

踐更 / 102

《墨子·號令篇》/ 30

請行法 / 144

請定律 / 248

誹謗妖言令 / 268

課 / 19,295

論 / 39,40,49,75,76,83,108,109,
　111,116,166

論失 / 106,119

論何 / 76

論獄不直 / 77,84,106

論獄縱囚 / 84

《論語·子路篇》/ 112

《論衡校釋》/ 132

《論衡·案書篇》/ 131

《論衡·譏日篇》/ 113

廢止肉刑 / 269

鋈足 / 80,108

窮審 / 78,90

審 / 58

《編年記》/ 14

橐他候官 / 207,227

《歷代刑法分考》/ 114

縣丞 / 75,109

縣官 / 135,161,162

縣嗇夫 / 296

黔首 / 115

劓 / 40,265

謀 / 299,300

謀反 / 32,35,36,39,47,49,50

謁者 / 37,38,46

謁報 / 282

龍崗六號秦墓 / 117,119,122

燧 / 10

避諱 / 30

隱官 / 104,107,114,115,121,123,
　266—268,271

隱官工 / 115

隸臣妾 / 234,236,245,251—254,
　269,296

隸屬民 / 63

檄 / 132

檢 / 173

擬制文書 / 122

魏户律 / 21,300

魏奔命律 / 21

《魏書·刑罰志》/ 92

償日作縣官罪 / 260,261

龜兹國 / 35

爵 / 271

爵戍 / 261

《禮記·月令》/ 90

《禮記·曲禮》/ 113

縱囚 / 77

鞫 / 68,69,80,99,106,166

鞫獄故不直 / 77,78

鞫獄故縱 / 77,78

覆 / 19,68,70

覆治 / 52,106,115,116

覆按 / 52

覆訊 / 37,41,43—45,47,48,70

覆問 / 70

鬭 / 298,299

鬭殺人 / 299

雜 / 216

離官 / 296

燧火 / 297

斷 / 79,84

斷舌 / 40

斷獄 / 126,155,156

勸農土牛 / 143,151

繫三歲 / 262

繫城旦 / 270

繫城旦舂 / 262

繫城旦(舂)六歲 / 260,262,268

簿斂之物 / 74

騰馬 / 69,71,286,285

騰書 / 69

識者 / 68,75

黥 / 40,265

黥刑 / 106,108

黥妾 / 63,70

黥城旦舂 / 121

黥(爲)城旦 / 75,105,279

覺 / 56

《釋名・釋宮室》/ 86

《釋名・釋書契》/ 286

《釋名・釋喪制》/ 86

《譯文筌蹄》/ 161

議 / 274—276

霸昌廄 / 39

贓物罪 / 218

齎律 / 17

《續漢書・律曆志》/ 82

聽治 / 85

聽書從事 / 282

聽訟 / 125,126,130,155,156

贖刑 / 262,271

贖身 / 231,241

鑄錢律 / 268

《讀書雜誌・漢書十一》/ 112

《讀書雜誌・漢書八》/ 123

《讀書雜誌・漢書九》/ 116

讀鞫 / 82

驛馬 / 219,220

驛馬病死爰書 / 179

驗 / 37,38,41,43,44,47,84,94

驗問 / 131,138

驗問收責 / 208,210

驗問明處 / 148

《鹽鐵論・散不足篇》/ 161

讞・讞 / 62,107,295

人名索引

歷史人物

二世皇帝 / 31,33,34,36—39,41,
　43,44,47,58

王先謙 / 170

王充 / 132

王念孫 / 112,123,124

王嘉 / 41,42

文帝 / 38,230,231,233,240,248,
　250,268,269,271

方苞 / 38

田忌 / 268

田叔 / 39

田常 / 33

呂季主 / 39

朱駿聲 / 123

如淳 / 105,257
杜佑 / 259
李由 / 35,36,39,44,58
李悝 / 244
李斯 / 7,31—37,39—45,47,48,51
吳祐 / 159
吳廣 / 36
近衛家熙 / 259
汪藻 / 225
沈家本 / 112,236
沈欽韓 / 225
東平王雲 / 42
尚方禁 / 86
周亞父 / 44,50
咎繇 / 110
始皇帝 / 14,29,31
胡三省 / 45
昭王 / 14
韋昭 / 123,170—172,224
韋曜 / 37
哀帝 / 42
班固 / 232
荻生徂徠 / 161
高祖 / 271
高誘 / 126
陳勝 / 36,46
孫星衍 / 233,234
孫晧 / 37
孫臏 / 268
常惠 / 35
崔寔 / 40
淳于公 / 233,240
梁玉繩 / 43,51

梁孝王 / 39
張武 / 163
張俊 / 82
張晏 / 167,170—172,223,224
張敞 / 163
張湯 / 165,224,225
張裴 / 299,300
張釋之 / 38
項梁 / 36
緹縈 / 233,240,267
景帝 / 271
程曉 / 45
馮去疾 / 42
馮劫 / 42
馮煥 / 123
馮緄 / 123
楊雄 / 171,172
路溫舒 / 110
趙高 / 31—37,39—44,47—49,51,84
蔡衍 / 159
蔡邕 / 82
裴松之 / 226
鄭玄 / 90,125,158
鄭司農 / 79,82,116
鄧太后 / 82
衛宏 / 232,256
劉奉世 / 170,171
劉熙 / 86
薛宣 / 160
橋玄 / 266
龜茲王 / 35
顏師古 / 72,73,155,167,170,171,

248,257

蘇林 / 167,170,171,224

龐涓 / 268

竇太后 / 39

竇融 / 162

研究者・研究團體

卜德(Bodde,Derk) / 32,34

大庭脩 / 166,167,169,182,184,
201,202,205,223,228

山田勝芳 / 280

王占通 / 79,269

王勇華 / 52

中村茂夫 / 278

水間大輔 / 262

石岡浩 / 122,270,271

平中苓次 / 296

永田英正 / 172

邢義田 / 22,185,186,226,260,264

吉本道雅 / 162

西田太一郎 / 113,269

江村樹治 / 18

池田雄一 / 228,277

李均明 / 55,94,161,228,271

李明章 / 225

李學勤 / 277,282,287,296

李振宏 / 229

李奧德(McLeod,Katrina) / 293

李裕民 / 246

李解民 / 302

吳榮曾 / 301

何四維(Hulsewè,Anthony) / 8,
141,143,157,291ff

佐原康夫 / 112,135

余英時 / 22

角谷常子 / 147,226

汪桂海 / 168

汪寧生 / 271

沈家本 / 8

沈頌金 / 282

初師賓 / 143,163,168,182,223

若江賢三 / 241,244,245,248

范忠信 / 112

林聰明 / 161

竺沙雅章 / 228

金燁 / 112

周曉瑜 / 115

学習院大学漢簡研究会 / 100,279

胡平生 / 114,199,301

威爾納・佛吉爾(Vogel,Werner)
/ 266

俞偉超 / 129,142,152,163,182

宮宅潔 / 55,68,72,94,106,109,
185,186,280

宮崎市定 / 32,40,42,43,50,51

栗勁 / 246,250,252,253,269

倪豪士(NienhauserJr,William) / 51

徐世虹 / 8,127,149,271

徐蘋芳 / 147,152,163,182,184

高文 / 163

高本漢(Karlgren,Bernhard) / 294

高恒 / 127,129,237,238,246,248,
253,269

高敏 / 52,168,182,223,236,237,
239—241

陳偉 / 112

陳槃 / 166,167,169,223

陳錦霖 / 50

堀敏一 / 245

黄展嶽 / 240—242

黄盛璋 / 123,124

梅原郁 / 225

專修大学《二年律令》研究会 / 122

許理和(Zürcher,Erik) / 303

浅原達郎 / 143,162,164

冨谷至 / 249,252,253,302

張全民 / 115,122

張金光 / 246

張建國 / 87,113,115,141,153,161,163,255—257,269—271

張晉藩 / 8

彭浩 / 106,124,277

葉山(Yates Robin) / 293,294

飯尾秀幸 / 100

飯尾和俊 / 89

滋賀秀三 / 74,163,253,255,256,266

楊禾丁 / 301

裘錫圭 / 131,141,143,156,182

臧知非 / 302

廣瀬薫雄 / 111,112

劉昭瑞 / 120,123,124

劉海年 / 168,223,241,242,302

劉國勝 / 117,119,120,124

薛英群 / 229

蕭亢達 / 143,163,168,182,223

霍存福 / 246,250,252,269

錢大群 / 64,246

謝桂華 / 142,162,182,196

濱口重國 / 234,235,256

鎌田重雄 / 41,42

鵜飼昌男 / 141,226

瀬川敬也 / 266

饒宗頤 / 17

鷹取祐司 / 210,227

中文本附録

他山之石，可以攻玉

——評《中国古代訴訟制度の研究》①

李　力

前　　言

　　被視爲日本“新生代”秦漢法制史研究領軍人物之一的籾山明，②秉承了京都學派“受乾嘉樸學影響較深”③的學術傳統，擅長以考據的方法，整理、解讀、運用新出土秦漢法制史料。而且其研究視野不限於秦漢簡牘，早年也曾涉獵過甲骨文法律史料，提出了頗有新意的見解，在日本學術界産生了一定的影響。④

---

　　①　《東洋史研究叢刊》之六十八，京都大学学術出版会，2006 年 2 月。本書評原刊於《法制史研究》第十期，臺北 2006 年 12 月。

　　②　另一領軍人物，則是與之齊名的冨谷至先生。或可認爲，其二位是目前日本秦漢法制史學界的雙駕馬車。

　　③　周一良《〈日本學者研究中國史論著選譯〉序言》，劉俊文主編《日本學者研究中國史論著選譯》第一卷，中華書局 1992 年，4 頁（“序言”）。

　　④　籾山明《甲骨文中の“五刑”をめぐって》，《信大史学》第 5 號，1980 年 11 月。該文質疑甲骨文中已出現“五刑”通説，代表了當前日本中國法制史學界的一般認識。《中国法制史——基本資料の研究》一書未從商代甲骨文開始，恐怕就是基於這樣的考慮。參見滋賀秀三編《中国法制史——基本資料の研究》，東京大学出版会 1993 年，3—4 頁。宋鎮豪《甲骨文所見商代的墨刑及有關方面的考察》，中國文物研究所編《出土文獻研究》第五輯，科學出版社 1999 年，53 頁。

　　比起其前輩學者來，該書作者生逢一個"地不愛寶"的時代，確實是極其幸運的。1975 年以來，因秦漢法制史的文字資料不斷從地下冒出來，秦漢法制史研究也出現了亘古未有的新氣象。抛開數以百計的秦漢簡牘專題論文不談，僅就與法制史相關的專著來講，20 多年來已碩果累累。①但是，目前尚未見有專門討論秦漢訴訟制度者。因此，從選題方面講，該書仍然具有其獨特之處，不失其唯一性；同時，在研究方法上，該書以逐句解讀出土文字史料、剖析個別訴訟案件爲長。作者較爲深厚的考據功底，在此得以充分展示。應該説，這是目前所見秦漢法制史領域專論訴訟制度的一部力作。

　　以下，首先從總體上把握其學術風格和特點，然後評介一下該書的框架及其主要内容，最後就筆者所關注的幾個問題談點粗淺之見。不當之處，敬請各位方家指教。

---

　　①　以拙見主要有，高敏《雲夢秦簡初探》，河南人民出版社 1979 年初版；1981年增訂版《睡虎地秦簡初探》，萬卷樓圖書有限公司 2000 年。中華書局編輯部《雲夢秦簡研究》，中華書局 1981 年。栗勁《秦律通論》，山東人民出版社 1985 年。堀毅《秦漢法制史論考》，法律出版社 1988 年。孔慶明《秦漢法律史》，陝西人民出版社 1992 年。傅榮珂《睡虎地秦簡刑律研究》，商鼎文化出版社 1992 年。余宗發《〈雲夢秦簡〉中思想與制度鉤摭》，文津出版社 1992 年。安作璋、陳乃華《秦漢官吏法研究》，齊魯書社 1993 年。王關成、郭淑珍《秦刑罰概述》，陝西人民教育出版社 1993 年。徐富昌《睡虎地秦簡研究》，文史哲出版社 1993 年。高恒《秦漢法制史論考》，廈門大學出版社 1994 年。冨谷至《秦漢刑罰制度の研究》，京都大學學術出版会 1998 年。徐世虹主編《中國法制通史》第二卷，法律出版社 1999 年。張建國《帝制時代的中國法》，法律出版社 1999 年。魏德勝《〈睡虎地秦墓竹簡〉語法研究》，首都師範大學出版社 2000 年。曹旅寧《秦律新探》，中國社會科學出版社 2002 年。魏德勝《〈睡虎地秦墓竹簡〉辭彙研究》，華夏出版社 2003 年。朱紅林《張家山漢簡〈二年律令〉集釋》，社會科學文獻出版社 2005 年。曹旅寧《張家山漢律研究》，中華書局 2005 年。蔡萬進《張家山漢簡〈奏讞書〉研究》，廣西師範大學出版社 2006 年。湯淺邦弘著，王綉雯等譯《戰國楚簡與秦簡之思想史研究》，萬卷樓圖書股份有限公司 2006 年。

一、該書的學術風格與特點

關於該書所呈現的學術風格，可借用周一良關於日本學者研究中國史的精辟之論：

第一，"遵守乾嘉樸學大師的教導：讀書必先識字。日本學者非常注重古漢語的訓練，例如大學的史料演習班上，必須弄清楚史料每個字的含義"。

第二，"注重窮盡資料，有'上窮碧落下黃泉'的精神。因此各種索引齊全，幾乎很多專題或專書都編有詳備索引可供檢索。日本學者不僅注意存在於本國和中國的史料，即使散在世界各地的，無不想方設法去蒐集"。①

不過，在此，我還想再補充以下五點，可以視爲該書總體上所體現的學術特點：

其一，充分挖掘常見史料（包括傳世文獻和出土文字史料），尋找出其中對於研究有價值的信息。

其二，注重不同出土文字史料之間、出土文字史料與傳世文獻史料之間的橫向比較和聯繫，依其所掌握的證據，慎重地下結論。

其三，針對其所選定的題目，堅持不懈地予以關注、研究，及時把握新史料、修訂舊說。

其四，尊重前輩學者的業績，對其先行研究，有所繼承，更有所發展。以史料説話，以理服人，以追求事實真相爲重。

其五，誠如作者所言，該書以分析出土文字史料爲中心，並且

---

① 劉俊文主編《日本學者研究中國史論著選譯》第一卷，中華書局 1992 年，4—5 頁（"序言"）。

將程序的變化作爲研究的焦點,力求動態地把握秦漢時期的訴訟程序,考察相關制度的實態。

可以説,籾山明的這部大作,正是體現這種學術風格和學術特點的典型範例。其所討論的問題,無論是在資料的運用方面還是在觀點的創新方面,都取得了不小的進展。

二、該書的框架及其主要内容

1975年以後,新出土的秦漢簡牘法制史料,在某種程度上彌補了傳世文獻史料之不足。日本秦漢史研究的狀況亦隨之一變:在研究課題上,出現了分散化的傾向;在研究方法上,則注重實證研究,遂有可能從微觀角度精確地探討某一制度。在此種背景下,該書選擇秦漢訴訟制度作爲切入點,以期解釋秦漢帝國體制得以維繫之機構與動因,真是再合適不過了。其目的,就是以出土文字史料爲基礎,儘可能勾畫出秦漢時期訴訟制度的具體歷史圖像。

全書框架如下:序論"出土法制史料與秦漢史研究",第一章"對李斯的審判",第二章"秦漢時代的刑事訴訟",第三章"居延出土的册書與漢代的聽訟",第四章"爰書新探——古文書學與法制史",第五章"秦漢刑罰史研究的現狀——以刑期的爭論爲中心",結語"司法經驗的再分配",附錄一《湖南龍山里耶秦簡概述》,附錄二書評《何四維〈秦律遺文〉》,後記,引用文獻一覽,引用簡牘史料一覽,索引。①

---

① 迄今,該書各章已有中譯本的情況是:①徐世虹譯《秦代審判制度的復原》,劉俊文主編《日本中青年學者論中國史》第一卷,上海古籍出版社1995年。②謝新平、束山譯《爰書新探——兼論漢代的訴訟》,中國社會科學院簡帛研究中心編《簡帛研究譯叢》第一輯,湖南出版社1996年。③趙平安、張溪渝譯《居延新簡"駒罷勞病死"册書——爲漢代訴訟研究而作(續)》,《簡帛研究譯叢》第二輯,湖南出版社1998年。④李力譯《秦漢刑罰史的研究現狀——以刑期的爭論爲中心》,中國政法大學法律古籍研究所編《中國古代法律文獻研究》第三輯,中國政法大學出版社2007年。

　　除附録一是新近完成的之外，其他的幾乎都是在精選 20 年以來所發表的數篇與法制史相關論文的基礎上，重新進行增修而成。其主要内容包括以下四個方面。

　　第一，本書所用出土文字史料的性質如何？ 爲何從那個場所出土？ 這要就史料作内在性的理解。睡虎地秦簡、張家山漢簡，特别是其中兩種截然不同記載樣式的《法律答問》和《奏讞書》，都與縣級司法審判實務有着密切關聯，也在某種程度上反映了古代司法的實態。其序論、結語部分就此進行了詳細論述。如此一頭一尾的安排，確實精巧，不僅反映出結構上的過渡，而且體現了司法審判經驗從秦至漢初的動態積累過程。在結語部分，作者提出考察《法律答問》是怎樣制成的問題，指出其原型當求諸於《奏讞書》那樣的上讞案例。其嘗試探索二者間的關係，是一個很有意思的話題。不過，這二者畢竟屬於不同時代，性質亦有根本區別。[①] 傳世文獻所見漢《律説》，可能是類似秦《法律答問》的法律解釋。但秦有無《奏讞書》之類的案例彙編，尚有待於新史料的證實。因此，其間是否確有某種聯繫？ 或可再作進一步思考。

　　如何判定出土文字史料的性質？ 作者指出，應該從其出土的場所和背景上作内在性的分析，同時要注意出土文字史料的局限性：它們祇是地方官吏墓葬的隨葬品，多是與其司法審判職務相關的文書，其他與審判實務無關的當然缺載。這是一個非常重要的認識。

　　另外，值得關注的是，關於出土法制史料的性質，冨谷至近來

---

　　① 　參見陳公柔《雲夢秦墓出土〈法律答問〉簡册考述》，《燕京學報》新二期，北京大學出版社 1996 年；後收入氏著《先秦兩漢考古學論叢》，文物出版社 2005 年，146—184 頁。李力《關於〈奏讞書〉題名等諸問題之再研究》，卜憲群、楊振紅主編《簡帛研究二〇〇六》，廣西師範大學出版社 2008 年。

也提出了一個非常有趣的"避邪"之說。①似乎中國大陸學者對此說還不甚了解。此假説可能還有進一步討論的餘地,不過,無論如何,這一觀點的提出可以開闊思路,有利於深化這一問題的研究。

第二,從傳世文獻中選擇典型的審判故事,即《史記·李斯列傳》所載李斯"謀反"案加以分析,以搞清楚其中所見刑事訴訟的基本架構。第一章通過分析整個審判過程,撥開了覆蓋在《李斯列傳》上因塑造人物而使用的文學性描寫所造成的層層迷霧和矛盾之枝葉,揭示出其中所反映的當時現實中的訴訟程序,即:

　　　　拘執·束縛→案治→反辭→覆訊·驗→奏當→具五刑·
腰斬

其核心就是由"案治"與"覆訊"、"驗"構成的。但《李斯列傳》對其實態則語焉不詳,據其片言衹語的表達與《史記》卷五七的記載,推測可能就是審訊者與嫌疑犯之間圍繞事實的問答。而"反辭"、"奏當"之類文書的格式、内容均已失載,詳情不知。作者還注意到,李斯"謀反"案有其特殊性,其訴訟是否具有普遍性,也並非没有疑問。而這一切正好可以通過出土文字材料來彌補、印證。

值得稱許的是,作者出人意外地解剖常見史料中有關李斯"謀反"案的記載,仔細地考證出隱含在其中的訴訟程序之架構。其分

---

① 筆者初聞此説,是 2006 年 10 月 22 日在韓國忠北大學"'中原與律令'國際學術研討會"上冨谷至的發言。後在北京幫助《法律史論集》第 6 卷(法律出版社 2006 年)校對氏著《〈譯注中國歷代刑法志(補)〉解説》(原文載於内田智雄編、冨谷至補《譯注中国歷代刑法志(補)》,創文社 2005 年,253—286 頁)中文本(薛夷風譯、周東平校《論出土法律資料對〈漢書〉、〈晉書〉、〈魏書〉、〈刑法志〉研究的幾點啟示——〈譯注中國歷代刑法志·解説〉》),纔得拜讀該論文。11 月中旬,在臺北史語所讀到臺灣大學歷史學研究所劉欣寧碩士論文《由張家山漢簡〈二年律令〉論漢初的繼承制度》(指導教授:邢義田,2006 年 7 月),纔知此説遂見於氏著《江陵張家山二四七號墓出土竹簡——とくに〈二年律令〉に關して》(《木簡研究》第 27 號,木簡學會 2005 年 11 月,248 頁)。該文影印件承劉欣寧小姐贈送,致謝。

析之透徹,論證之縝密,均體現出作者扎實的史學功力和充分的法學素養。真可謂"綿裏藏針"。拙見以爲,在目前所掌握史料的條件下,這裏所揭示的秦朝中央一級審判機關的訴訟程序,是可以信從的。

第三,使用睡虎地秦簡、張家山漢簡和居延漢簡、懸泉漢簡等資料,復原秦至漢初地方一級的訴訟制度。這是本書的核心部分(第二、三、四章),所佔篇幅最大,在史料的解讀和分析上,下功夫亦最多,收穫也最可觀。由於注意到不同史料群的特點及其所透露出的信息有別,每一章所論各有側重;將這三章合在一起,就可看到秦漢訴訟制度的基本架構和狀態。

第二章的篇幅最長,①以睡虎地秦簡爲主,參考張家山漢簡,探討秦漢時代的刑事訴訟,是基於什麽原理、按照怎樣的程序來進行的。睡虎地秦簡所涉及的是縣級機關的訴訟,張家山漢簡則是超過縣級的訴訟。這兩種史料所載,都與"令史"的職務有密切關係。尤其是張家山漢簡的出土,使得更爲精確地把握秦至漢初的訴訟制度成爲可能。與相關先期研究②不同的是,其重點放在重新挖掘秦漢時代刑事訴訟的幾個主要程序上,並闡釋構成訴訟制度的基本原則。與其 1985 年的舊稿相比,也有較大幅度的修訂和充實。

首先,以較大的篇幅復原了秦至漢初地方政府刑事訴訟程序的五個環節,即:

---

① 本章補論係新寫的,正文則以已發表的《秦の裁判制度の復元》(林巳奈夫編《戰国時代出土文物の研究》,京都大学人文所 1985 年)爲基礎擴充、增訂而成。

② 宮宅潔《秦漢時代的裁判制度——張家山漢簡〈奏讞書〉より見た》,《史林》第 81 卷第 2 號,1998 年。李均明《簡牘所反映的漢代訴訟關係》,《文史》2002 年第 3 輯。還有,張建國《漢簡〈奏讞書〉和秦漢刑事訴訟程序初探》,《中外法學》1997 年第 2 期。張建國《關於漢簡〈奏讞書〉的幾點研究及其他》,《國學研究》第四卷,北京大學出版社 1997 年。

　　　　(1)告訴、告發(自告、自出、自詣,告不審、誣告,州告、投書,公室告、非公室告,三環)。(2)逮捕、拘禁、訊問。(3)通知縣、鄉。(4)查封。(5)判決、再審。

構成整個訴訟程序的三個支柱是:"告"、"訊"、"論",具體即(1)、(2)、(5)三個環節。其核心是"訊",即訊問。該章後兩節即圍繞"訊"、"論"向縱深展開論述。

　　其中,值得關注的是,關於"覆"、"覆問",作者的認識已有所轉變。其"舊稿"曾解釋"覆""是官吏依職權對犯罪行爲進行直接的認知",[1]在此則改釋爲"再訊問"。理由是:①見於史書的"覆"字用例,幾乎所有的場合都可以解釋爲"再訊問"。"本書(即指籾山明大作原書)"37頁、115—116頁注21等已列舉其例。而"舊稿"作爲"官による犯行の直接認知"之例所引史料,若再審視一下,則全都可解釋爲"再訊問"、"再檢查"。②見於睡虎地秦簡《封診式》之"覆"條,是以同"有鞫"條爲前提的。如"本書"70頁所述,若推測"有鞫"是將最初訊問結果送達給縣主的文書,"覆"是將再訊問結果送達給縣主的文書,則這樣理解兩者的關係不無道理。"舊稿"雖將《封診式》之"覆"條解釋爲"官吏認知男子某的犯罪事實後向縣傳達的文書",但在"覆"中並未找出積極證實此點的文字。[2]這種學術觀點的自我修正是很有必要的,也是極有學術價值的。由此亦可見作者堅持不懈地追求學術的認真、執着精神。

　　其次,根據《封診式》之"治獄"與"訊獄"條,探尋審訊是按照什麽原則、以怎樣的形式進行的。其文字雖短,卻有不少難以理解之

────────────

　　①　參見劉俊文主編《日本中青年學者論中國史》第一卷,上海古籍出版社1995年,257—260頁。

　　②　筆者曾於2006年11月27日給籾山明先生發e-mail,請教這一變化的具體原因。以上即據其2006年12月1日回覆e-mail的附件一(原文爲日文)。"舊稿"即注9所揭《秦の裁判制度の復元》一文,"本書"即其新作《中国古代訴訟制度の研究》。

處。因此，作者不厭其煩地介紹各家之説，並加以評論、辨析，確定其語義。其基本認識是，就訊問程序而言，二者當是目的與手段、理論與實踐的關係。《李斯列傳》未載的訊問之實態，在此得以復現。

再次，細緻解讀、剖析張家山漢簡《奏讞書》之“毛誣告講盜牛案”，進而討論第(5)個環節中的“再審”。得出兩點認識：①乞鞫與請讞類似。這從《漢書·刑法志》所引高祖七年詔可知。②是乞鞫與“失”的關係。乞鞫之後，如果確定是冤案，原審法官衹要不是故意誤審就要被問以適用刑罰失當之罪，具體見《法律答問》簡115。

其中，也有不少精彩之處。如，對於“自告”與“自出”的區別，使得我們要重新考慮過去都將之理解爲“自首”之意是否準確，或可以再就此問題進行深入探討。又如，對睡虎地秦簡《封診式》“有鞫”、“覆”條所見“識者”一詞，放棄整理小組的解釋，採納 K. C. D 麥克李奧德①和 R. D. S 葉山的解釋即“記錄者”；並據“封守”條，推測該“記錄者”就是在“封守”程序中負責制作各種目錄的人即鄉官，其管轄範圍包括從里民的户籍管理到查封其家屬、財産等。不過，本章沒有設專題研究漢初的上讞之制，不能不説是一個缺憾。

第三章着重解讀新居延漢簡兩份册書(《駒罷勞病死册書》、《候粟君所責寇恩事册書》)所見“爭財”訴訟個案，以考察漢代“聽訟”之訴訟是按照什麼原則、如何進行審判的。

作者指出，這兩份册書都是具有“聽訟”程序特徵的珍貴史料。前者，以往的研究已涉及，但至今未有從訴訟層面專論的；後者，以往的研究大多集中在闡述爰書功能上，但還有一個價值未被發掘：漢代訴訟中審判機關的上下關係。因此，本章的研究仍不失其開

---

① 此譯名從徐世虹之譯文(劉俊文主編《日本中青年學者論中國史》第一卷，上海古籍出版社 1995 年，248 頁)。

拓性。

　　由這兩份册書可知，受理訴訟的上級機關，命其管轄下的下級機關審理、判決案件，並製作原案；上級機關在收到其報告後，再下最終的判決。不過，與前章所述刑事訴訟不同的，是訴訟最核心的"訊問"、"驗問"部分。刑事訴訟的特徵，是詰問嫌疑犯並使之認罪，因此在相關文書上一定明確記載有關詰問或者服罪的文字。但在這兩份册書中，均未見到這樣的文字。可是，再看一下册書的字面，還可發現這樣的現象：雖然是"爭財"訴訟，但也並非在程序上全無刑事的要素。即使"爭財"訴訟，也不排除最後被科刑的可能性。由此所見到的，正是從聽訟到斷獄轉變的訴訟之情形。聽訟與斷獄不能被截然分開，是一個可伴隨訴訟的進行而連續不斷的程序。由史書所載亦可知，輕微的爭訟請求有學識者裁決，或者希望鄉官以"喻解"、"訓告"解決；官府則迴避審理輕微的爭訟，甚至官府聽訟有時使用威嚇的手段。

　　這一結論，比"將其理解爲由民事訴訟引發出來的刑事訴訟更接近實情"的説法，[1]或許更接近於現有史料所反映的實態，因此更具有説服力。陳公柔在研究睡虎地秦簡《法律答問》簡册時，亦有這樣的認識：[2]

　　　　當時法律並無近代民事刑事的概念。從簡册整體上看，則偏重於近代所謂的刑法。其中既或涉及財產糾紛等情節，也主要是從刑法方面來定讞，因爲他是作爲觸犯刑律而涉訟的。這與後世之保護私人生命財産等等概念迥然不同。蓋當時立法目的，首在於藉以維持治安。

―――――――――

　　①　張建國《帝制時代的中國法》，法律出版社 1999 年，336 頁。
　　②　陳公柔《雲夢秦墓出土〈法律答問〉簡册考述》，收入氏著《先秦兩漢考古學論叢》，文物出版社 2005 年，160 頁。

這正可以與漢簡所反映的情況相呼應。古代的審判程序，恐怕並没有今天那麼嚴格的劃分，在理論上、制度上都不可與近代的訴訟法同日而語。這當是今後研究時要注意的問題。

第四章的篇幅僅次於第二章，採用古文書學的方法，從彙集大量殘簡史料開始，嘗試交叉研究古文書學與法制史。其主要目的是，闡明爰書的實態，並確定其功能。

作者在回顧先行研究、評述漢唐人對爰書注釋的基礎上，從大量敦煌、居延漢簡之中選出有爰書名稱者，進行分類整理，以把握漢代邊郡所製作並使用的爰書之種類。辨析有關《候粟君所責寇恩事册書》構成之諸説，做出自己的判斷；從以上所選文例中抽出其特有之詞“它如爰書”，檢討衆説；以“它如爰書”和“爰書”這兩個詞爲標準，選出並彙集已判斷爲爰書本文的簡牘，與之前所選爰書名稱對比、驗證。至此，完成把握爰書整體狀況、確定“何爲爰書”的工作。然後，參照其他相關簡牘，解讀這些爰書，搞清楚爰書的功能。最後，以這些認識爲基礎，談及漢簡以外的爰書。

“爰書”一詞，在傳世秦漢文獻中，僅見於《史記·酷吏列傳》、《漢書·張湯傳》所載“張湯審鼠”事例。因其記載簡單，人們一直對這種文書知之甚少。20世紀新出土簡牘史料中發現有“爰書”的文字，爲解開這個謎團提供了契機。對此最有貢獻者，當推陳槃和大庭脩先生。[①]後來，隨着新居延漢簡、睡虎地秦

---

① 陳槃《漢晉遺簡偶述》，《史語所集刊》第16本，商務印書館1948年1月，317—318頁。大庭脩著，姜鎮慶譯《爰書考》（原載日本《聖心女子大學論叢》第12集，1958年11月），中國社會科學院歷史研究所戰國秦漢研究室編《簡牘研究譯叢》第一輯，中國社會科學出版社1983年。大庭脩著，姜鎮慶譯《居延新出的〈候粟君所責寇恩事册書〉——“爰書考”補》（原載日本《東洋史研究》第40卷第1號，1981年），《簡牘研究譯叢》第二輯，中國社會科學出版社1987年；另有趙曉柯等譯中文本，載於《西北史地》1986年第1期。後兩文中譯本，亦見林劍鳴等譯《秦漢法制史研究》，上海人民出版社1990年。

簡的出土，涉及到這個問題的資料大增，至今雖然已對爰書的功能有了一定的認識，但是迄今爲止的研究在方法論上還存在着問題。

1970 年代以前，研究的重點是特定爰書的本文，判定標準是爰書的内容，即"爰書是什麽樣的文書？"這是一種逆轉的不合邏輯的方法。因爲内容、功能原本應該待其本文確定後再從中歸納。尚未確定"何爲爰書？"就先論述"爰書是什麽？"這令人十分不安。

由於新居延漢簡和睡虎地秦簡的出土，這種方法論上的疑問得以解決。因爲其中包含有爰書的實例，在前者即《候粟君所責寇恩事册書》，在後者即《封診式》。此後研究的中心是論述爰書的功能，其代表人物有劉海年、初師賓/蕭亢達、汪桂海、高敏，其共同點在於强調爰書與司法的關係，認爲爰書是秦漢時期的司法文書。但這種理解過於片面。因爲敦煌、居延漢簡也都含有大量的爰書。雖然其大部分是斷簡零墨，而且是需要下功夫整理纔可認定爲爰書的史料，但總歸是珍貴的爰書實例。無視這些爰書而祇偏重於前述那兩種史料，並將其一種類型視爲典型，同樣在方法論上的犯了錯誤。因此，大庭脩先生的意見，即爰書不限於與審判相關的文書類，在新史料出土後也是值得傾聽的。[①] 這些問題都是今天必須要重新檢討和梳理的。作者在此專設一章，重新研究爰書之重要意義，也正在於此。尤其是，其中專立一節，討論大庭脩先生早年所論"尉史李鳳"、"自言"簡（A8/178.30）爲自證爰書的問題。

---

　　① 　陳公柔也有類似的主張，參見《雲夢秦墓出土〈封診式〉簡册研究》，原載《燕京學報》新三期，1997 年，後收入氏著《先秦兩漢考古學論叢》，文物出版社 2005 年，218—219 頁。

　　在籾山明看來，無論從其格式還是從其所使用的文字講，都不能視之爲自證爰書，應該是一種可以稱爲"自言"或"自言書"的申請書，其例證不僅可見諸居延漢簡，而且也見於敦煌懸泉漢簡。而爰書的功能，就在於其爲公證文書，在訴訟之際，因可以證明事實，故可作爲書證。此外，也有與訴訟完全無關的情況存在。因此，劉海年等人之説，失之狹窄；而大庭脩先生不限於與審判有關文書之説，則是妥當的。由此可見，以往陳槃關於爰書性質之説（一爲自辯書，二爲證書）的方向是最爲正確的，但因史料所限，最終未能上升到考察爰書功能的高度。

　　在此，仍沿用邢義田過去的評價：該章"頗多新義"，其"對爰書的研究最爲晚出，可以利用不少新材料，意見有所不同，值得重視"。[①]而作者對前輩學者的評價亦較爲客觀、允當，其關於爰書之性質及其功能的結論也可自成一説。從其論述可以看到一個學術問題，如何在半個多世紀的漫長歲月裏，歷經幾代學人的不斷探求，最終實現學術薪火的傳承過程。

　　另外，作者也聽取學界的批評意見，接受了邢義田、宮宅潔關於"它如爰書"這一文書用語的合理解釋。不過，拙見以爲，比較而言，關於該册書的構成與性質問題，邢義田先生的論證嚴密，其見解（即：該册書35支簡並不構成同一件文書册，而是同一檔案中的不同文件，且祇是其中的一小部分，並非此案的全部文件），[②]更有説服力，值得考慮接受。

　　第四，脱離前述訴訟的主題，選擇30年來秦漢法制史最中心的問題，即勞役刑是否有刑期的爭論，嘗試以睡虎地秦簡出土所造

---

　　①　邢義田《漢代書佐、文書用語"它如某某"及"建武三年十二月候粟君所責寇恩事"簡册檔案的構成》，《史語所集刊》第70本第3分，"中央研究院"歷史語言研究所1999年9月，565頁。

　　②　同前注，邢義田論文。

成的影響爲中心，通過回顧、評析中日學者的討論，梳理有關秦漢刑罰史研究的學説，並在此基礎上舉出新史料，提出己見。這就是本書第五章的主要内容。其目的在於，彰顯出土文字史料對於秦漢史研究所産生的重大影響，和中日學者間的互動、對話對於推進研究之進展的重要性。

　　其中最有意義的，就是使用了三條新資料：①日本宫内廳書陵部所藏北宋本《通典》卷一六三《刑法典》有關文帝改制的記載。②近衛家熙考訂《大唐六典》卷六的案語，爲張建國關於《漢書·刑法志》正文竄入注中之假説，提供了旁證史料。③江陵鳳凰山 168 號漢墓所出土的寫在天秤上的"□黄律"。這是以往的研究不曾提到或極少使用的史料，因而頗具史料價值。但問題是，"□黄律"之"罰繇里家十日"，與睡虎地秦簡《法律答問》之"貲繇（徭）三旬"類似。這種有期罰勞動與勞役刑是兩種制度，早在秦律中已並存。恐怕不能以這一材料來判斷徒刑之有無刑期，而二者在制度上有否淵源關係，仍存在更進一步論證的空間。

　　附録一，則探討了里耶秦簡公文書的用語和格式，論述其性質與史料價值。其中有不少創見，如"當騰騰"一語等。或許待其資料全部公佈之後，還可以作進一步的研究。

　　附録二，是關於何四維《秦律遺文》的第二篇書評。原本發表於李學勤那篇書評[①]的次年，這次收入時又有所删改。兩篇書評各有特色，可以一併閲讀。正如兩位評論者所説，何氏書的優點，在於引用了豐富的先行學説（竟有不少連日本學者都不知道），同時也有不少創見。另外，籾山明就此所提的幾個疑問，也是再研究睡虎地秦簡時必須要參考的。

----

　　①　李學勤《何四維〈秦律遺文〉評介》，《中國史研究》1985 年第 4 期；後收入氏著《擁篲集》，三秦出版社 2000 年，77—81 頁。

三、關於若干具體問題的討論

1. 關於"三環"問題

　　"三環"僅見於秦漢簡牘，當是有關"不孝"罪的程序性規定。作者認爲，"二年律令"簡 36～37 可以證實錢大群意見的方向是正確的，而京都大学人文所《二年律令訳注稿（一）》的解釋可從。但是，此問題至今並未圓滿解決。在此，補充一點新的研究信息。

　　自 1985 年何四維就此提出異議以來，相關的討論已持續了 20 年。①至今，朱紅林與徐世虹仍在討論。②前者所引唐《鬬訟律》、《斷獄律》律文，顯然與漢之"三環"並無直接聯繫；而強調"二者中祇能有一種解釋是正確的，那就是張家山漢簡整理小組的解釋"，③下此結論恐怕爲時尚早。後者的"反覆調查"説也有其道理，至少現在還沒有證據表明其主張是站不住腳的。即使錢大群對此問題的認識，也有一個變化過程。④不過，以唐律之制逆推漢代"三環"，未必靠得住。因史料所限，相關的討論恐怕並未結束，其最終的解決，或許有待於新資料的發現。

---

　　①　詳見徐世虹《秦漢簡牘中的不孝罪訴訟》，《華東政法學院學報》2006 年第 3 期。該文頁 124"表一"，列有 20 年來相關的討論情況。何四維氏的主張亦列於此。

　　②　朱紅林《簡牘中所反映的秦漢司法程序研究之一》，簡帛網，2005 年 12 月 29 日。徐世虹《秦漢簡牘中的不孝罪訴訟》，《華東政法學院學報》2006 年第 3 期，124—129 頁。

　　③　朱紅林《張家山漢簡〈二年律令〉集釋》，社會科學文獻出版社 2005 年，41 頁。

　　④　其《秦律"三環"論》最初發表於 1988 年（《南京大學學報》第 2 期，69—73 頁），後來修訂，以《秦律"三環"注文質疑與試證》爲題，收入氏著《中國法律史論考》，南京師範大學出版社 2001 年，158—168 頁；再以《秦律"三環"論考》爲題，收入馬小紅主編《中國法制史考證》甲編第二卷，中國社會科學出版社 2003 年，106—115 頁，無根本性的修改。

2. 關於"當騰騰"一語

　　睡虎地秦簡《封診式》"有鞫"、"覆"條所見"當騰騰"一語,亦見於新出土的里耶秦簡。近來,學者對此多有討論。[①]

　　作者不同意整理小組的解釋,而據里耶秦簡用例,提出應讀作"當騰馬",並在附録一論證應是指"以快馬急送"回信之意。

　　對此,邢義田認爲,"籾山之説不爲無理"。但"秦漢傳送文書,依緊急程度,有不同的傳送方式"。"如果將里耶簡的'當騰＝'理解爲'當以騰(傳)馬急送',必須證明其事十分緊急"。睡虎地這兩例,"在秦代屬例行公事,里耶文牘則是爲了追討債務,這樣的事是否達到可以傳馬急送的標準,須要再考。因此騰馬急送之説,仍不無疑問。'當騰＝'或可別作一解,即據《説文》'騰,傳也'讀作'當傳,傳[之]'。當傳,即當用傳,傳送"。[②]

　　以目前所見資料,恐怕也難以考證出一個令人滿意的結果。按照一般情況,在辦理案件時,使用急件傳送相關法律文書,比較好理解。實際上,以快件送達討債文書,也有其客觀的需要。債務人逃債或躲債遠走他鄉,債權人無法實現其權利。假設在某地偶然或突然發現了債務人,當地官府要去執行債務,就必須要有法律文書爲

---

　　① 關於討論的詳情,參見陳公柔《雲夢秦墓出土〈封診式〉簡册研究》,收入氏著《先秦兩漢考古學論叢》,文物出版社 2005 年,197 頁。邢義田《秦牘的文書構成、筆跡和原檔存放形式(連載二)》,注釋[21],簡帛網,2005 年 11 月 14 日。王煥林《秦簡當騰騰音義商兑》,簡帛研究網,2006 年 6 月 9 日。按:何四維已提出,睡虎地秦簡《封診式》所見"騰"字,當解作"傳"字,可譯作 post-horsee("傳馬")。參見籾山明《中国古代訴訟制度の研究》,294—295 頁；A. F. P. Hulsewé(何四維)*Remnants of Ch'in Law*,Leiden,E. J. Brill,1985,E4 n. 10,pp. 186。
　　② 邢義田《秦牘的文書構成、筆跡和原檔存放形式(連載二)》,簡帛網,2005 年 11 月 14 日,注釋[21]。

依據。在這種情況下，以快件形式傳遞討債文書，也很正常。

而王焕林又提出："'騰馬'之解雖最爲新穎，但並不妥當。對此，邢義田先生曾有過質疑"，"質諸上引里耶秦簡，'騰馬'之解，確乎不合情理"。而"對里耶秦簡而言，邢義田先生的解釋，尚可接受，但質諸睡虎地秦簡，卻存在邏輯上的矛盾"。秦簡"騰"通"朕"，訓爲"封"。這不僅與古音有關，也與避諱有關。①

嚴格講，其對"騰馬"説、"傳"字説的批駁，缺乏力度。第一，欠債久拖不償，原因很多，這與緊急送達討債文書是兩個問題，不應混爲一談。第二，秦時湘西是以船還是以馬遞送文書，具體可再研究，但船、馬衹是交通工具，二者並不矛盾，即使湘西的交通情況比較特殊，也不應影響整個帝國法律文書行文的表達習慣。第三，《封診式》中僅"有鞫"和"覆"條可以見到"當騰騰"一語，並非所有的"執行報告一律要求'以騰（傳）馬急送'"。同時，其"朕"字説也難以站住脚。其一，"封"字，在睡虎地秦簡中多見，大可不必捨近求遠地饒兩個圈子，使用"騰"字，再通"朕"字，進而釋爲"封"字；其二，因此而區分兩種"封"，缺乏法律依據。其三，斷定《封診式》"有鞫"、"覆"、"封守"爲秦始皇時代之物，純屬臆測，無法令人信服。秦漢時期的避諱問題，至今有不同認識。②何況"秦初避諱，其法尚疏"，③更需要繼續研究。但是，無論如何，不應擴大化、唯一化地使用避諱這一上方寶劍。

以目前所見史料，"謄"字説、"騰馬"説及"傳"字説等，均可讀通簡文，因此都可備爲一説。雖然現在很難對"當騰騰"下最終定論，但是無論如何，"騰馬"説的提出引發了相關的爭論，對該問題

①　王焕林《秦簡當騰騰音義商兑》，簡帛研究網，2006 年 6 月 9 日。

②　影山輝国《秦代避諱初探》，郭店楚簡研究會編《楚地出土資料と中国古代文化》，汲古書院 2002 年；《關於漢代的避諱》，《簡帛研究二○○二、二○○三》，廣西師範大學出版社 2005 年。

③　陳垣《史諱舉例》，中華書局 1956 年，129 頁。

的深入探討不無益處。而從反面的角度來看，王煥林先生的批評也不乏學術價值，反對意見也是值得傾聽的。也許待里耶秦簡全部公佈後，這個問題就可望解決。

3. 關於"有恐爲敗"的理解

在這個問題上，何四維與日本早稻田大學秦簡研究會，均贊同整理小組的意見，但是，籾山明注意到張建國的解釋和葉山等譯文的相關理解，遂採納其説。

不過，在此要補充的是，武樹臣此前已針對整理小組"有恐爲敗"的譯文提出過異議，並將"恐"理解爲"擔心"。[①]而陳公柔的理解，即"罪犯或有關被告，懾於刑威胡亂扳扯以求蒙混者，在審案上應屬於失敗"，[②]也能夠講得通。二者都不失爲一説。

4. 關於"令自尚"一語及龍崗六號秦墓木牘的性質

第二章的補論，主要討論龍崗六號秦墓出土的木牘性質，並與前面所討論的"毛誣告講盜牛案"對照，確定其內容屬於因乞鞫而再審的結果，着重考辨尚有爭論的"令自尚"一語，以便把握蒙冤者在"乞鞫"後被免爲庶人的真實狀況。

作者質疑"使他自由"説、"法令准許自謀職業"説，也不大贊同"上書自訴"説，通過比較載有"令自尚"的三條史料，在修訂張全民和日本

---

① 武樹臣等著《中國傳統法律文化》，北京大學出版社 1994 年，334 頁。關於這一點，張建國的論文中已有注釋。張建國《關於漢簡〈奏讞書〉的幾點研究及其他》，《國學研究》第四卷，544 頁，注釋 4。

② 陳公柔《雲夢秦墓出土〈封診式〉簡册研究》，氏著《先秦兩漢考古學論叢》，文物出版社 2005 年，195 頁。

專修大学《二年律令》研究会解釋的基礎上，提出該"尚"字應當訓爲
"配"、"耦"、"對"字，而"令自尚"當即"使其再娶妻"之意。其辯解有一
定的説服力。這應是目前比較合理的一種解釋。另外，李均明在石岡
浩之前就已提出，秦漢律"收"罪犯家屬的起點是"城旦"罪。①

　　關於該木牘的性质，學界頗有爭議，大致有："冥判"説，②"告
地策"説，③"判決書（副本）"説，④"平反證明書"説，⑤"編造"或"摘
抄"説，⑥"虛擬的刑獄文書"説。⑦

　　"冥判"説、"告地策"説不能成立，"編造"説也缺乏説服力。⑧
"平反證明書"、"判決書"説則不夠準確。⑨作者認爲，該木牘所記
内容與"毛誣告講盜牛案"所記再審結果部分基本一致，可以説其
母本是記録乞鞫結果的公文書。這是確定無疑的。也不排除該木

　　①　李均明《張家山漢簡〈收律〉與家族連坐》，《文物》2002 年第 9 期。
　　②　湖北省文物考古研究所、孝感地區博物館、雲夢縣博物館《雲夢龍崗 6 號秦墓
及出土簡牘》，《考古學集刊》第 8 集，科學出版社 1994 年，120—121 頁。
　　③　黄盛璋《雲夢龍崗六號秦墓木牘與告地策》（原載《中國文物報》1996 年 7 月 14
日），中國文物研究所、湖北省文物考古所編《龍崗秦簡》，中華書局 2001 年，152—155
頁。胡平生《雲夢龍崗秦簡考釋校證》，《簡牘學研究》第一輯，甘肅人民出版社 1996
年，53 頁；《雲夢龍崗六號秦墓墓主墓主考》（原載《文物》1996 年第 8 期），《龍崗秦簡》，
158、160 頁。
　　④　劉國勝《雲夢龍崗簡牘考釋補正及其相關問題的探討（摘要）》（原載《江漢考
古》1997 年第 1 期），收入《龍崗秦簡》，165—167 頁。劉信芳、梁柱《雲夢龍崗秦簡》，科
學出版社 1997 年，48 頁。郝茂《秦簡文字系統之研究》，新疆大學出版社 2001 年，7 頁。
　　⑤　劉釗《讀〈龍崗秦簡〉劄記》，《簡帛語言文字研究》第一輯，巴蜀書社 2002 年，
22 頁。
　　⑥　中國文物研究所、湖北省文物考古所編《龍崗秦簡》，中華書局 2001 年，160 頁
"編後校記"。李天虹、胡平生《雲夢龍崗六號秦墓及出土簡牘概述》，收入《龍崗秦簡》，
7 頁。按：據其"前言"可知，第二、三部分由胡平生先生撰寫。
　　⑦　劉昭瑞《記兩件出土的刑獄文牘》，《古文字研究》第 24 輯，中華書局 2002 年，
441 頁。
　　⑧　劉釗《讀〈龍崗秦簡〉劄記》，《簡帛語言文字研究》第一輯，巴蜀書社 2002 年，
22 頁。
　　⑨　劉昭瑞《記兩件出土的刑獄文牘》，《古文字研究》第 24 輯，441 頁。

牘有可能是伴隨葬禮而虛構的推測，則不夠準確。理由是，其一，牘文中沒有用"敢告土主"、"地下丞"之類的詞語；其二，以甲、丙來代替"丞"及"史"的姓名，最多祗能說明它不是判決書的原件。如此，判決書"副本"或"摘抄"本之説，倒是可以考慮採納的意見。

5. 秦"隸臣妾"的身份與刑徒刑期問題的關係

關於"隸臣妾"身份問題，筆者有詳細研究；[①]關於刑徒刑期問題，過去亦探討過。[②]近年來學界有不少成果，[③]擬再寫專文討論。

　　①　李力《睡虎地秦簡"隸臣妾"身份問題的研究及其評述》，《法制史研究》第四期，臺北 2003 年 12 月。李力《20 世紀秦"隸臣妾"身份問題研究的回顧及其評述》，《法律史論集》第 6 卷，法律出版社 2006 年。李力《"隸臣妾"身份再研究》，中國法制出版社 2007 年。

　　②　李力《秦刑徒刑期辨正》，《史學月刊》1984 年第 3 期；《中國古代徒刑制度的起源——兼談徒刑制度發展的兩個階段》，《北京大學研究生學刊》1987 年第 2 期。後以《先秦法制研究之批判》爲題，收入馬小紅主編《中國法制史考證》甲編第一卷，中國社會科學出版社 1999 年。

　　③　張壽仁《秦漢五徒之刑期》，《簡牘學報》第 10 期（簡牘學會，1981 年 7 月）。劉海年《關於中國古代歲刑的起源期——兼談秦刑徒的刑期及隸臣妾的身份（上、下）》，《法學研究》1985 年第 5、6 期。林文慶《秦律徒刑制度研究》，中國文化大學中國文學所碩士學位論文，1989 年；《秦律"刑徒"有刑期說辨正》，《簡牘學報》第 13 期，1990 年 3 月。王敏典《秦代徒刑刑期辯》，《深圳大學學報》第 9 卷第 1 期，1992 年。王關成、陳淑珍《秦刑罰概述》，陝西人民教育出版社 1993 年。徐富昌《睡虎地秦簡研究》，文史哲出版社 1993 年。張壽仁《"秦律'徒刑'刑期說辨正"之辨正》，《中國歷史學會集刊》第 26 卷，1994 年。杜欽《漢文帝除肉刑及秦漢刑徒的刑期問題》，《史耘》第 2 期，1996 年。若江賢三《秦律における隸臣妾の特質とその刑期》，《古代文化》第 49 卷第 6 號，1997 年。王震亞《秦代刑罰制度考述》，《簡牘學研究》第 2 輯，甘肅人民出版社 1998 年。徐世虹《漢簡所見勞役刑名資料考釋》，中國政法大學法律古籍整理研究所編《中國古代法律文獻研究》第 1 輯，巴蜀書社 1999 年。李均明《張家山漢簡所見刑罰等序及相關問題》，饒宗頤主編《華學》第 6 輯，紫禁城出版社 2003 年。陳中龍《秦漢刑徒研究評述》，《簡牘學報》第 18 期，2002 年 11 月。邢義田《從張家山漢簡〈二年律令〉論秦漢的刑期問題》，《臺大歷史學報》第 31 期，2003 年 6 月；《從張家山漢簡〈二年律令〉重論秦漢的刑期問題》，《臺大歷史學報》第 36 期，2005 年 12 月。

限於篇幅，祇談一下這兩個問題之間的關係。

以往的研究存在一個問題：認爲秦“隸臣妾”身份問題“也是判斷刑法方面究竟有無刑期這一問題的關鍵”。①但是，秦“隸臣妾”身份的確定，與秦刑徒刑期之有無的判斷，是兩個問題，二者之間並不存在必然的、直接的聯繫。對此，陳中龍有如下中肯的評述：②以秦代刑徒的研究而論，多着重在有無刑期的問題上，其中最主要的焦點是放在隸臣妾的身上，想要從解決隸臣妾的身份性質歸屬（屬於官奴隸或刑徒）來決定秦刑徒有無刑期規定。此乃運用社會發展理論來研究歷史的方法，自有其可取之處，然而像這樣衆論於隸臣妾，而忽略其他刑徒的專門研究，亦容易造成以偏蓋全之失。

誠如其所言，將認定秦“隸臣妾”爲官奴隸或具有奴隸性質作爲無期説的根據，在方法論上難以站住腳。秦漢刑徒的刑期究竟如何，當以目前所見文獻資料和出土史料爲根據。

以“隸臣妾”身份爲官奴隸，而由官奴隸是終身服役的，再推導出刑徒是不定期的或無刑期的，這樣的邏輯推理是難以令人信服的。把這兩個問題分開來討論比較妥當。

結　　語

以上，筆者不揣淺陋，如實寫出自己的讀書心得，由於水準所限，其中一定有很多不當之論。這絲毫也不會影響籾山明此書所應有的學術地位和學術價值。無論如何，其研究的視角、所用的史料，及其觀點和所提出的問題，都會影響到今後秦漢訴訟制度的研

① 堀毅著，蕭紅燕譯《秦漢法制史論考》，法律出版社 1988 年，頁 431—432。
② 陳中龍《秦漢刑徒研究評述》，《簡牘學報》第 18 期，頁 282—283。

究及其發展進程。可以說，這部力作是未來研究秦漢法制史的一部重要的必讀書籍。因此，非常希望能儘快有中譯本出版，以加强中日法制史學者的對話和溝通，推動海峽兩岸秦漢簡牘和法制史的研究。

　　寫到這裏，感觸頗多。雖然今天我們大陸的法律史研究隊伍已相當壯大，既有"基地"，也有"研究院"，博士點遍地開花，研究經費也不少，發表的成果亦累累可觀，至少在圈外人看來還是很熱鬧的，但不知道何時纔會出現這樣的精品之作？讓我們翹首以待吧，祇要還活着。

附記：

　　本書評是此次在史語所研學三個月間抽空完成的。幸承柳立言先生與史語所的邀請，以及國科會的補助。在寫作過程中，筆者亦給籾山明先生發e-mail 請教，很快獲得其答覆。在此，一並謹致衷心的謝意。

2006 年 12 月 26 日於臺北南港史語所文 610 室

譯 後 記

說起來，我和籾山明先生早在 1989 年 4 月下旬就在北京見過面。那時，他正在中國社會科學院歷史研究所訪問，而我剛從北京大學法律學系碩士畢業，被分配到中央民族學院法律系任教僅一年有餘。

爲我們提供見面機會的，則是 4 月 19 日—21 日在北京召開的"中國法律史國際學術討論會"——1949 年後在中國召開的有關中國法律史的第一次國際性學術研討會。①

不過，這次見面在我頭腦中沒有留下什麼印象。可能是當時沒有機會直接交流吧。

2006 年 11 月初，我們在北京建國門中國社會科學院歷史研究所召開的"中國社會科學院簡帛學國際論壇"再次相逢。籾山明先生說，我們曾經見過面，但是我當時實在想不起來在哪裏見過。想起此事，真是讓人感到不好意思。

這次我們在日本東京第三次見面時，我祇好請教這個問題。

---

① 這次會議之後，出版了論文集，即《法律史研究》編委會編《中國法律史國際學術討論論文集》(《法律史研究》叢書第一輯)，陝西人民出版社 1990 年。關於這次會議的大致情況，參見該書所收《中國法律史國際學術討論會在北京召開》一文(嚴容執筆，543—544 頁)。

籾山明先生纔説在 1989 年中國法律史國際學術研討會上見過。
因此，如實追記寫下這個經過，免得以後又忘了。

　　雖然我們面對面地交流是從 2007 年 9 月我在東京外國語大
學亞非語言文化研究所（AA 研）開始的，但因爲是幾乎相同的研
究領域，所以籾山明先生的大作我一直在拜讀，從其有關甲骨文的
論文到有關秦簡的論文。可以説，在學術上與籾山明先生早就神
交已久。

　　考慮將籾山明先生的《中国古代訴訟制度の研究》一書翻譯成
中文，緣起於兩年前即 2006 年底。

　　當時，我正在臺北南港"中研院"歷史語言研究所進行爲期三
個月（2006 年 11 月至 2007 年 2 月）的客座研究，臺灣地區的中國
法制史學會會刊《法制史研究》主編黃源盛教授，囑我爲該書寫一
篇書評。於是，在史語所文物大樓 613 室——我和臺灣大學歷史
研究所博士研究生楊俊峰兄共用的研究室——之中，我一邊研究
"僧人與法律"的課題，一邊抽空拜讀這部大作，並如期完成了源盛
兄交付的任務。

　　在該書評的結尾，我用如下一段文字，如實記下讀完這部大作
後所産生的感想——完全是發自内心的：[①]

　　　　寫到這裏，感觸頗多。雖然今天我們大陸的法律史研究
　　隊伍已相當壯大，既有"基地"，也有"研究院"，博士點遍地開
　　花，研究經費也不少，發表的成果亦累累可觀，至少在圈外人
　　看來還是很熱鬧的，但不知道何時纔會出現這樣的精品之作？
　　讓我們翹首以待吧，衹要還活着。

並提出"非常希望能儘快有中譯本出版，以加强中日法制史學者的對

---

　　① 　拙作《他山之石，可以攻玉——評籾山明先生新作〈中国古代訴訟制度の研
究〉》，臺北中國法制史學會會刊《法制史研究》第十期，2006 年 12 月，323 頁。

話和溝通，推動海峽兩岸秦漢簡牘和法制史的研究"這樣的想法。

很快，我就將這個想法告訴籾山明、楊振紅先生，聯繫翻譯和出版事宜，很快就得到籾山明先生的授權和楊振紅先生的大力支持。

從臺北回到北京後，就開始抽空翻譯，尤其是 2007 年暑假集中工作，大致翻譯完畢。而收尾工作最後是在日本完成的，並將譯文初稿呈籾山明先生撥冗審閱。承其一一指出翻譯方面的不足和失誤之處，獲益匪淺，不勝感激。當然，由於本人日語水平有限，在翻譯上可能仍存不妥之處，最後之責應由譯者獨自承擔。

籾山明先生的大作出版後，除本人所寫的中文書評之外，在日本發表的日文書評還有四篇（以發表時間為序），茲列舉出來，以供參考：

　　水間大輔《籾山明著〈中国古代訴訟制度の研究〉》，《日本秦漢史学会会報》第 7 號，2006 年。

　　宮宅潔《籾山明〈中国古代訴訟制度の研究〉》，《歷史学研究》第 826 號，2007 年 4 月。

　　陶安あんど《籾山明〈中国古代訴訟制度の研究〉》，《東洋史研究》第 66 卷第 3 號，2007 年 12 月。

　　石岡浩《籾山明〈中国古代訴訟制度の研究〉》，法制史学會編《法制史研究》第 57 號，2008 年 3 月。

另外，籾山明先生書中部分章節的原稿，此前已有中文譯本。在這次翻譯全書的過程中，對这些早先的譯作均有所參考，在此謹向各位譯者表示感謝。而筆者所譯《秦漢刑罰史的研究現狀——以刑期的爭論為中心》，亦承徐世虹先生撥冗指正。

最後，要特別感謝素未謀面的《早期中國研究》叢書編委會編委山東大學文史哲研究院曹峰教授，和上海古籍出版社該叢書的執行編輯童力軍先生。還要感謝曾經積極幫助過本書出版的楊振紅先生和劉煒女士。

　　在本書出版遇到困難之際,我冒昧地給曹峰教授發去求助的e-mail,希望幫助聯繫出版。很快得到曹峰先生答覆,並推薦給童力軍先生,最終促成本書的出版。可以説,没有曹峰先生爲本書的出版牽線搭橋,没有童力軍先生的慧眼獨具,本書決不可能這麽快就在國内出版。

　　再次向原書作者以及各位幫助、支持本書中文本翻譯、出版的各位朋友,致以誠摯的謝意!感謝上海古籍出版社!

　　儘管目前在我們的高校科研管理體制中,學者的翻譯並不算科研成果,也不記工分,但是我還是願意做這種有益於中國學術發展的工作。爲了推進學術研究,總是有人要這樣做的。

　　願該書中文本的出版確實有助於溝通中日學者的對話和學術交流,也更期待早日拜讀到籾山明先生有關考古學、民族學和史學史研究領域的新作。

　　在中文本出版之前,寫下以上的文字,以作紀念。

　　　　　　　　　　　　　　　　　　　　　　　李力
　　2008 年 8 月 17 日草於東京外國語大學 AA 研 703 室
　　　　2009 年 4 月 18 日、8 月 7 日修訂於北京萬壽寺

補記:
　　拙譯平裝本出版後,承蒙郭永秉教授不棄,撰文指出譯文中出現的一些紕漏和錯誤。拜讀後不勝感激,當虛心接受其批評。借此次出版精裝本之際,一併改正。附記於此。再次感謝永秉兄不吝賜教。

　　唯譯文中的一切錯誤與瑕疵,均應由譯者本人負責。因水平有限,加之此次時間倉促短暫,難免還留有瑕疵。懇請學界朋友多多指教。

　　　　　　　　　　　　　　2018 年 10 月 11 日于武漢喻家山老書屋

早期中國研究叢書

（精裝版）

◆　　中國古代訴訟制度研究　　　　　　　　　　　　[日]籾山明 著

◆　　睡虎地秦簡所見秦代國家與社會　　　　　　　　[日]工藤元男 著

◆　　中國古代宇宙觀與政治文化　　　　　　　　　　王愛和 著

◆　　郭店楚簡先秦儒書宏微觀　　　　　　　　　　　[美]顧史考 著

◆　　顏色與祭祀——中國古代文化中顏色涵義探幽　　[英]汪濤 著

◆　　展望永恒帝國——戰國時代的中國政治思想　　　[以]尤銳 著

◆　　秦始皇石刻：早期中國的文本與儀式　　　　　　[美]柯馬丁 著

◆　　《竹書紀年》解謎　　　　　　　　　　　　　　[美]倪德衛 著

◆　　先秦秦漢思想史研究　　　　　　　　　　　　　[日]谷中信一 著

圖書在版編目(CIP)數據

中國古代訴訟制度研究／(日)籾山明著;李力譯.
—上海:上海古籍出版社,2018.9
(早期中國研究叢書)
ISBN 978-7-5325-8974-6

Ⅰ.①中⋯ Ⅱ.①籾⋯ ②李⋯ Ⅲ.①訴訟—司法制
度—研究—中國—古代 Ⅳ.①D925.04

中國版本圖書館 CIP 數據核字(2018)第 209587 號

早期中國研究叢書

中國古代訴訟制度研究

[日] 籾山明 著 李 力 譯

上海古籍出版社出版發行

(上海瑞金二路 272 號 郵政編碼 200020)

(1) 網址:www.guji.com.cn
(2) E-mail:guji1@guji.com.cn
(3) 易文網網址:www.ewen.co

蘇州市越洋印刷有限公司印刷

開本 890×1240 1/32 印張 11 插頁 6 字數 254,000
2018 年 9 月第 1 版 2018 年 9 月第 1 次印刷
印數:1—3,100
ISBN 978-7-5325-8974-6
K·2544 定價:64.00 元
如有質量問題,請與承印公司聯繫